Jürgen W. Möllemann
Klartext. Für Deutschland

Jürgen W. Möllemann

Klartext.
Für Deutschland

C. Bertelsmann

Umwelthinweis:
Alle bedruckten Materialien dieses Buches
sind chlorfrei und umweltschonend.

1. Auflage
© 2003 by C. Bertelsmann Verlag, München,
einem Unternehmen der Verlagsgruppe Random House GmbH
Umschlaggestaltung: Design Team München
Umschlagfoto: Michael Dannenmann, Düsseldorf
Satz: Uhl + Massopust, Aalen
Druck und Bindung: GGP Media, Pößneck
Printed in Germany
ISBN 3-570-00755-3
www.bertelsmann-verlag.de

Inhalt

Haben Sie auch eine Krawatte?

Nein, ein »68er« war ich nicht. Aber die so genannte Studentenrevolte hat mich wie viele andere politisiert. Deshalb wundere ich mich immer wieder, wenn ich die »83er« in der FDP über die damalige Zeit reden höre. Sie haben den Schub nicht verstanden, den das ganze Land damals erhielt und der nach dem Wiederaufbau auch dringend notwendig war – so, wie er es auch jetzt wieder ist. Was nun die Epigonen der »68er« nicht verstehen.

Meine Haare glichen damals eher einer wehenden Mähne. Meistens trug ich eine Cordhose mit hohen Stiefeln und einen Rollkragenpulli, wenn ich zum Unterricht in meine Klasse oder die Hochschule ging. In diesem Aufzug erschien ich auch zum Amtsantritt im Deutschen Bundestag. Der erfahrene FDP-Abgeordnete Alfred Ollesch, der es vom Bergmann dorthin gebracht hatte, war so etwas wie mein Coach und Trainer.

»Herr Kollege Möllemann«, sprach er, »die Bundestagspräsidentin lässt fragen, ob Sie auch normale Schuhe, Hosen, Hemd und Krawatte hätten.« Hatte ich, trug ich aber nicht gern. Aber das konnte Annemarie Renger nicht wissen.

Im Bildungsausschuss saß ich gemeinsam mit Theo Waigel (CSU), Wolfgang Schäuble (CDU), Peter Glotz (SPD) und Helga Schuchardt (FDP). Schuchardt und ich wetteiferten täglich, wessen bildungspolitische Konzepte die radikaleren seien. Wir werden auf die anderen mächtig lächerlich gewirkt haben.

Meine erste Rede als Abgeordneter, die so genannte Jungfernrede, werde ich nie vergessen. Es war zu der Zeit, als die USA ihre Bomben über Hanoi abluden. Ich war damals ein junger Lehrer, zugleich aber auch noch Student, weil ich habilitieren wollte – und Mitglied des Studentenparlaments der Pädagogischen Hochschule Münster.

Als solcher marschierte ich Arm in Arm mit dem DKP-Vorsitzenden Mies und vielen anderen Linken auf der großen Vietnam-Demonstration in Dortmund mit und hielt eine flammende Rede gegen den Krieg der USA in Vietnam. Als frisch gewählter Bundestagsabgeordneter und in völliger Unkenntnis der parlamentarischen Regeln versprach ich vollmundig, die Rede im Bundestag zu wiederholen.

Nach der Weihnachtspause trug ich dieses Verlangen in der Fraktionssitzung vor. Dort dachte man gar nicht daran, so einen wie mich reden zu lassen. Immerhin aber wies mich Alfred Ollesch darauf hin, dass jedes Mitglied des Deutschen Bundestages am Ende der Debatte über die Regierungserklärung eine persönliche Erklärung abgeben dürfe.

Normalerweise hätte ich das vor leerem Haus getan. Aber die CDU/CSU half mir: Sie hatte eine namentliche Abstimmung beantragt, die direkt nach meiner Erklärung stattfinden sollte. Das Haus war voll besetzt. Die Abstimmung wurde live im Fernsehen übertragen. Mit schlotternden Knien und zitternder Stimme trug ich die Rede von Dortmund vor.

Zuerst wurde ich von vielen empörten Zwischenrufen unterbrochen. Nach und nach aber verstummten die Proteste. Die Anwesenden erkannten den Ernst meines Anliegens. Schließlich herrschte gebannte Aufmerksamkeit. Und dann wusste ich nicht, wie mir geschah: Kaum war ich zu meinem Platz zurückgekehrt, trat Bundeskanzler Willy Brandt ans Rednerpult, um mir, dem noch ganz unbekannten Abgeordneten, zu antworten. Mit großem Ernst brachte er zum Ausdruck, wie viele meiner Gefühle er und viele seiner Kollegen teilten, aber so nicht formulieren dürften, wenn sie mit den Amerikanern, unseren wichtigsten Verbündeten, im Gespräch bleiben wollten. Walter Scheel würde mir das sicher erklären.

Kein anderer Politiker hat mich vorher und nachher so fasziniert wie Willy Brandt. Über den Nahen Osten sprachen wir immer wieder, und in der Sache waren wir nahe beieinander.

Heinrich Böll, Heinrich Albertz und Hunderte prominenter Linker gratulierten mir brieflich zu meinem Auftritt. Es war ein überaus glücklicher Anfang.

Weniger Politik wagen

Deutschland muss dringend wieder aufsteigen. Vom Motor der Europäischen Union ist es zum Bremsklotz geworden. Aber seine Eliten kämpfen nicht einmal gegen den Abstieg. Kein Wunder: Ein Land, in dem von Eliten nicht gesprochen werden darf, kriegt halt die Regierung, die es verdient – eine Regierung, die nur so tut, als würde sie das Land regieren. Jede Firma, ja, jeder Fußballklub hätte dieses Management längst fristlos gefeuert. Doch Egoisten und Feiglinge treiben uns immer noch weiter in den Abstieg.

In der ersten Liga spielt Deutschland längst nicht mehr. In puncto Bildung und Ausbildung sind wir das Schlusslicht. In Brüssel und auf der internationalen Bühne zahlen wir viel Geld für wenig Einfluss. Aber beim nächsten Krieg im Nahen Osten dürfen wir dann, gemeinsam mit den anderen fahnenflüchtigen Bundesgenossen der USA, des neuen Imperium Romanum, den Wiederaufbau der zerstörten Infrastruktur im Kriegsgebiet bezahlen.

Die Politik erwürgt unsere Wirtschaft. Sie frisst unsere Reserven. Manager, Politiker und Verbandsfunktionäre riskieren keinen Einsatz. Das eigene Wohlergehen ist ihnen wichtiger als das Interesse derer, die sie vertreten. Bloß kein Ärger, heißt die Devise der Funktionäre überall im Land. Sollen sich doch andere eine blutige Nase holen. Leicht gesagt: Die Renten und Abfindungen der Funktionäre und Manager sind ja nicht nur sicher, sondern auch hoch.

Sind die Unverschämtheit und die Verantwortungslosigkeit weiter Teile der Medien eigentlich die Folgen von Feigheit und Hinterhältigkeit der Politik? Oder ist es umgekehrt? Im Grunde spielt das gar keine Rolle. Politik und private wie öffentlich-rechtliche Medien wühlen lieber in heimischen Skandälchen, als sich den ernsten Fragen zu Hause und in der Welt zu widmen.

Das muss anders werden. Dafür will ich kämpfen. Die Zahl der Mitstreiter ist groß. Nie ist mir das klarer gewesen als jetzt. Das Schauspiel, das Regierung und Opposition vor und nach der Bundestagswahl 2002 zum Besten gaben, haben Millionen von Bundesbürgern als langweilig, kläglich, als unverfroren und verlogen zugleich empfunden. Immer mehr Menschen haben davon die Nase voll.

Und immer mehr wenden sich resigniert von diesem Schauspiel ab. Was diese Bosse in Verbänden, Industrie, Banken und Politik so treiben, sagt sich der Mann auf der Straße, ist wie das Wetter. Ändern kannst du es nicht. Also musst du schauen, wie du damit klarkommst. Und wenn die da oben sich alles erlauben, dann ist es mir wohl auch erlaubt.

Wen wundert's da, dass die Schwarzarbeit in diesem Jahr auf den vorläufigen Rekord von 380 Milliarden Euro steigen soll, also eine viermal so hohe Anstiegsrate wie das offizielle Wirtschaftswachstum vor sich hat? Wenn eine Regierung nach der anderen die Enteignung der Menschen betreibt, erscheint es immer mehr Menschen als zulässige Notwehr, den Staat um seine Steuern zu prellen.

Es ist höchste Zeit, den Bürgern zu sagen: Ihr seid das Volk! Steht auf! Lasst euch dieses Spiel nicht mehr gefallen! Schließt euch zusammen und zeigt den Politikern die rote Karte! Wenn es die Parteien nicht tun, weil sie mit den Interessengruppen unter einer Decke stecken und immer nur reden, statt zu handeln, müsst ihr euch etwas ganz Neues einfallen lassen. Und dann will ich einer von euch sein.

Deutschland braucht eine neue Politik. Und wenn es erforderlich ist, auch eine neue Partei. Aber eine, die nicht wieder so wird wie die anderen. Also eine ganz neue Art von Partei. Eine Partei, die weder »rechts« noch »links« ist. Sondern eine, die einfach tut, was vernünftige Politiker aller Parteien längst für nötig halten – auch wenn sie zu feige sind, es den Menschen zu sagen und endlich zu handeln.

Genau darauf nämlich warten Millionen von Menschen.

Ja, es gibt auch viele Menschen, die von der Politik die Lösung ihrer Probleme erwarten. Haben ihnen nicht Generationen von Politikern aller Parteien vorgegaukelt, Politik könnte das?

Aber jeden Tag wächst die Zahl derer, die etwas anderes sagen. Die Folgendes sagen: Haltet euch raus aus unserem Leben und nehmt die Finger aus unseren Taschen. Dann sorgen wir für uns selbst – in der Familie, unter Freunden und Nachbarn, im Viertel und in der Gemeinde: in unseren eigenen, freiwilligen Zusammenschlüssen.

Kümmert euch um die großen Dinge. Um die aber richtig. Gebt den Frauen die Chance, Kinder und Job vereinbaren zu können. Gebt allen eine gute Ausbildung. Sorgt für innere und äußere Sicherheit. Garantiert allen die gleiche Grundsicherung im hohen Alter und bei Krankheit. Und helft in besonders großer Not.

Vor allem aber: Wagt nicht, uns vorzuschreiben, was wir denken und sagen dürfen. Wir sind das Volk. Ihr sollt uns repräsentieren, nicht kommandieren. Denn ihr lebt von unserem Geld, nicht wir von eurem!

Helmut Kohl ist daran gescheitert. Gerhard Schröder ist dabei, es ihm gleichzutun. Ihren Helfern und Widersachern blüht das gleiche Schicksal. Vom Leben des Volkes haben sie sich Lichtjahre entfernt. Und es fehlt ihnen jegliches Gespür dafür, was Politik und Staat wirklich können und was nicht.

Jeden Morgen steigen sie wieder ins Hamsterrad der Parteipolitik. Jede Nacht sinken sie spät und erschöpft ins Bett. Die meisten rackern sich in dieser Tretmühle redlich ab. Und sind viel zu müde, um zu bemerken, dass es immer nur im Kreis herum geht. Dass sie nie wirklich von der Stelle kommen.

Nur wenn es den einen oder anderen von uns ganz gewaltig aus der Kurve trägt, haben wir plötzlich die Chance, innezuhalten und einmal gründlich über alles nachzudenken. Ich stelle es mir sehr produktiv vor, wenn Politiker, die eine Krise überstanden haben, parteiübergreifend zusammenarbeiten würden.

Der Politik endgültig den Rücken zu kehren wäre vielleicht das Einfachste. Aber aufgeben ist nicht drin. Zumindest für mich nicht. Dann würde ich mich selbst aufgeben. Das liegt mir nicht. Trotz allem, was ich erlebt habe. Ist Politik eine Droge? Wenn ja, dann wäre es eine, zu der ich mich bekenne. Nur meine Familie ist mir wichtiger. Aber wie meine Töchter einst leben werden, will ich politisch darum erst recht mitgestalten.

Im Laufe seiner Tätigkeit lernt ein Politiker viel. Aber niemand bringt ihm am Anfang seiner Laufbahn bei, was er am dringendsten braucht: eine klare Vorstellung von dem, was der Staat kann und was Politik darf. Ja, es gibt Parteiprogramme. Aber geben sie auf diese Grundfragen eine Antwort? Zum Teil. Die tagespolitischen Programme hingegen halten sich nicht an Grundsätze. Und bekanntlich wird in der Politik mehr geschrieben und geredet als gelesen.

Das macht Politiker so anfällig den Lobbyisten und Experten gegenüber und nährt ihren merkwürdigen Ehrgeiz, diesen möglichst ähnlich zu werden – sofern sie nicht schon Lobbyisten und Experten sind, die von ihren Verbänden in die Parlamente geschickt worden sind, um dort direkten Einfluss auf die Politik zu nehmen. Vier Fünftel der SPD-Bundestagsabgeordneten sind beispielsweise Gewerkschaftsmitglieder.

Nach so vielen Jahren bin ich überzeugt, dass nur deutlich weniger Politik eine deutlich bessere sein kann. Nur deutlich weniger Staat macht ihn in den wichtigen Dingen stark und zuverlässig. Ich bin kein Theoretiker und will es nicht sein. Deshalb ein paar praktische Vorschläge:

Fangen wir mit der Rente an. Machen wir einen Strich unter die ganze Debatte, die sich schon längst im Kreise dreht. Führen wir die Grundrente für alle ein. Alle zahlen in diese staatliche Pflichtversicherung gleich viel ein und kriegen gleich viel raus. Alle, egal ob sie angestellt oder selbstständig sind, ob Beamte oder Handwerker, Krankenschwestern oder Professoren, Ärzte oder Bauarbeiter, Politiker oder Polizisten, Vorarbeiter oder Manager. Und die Pflichtversicherung geht mit den Beiträgen wie jede echte Versicherung um: Die Beiträge werden angelegt und verzinst wie jede normale Lebensversicherung, anders als jetzt, wo die Renten von heute die Beiträge der Rentner von morgen verschlingen.

Wer nach dem bisherigen System seine Ansprüche erworben hat, muss sie auch erhalten. Es muss also einen Stichtag geben, der die Bezieher der alten und der neuen Rente trennt. Im Übrigen müssen die Pensionen von Beamten und Politikern und alle anderen geldwerten Nebenleistungen entfallen. Die Grundrente sichert das einfache Auskommen im hohen Alter. Wer mehr haben will, muss rechtzeitig privat vorsorgen.

Bei der Krankenversicherung wird es nicht anders sein können. Alle zahlen in eine staatliche Grundsicherung, welche die nötigen ärztlichen Dienste für alle sicherstellt. Darüber hinausgehende Vorsorge kann und muss jeder selbst betreiben.

Die Betreuung der Kleinkinder von Berufstätigen müssen wir in finanzieller Hinsicht so organisieren wie Bildung und Ausbildung auch: mit Gutscheinen. Alle Eltern müssen die Möglichkeit haben, einer Arbeit nachzugehen und Kinder zu haben. Und alle Kinder müssen das Recht auf Bildung und Ausbildung erhalten, auf eine Lehre, das Abitur, den ersten Hochschulgrad. Was darüber hinausgeht, muss auch hier jeder selbst finanzieren. Die Gutscheine ermöglichen es den Jugendlichen zu entscheiden, in welcher Einrichtung sie lernen oder studieren wollen, je nach persönlichen Bedürfnissen und Wünschen.

Bei den Jungtürken

Der Bergmann Alfred Ollesch, mein »Coach« im Bonner Bundestag, war einer der so genannten Jungtürken, die mit Walter Scheel die Ablösung von Erich Mende, dem Ritterkreuzträger und Sprecher vieler Soldaten des Zweiten Weltkrieges, bewirkt hatten. Rudolf Opitz, der im Krieg hinter dem Steuerknüppel von Sturzkampfbombern, den »Stukas«, gesessen hatte, war ein weiterer – wie auch Wolfram Dorn, der Literat. Dieses aufmüpfige Trio fuhr wiederholt nach Moskau, um mit den Sowjets zu reden – ganz gegen die Hallstein-Doktrin und entgegen dem Wunsch von Erich Mende.

Während einer ihrer Unterredungen mit dem jungen Gromyko fragte dieser höflich: »Waren Sie schon einmal in der Sowjetunion?« Opitz erwiderte: »Ja, ich schon, mit einem Stuka.« Erstaunlicherweise nahm ihm Gromyko die Bemerkung nicht übel, sondern ließ sich im Gegenteil sogar noch die Einzelheiten erzählen.

Diese drei Männer brachten mich in eine der wichtigsten FDP-Einrichtungen der Sechziger- und Siebzigerjahre, in den Kegelklub »Fall um«. So hatten sie ihn nach dem Manöver genannt, mit dem Mende 1961 der FDP den größten Wahlerfolg von 12,8 Prozent errungen, aber ihr gleichzeitig auch den Spottnamen »Umfaller-Partei« eingebracht hatte. »Mit der Union – ohne Adenauer«, hatte Mende in der Bundestagswahl 1961 versprochen – um den Alten dann doch wieder zum Kanzler zu wählen.

Zum Kegeln ging der Klub einmal im Monat in den »Kessenicher Hof« in Bonn – seiner politischen Tätigkeit jedoch ging er fortwährend nach. Übrigens wurde ich im zweiten Jahr doch glatt der Kegelkönig, obwohl das wahrscheinlich mehr Glück als Können war.

Die zweite »Einschleifmühle« war die Skatrunde, der Wolfgang Mischnick als Ordensmeister vorstand; die dritte, eine regelmäßige Herrenrunde in »Ossis Bar« im alten Bonner Bundeshaus, war von parteiübergreifendem Format. Zum harten Kern zählten Detlef Kleinert (FDP) und Willi Berkhan (SPD). Georg Lebers Sympathie für mich hatte sich auf Berkhan, den Freund Helmut Schmidts, übertragen.

Detlef Kleinert, ein glänzender Redner, der immer frei sprach und seine ellenlangen Sätze und Nebensätze stets zu einem pointierten Abschluss brachte, hätte mehrmals Bundesminister werden können. Seine Antwort war immer ein Nein. Er wollte durch seine Anwalts- und Unternehmertätigkeit wirtschaftlich unabhängig bleiben und schreckte wohl auch davor zurück, die Bürde eines solchen Amtes auf sich zu nehmen und seine Freiheit aufzugeben.

Noch lange nach dem Ende der sozial-liberalen Koalition 1982 hörte ich viele FDP-Abgeordnete häufig sagen: »Ja, in vielen politischen Sachfragen ist es mit der CDU/CSU einfacher. Aber mit den Sozis war es schöner. Hatte man sich zusammengerauft, konnte man sich auf sie hundertprozentig verlassen.« Das empfinde ich bis heute so. Wenngleich nicht mehr allzu viele »Sozis« nachwachsen, die das Kaliber von damals haben.

In meiner zweiten Legislaturperiode von 1976 bis 1980 riet mir »Coach« Ollesch: »Herr Kollege Möllemann, suchen Sie sich ein anderes Standbein. In der Bildungspolitik ist doch bald nichts mehr los. Gehen Sie in den Verteidigungsausschuss! Sie sind doch Fallschirmjäger und Reserveoffizier, das macht sich immer gut.« Verteidigungspolitik – mein Gott, davon verstand ich nun rein gar nichts.

Wolfgang Mischnick, der FDP-Fraktionsvorsitzende, der übrigens auch mein Trauzeuge war, rief mich zu einem Gespräch: »Bleiben Sie im Bildungsausschuss und gehen Sie zusätzlich in den Verteidigungsausschuss.« Das tat ich. Ich ging hin und hörte zu. So hielt ich es auch im Bundesfachausschuss für Außen-, Deutschland- und Sicherheitspolitik unter Vorsitz von William Borm. Der wurde geteilt, und

Lothar Krall wurde Vorsitzender eines neuen Bundesfachausschusses für Sicherheitspolitik. Den überschüttete ich mit Initiativen und holte kreative Experten heran.

Schließlich wurde Genscher auf mich aufmerksam. Ich folgte seiner Empfehlung und tauschte den Bildungsausschuss gegen den für Außenpolitik. Bald folgte ich Krall als Vorsitzender des Bundesfachausschusses für Sicherheitspolitik und Borm in der Leitung des Arbeitskreises der Fraktion für Außen-, Deutschland-, Europa- und Sicherheitspolitik. Warum William Borm darüber so sauer war, verstand ich erst, als er Jahre später als Mitarbeiter der Stasi aufflog.

Dann gab Walter Scheel seine berühmte Erklärung ab, wonach die Gemeinsamkeiten zwischen zwei Koalitionspartnern irgendwann erschöpft seien. Er hatte beschlossen, Bundespräsident zu werden. Auch eine Delegation junger FDP-Abgeordneter, die ich auf dem FDP-Bundesparteitag 1974 anführte, konnte ihn davon nicht abhalten.

Hildegard Hamm-Brücher war Staatsministerin im Auswärtigen Amt geworden. Karl Moersch wollte das nach dem Wechsel von Scheel zu Genscher »bei dem« nicht bleiben. Die Dame begann, mit Argwohn auf die Konkurrenz zu schielen, die sie in mir erkannt hatte.

Lauter Holzwege

Den weltweiten Temperaturanstieg um 0,15 Grad Celsius verhindern wir nur dann, wenn alle Länder bis zum Jahr 2100 die Vorgaben des Kyoto-Protokolls erfüllen, sagt der Bericht des Inter-Governmental Panel on Climate Control (IPCC). Nichts dazu beitragen müssen Indien, Ostasien und Südafrika, weil dort die wirtschaftliche Entwicklung Vorrang hat. Wenn wir in Deutschland so weitermachen, werden wir das Kyoto-Protokoll mühelos einhalten, weil der Rest unserer Industrie längst in die oben genannten Regionen ausgewandert ist.

Auf der einen Seite stehen 160 000 niedergelassene Ärzte und Zahnärzte, auf der anderen sitzen 180 000 Bedienstete der Krankenkassen. Die Verwaltungen der Krankenkassen kosten so viel, wie alle Ärzte an Erträgen verzeichnen. Wo die Politik verspricht, dass der Bürger für öffentliche Leistungen wenig oder gar nichts zu zahlen braucht, wird es für die Allgemeinheit unbezahlbar. Weil stets verschwendet wird, was nichts zu kosten scheint.

Warum ist Aspirin in den Niederlanden billiger als in Deutschland? Ist die Pharma-Industrie dort weniger auf Profit aus als bei uns? Nein. Die Niederländer dürfen Aspirin in jedem Geschäft kaufen, wir nur in Apotheken. Das macht den Kampf gegen das Kopfweh teurer.

Beim Landeanflug auf Las Palmas blickt der Passagier verwirrt auf eine riesige Landschaft aus Plastikdächern. Die Europäische Union subventioniert hier und auch anderswo Treibhäuser für Tomaten und anderes Gemüse. Nach ein, zwei Jahren vergammelt die Billigkonstruktion. Die nächste wird daneben gesetzt und vergammelt bald auch – und so weiter. An den verfallenden Gebäuden führt eine Straße mit

Parkbuchten und Kinderspielplätzen vorbei, die die ganze Nacht von teuren Laternen beleuchtet wird. Weit und breit ist kein parkendes Auto zu sehen, und Kinder spielen dort nie. Die kanarischen Behörden wollten nur eine Straße. Aber die gab es in Brüssel nur als Komplettpaket mit Luxusleuchten, Parkbuchten und Kinderspielplätzen. Vor Jahren wurden die Tomatenernten jährlich in die Schluchten im Norden von Gran Canaria gekippt. Die EU-Zuschüsse hatten für die Produktion gereicht – nicht für den Transport aufs Festland.

Für den Anbau von Tabakpflanzen gibt es Steuermittel als Hilfe für Landwirte. Gegen das Rauchen gibt es auch Steuermittel – für Aufklärungskampagnen zum Wohle der Gesundheit. Und Tabakwerbung soll verboten werden. Da freuen sich die internationalen Tabakschmuggler.

Um uns vor dem Kohlendioxid zu retten, gibt es Steuermittel für Strom erzeugende Windkraft- und Solaranlagen. Um die Jobs von Bergleuten zu retten, gibt es Steuermittel zur Stromerzeugung durch die Verbrennung von Kohle, die das Nebenprodukt Kohlendioxid erzeugt.

Zwischen Verbänden und Politik zählt (nur noch?), dass die Funktionäre auf beiden Seiten zufrieden sind. Damit halten beide ihre Anhänger bei Laune. Wollen wir nicht lieber die Laune der Steuerzahler heben?

In spe und a.D.

Von sieben Prozent bei der Bestätigungswahl des Regierungswechsels 1983 war die FDP bei der Bundestagswahl 1987
unter Martin Bangemann, ihrem neuen Vorsitzenden, auf
9,1 Prozent geklettert. »Wer ein weiteres Ministerium verlangt, den mache ich einen Kopf kürzer«, drohte Bangemann
dennoch. Tags darauf verlangte ich eines mehr. Der letzte Tag
der Verhandlungen war gekommen. Es ging um die Personalentscheidungen.

In der Nähe des alten Bonner Bundeshauses stand ein
Gebäude mit vielen kleinen Appartements für Abgeordnete,
denen diese bescheidene Unterkunft während ihrer Bonner
Tage genügte. Der hübsche Name des Hauses: »Bullenkloster«. Dort schlief ich tief und fest, als mich um drei Uhr früh
ein Anruf Bangemanns weckte.

»Herr Möllemann, ich gratuliere! Sie sind jetzt Bundesminister für Sport und Kultur.« So eine Mitteilung macht
wach. Aber wie konnte ich meine Bedenken äußern, ohne
Gefahr zu laufen, dass das als Nein gewertet werden würde?
»Könnte es sein«, fragte ich Bangemann, »dass das nicht
mit allen abgestimmt ist? Was sagt Herr Strauß dazu?«
Nur keine Bange, signalisierte Bangemann. Das ginge alles in
Ordnung.

Um sechs Uhr früh klingelte es erneut: »Sie hatten Recht.
Strauß macht nicht mit. Die Kultur gehört den Ländern. Aber
Kohl hat mir eben mitgeteilt, dass Sie stattdessen Bundesminister für Bildung und Wissenschaft werden. Die Dame, die
das bisher war, muss halt Platz machen.«

»Gibt's auch mehr Geld für das Ministerium?«, schob ich
frech nach, da ich wusste, dass über Geld nur für die bisherigen FDP-Ressorts verhandelt worden war, nicht aber

für dieses, das erst jetzt von der CDU zur FDP wanderte. »Kommen Sie mir nicht damit, Möllemann, das müssen Sie schon selber rausholen.«

Drei volle Stunden lang war ich also Minister eines Ministeriums gewesen, das es nicht gab – vom Bundesminister in spe direkt zum a.D. Was für eine Blitzkarriere!

Viereinhalb Jahre war ich Staatsminister im Auswärtigen Amt gewesen. Vier Jahre war ich mit Leidenschaft Bundesminister für Bildung und Wissenschaft. Es waren meine in der Sache vielleicht erfolgreichsten Jahre.

Als ich meine Rundtour durch fast alle Hochschulen begann – Hochschulen, an denen auf studentischer Seite ultralinke Gruppen dominierten –, war ich dort der Buhmann der für sie »falschen« Regierung. Aber schon nach anderthalb Jahren war ich everybody's darling. »Möllemann 1, 2 und 3« bürgerte sich schnell als Kurzform für die »Hochschulsonderprogramme (HSP) eins, zwei und drei« des Bundes und der Länder ein. Der Bund trug für sieben Jahre mit sechs Milliarden DM die Hälfte der gesamten Kosten. Die Länder hatten sich verpflichtet, die neuen Studiengänge, Lehrstühle, Personal- und Sachkosten nach diesen sieben Jahren alleine zu übernehmen.

Streng genommen hätte ich für den Bund so etwas gar nicht tun dürfen, weil das in die alleinige Zuständigkeit der Länder fiel. In vielen Gesprächen gelang es mir aber, diese Mischprogramme zustande zu bringen. Mit der Wirtschaft und den Hochschulen konzipierten wir völlig neue Studiengänge – in der stark nachgefragten Kombination von Wirtschafts- und Geisteswissenschaften. Diese Studiengänge gab es anderswo, aber nicht in Deutschland. Ein schönes Beispiel sind angewandte Wirtschaftssprachen. Früher studierte man an der einen Hochschule Japanisch und an einer anderen Wirtschafts- und Naturwissenschaften. Nun lernte man, sein Wissen als Volkswirt und Ingenieur auf Japanisch an den Mann zu bringen. Die etwa zehn neuen Studiengänge bewährten sich erfreulich schnell und gut.

Das waren Innovationen und Investitionen, die sich sehen

lassen konnten. Vor meiner Amtszeit war nichts mehr für Ausbildung und Wissenschaft geschehen, nach meiner Amtszeit war das wieder so.

In einer engen Allianz mit der Wirtschaft, vor allem dem Handwerk, wurden 200 Millionen DM in überbetriebliche Ausbildungsstätten gesteckt. Die aber kamen nicht in die Hände der Funktionäre, wie die Gewerkschaften wollten, sondern blieben in der Verantwortung der Wirtschaft, also dort, wo sie hingehörten.

Die »duale« Ausbildung, die Theorie und Praxis verbindet, ist seit je ein deutsches Markenzeichen, um das uns die Welt beneidet. Jegliche Art der Ausbildung, gerade auch die wissenschaftliche, sollte darum dual werden. Das würde die hierzulande noch große Kluft zwischen Entwicklung und Anwendung schnell und wirkungsvoll schließen und wäre mithin eine der Voraussetzungen für die Rückkehr Deutschlands an die Weltspitze.

Die jungen Menschen müssen früh berufstätig werden, Familien gründen und Ausbildung und Familie miteinander so verbinden können, wie sie es wollen. Ausbildungs-, Bildungs- und Studienkonten aus Bausteinen müssen die starren Zeiten und Fristen ersetzen. Jeder kann dann auswählen, wann und wo er seine Bildungsgutscheine einlöst.

Und natürlich müssen Frauen im Wissenschaftsbetrieb mehr Chancen erhalten. Das hängt mit der eben genannten Wahlfreiheit eng zusammen. Lehrkonten braucht es für die Lehrenden. Das macht ihren Tag flexibel. Dann ist ein großer Nachteil der Frauen schon weg.

Die Berufung einer weiteren Frauen- oder Gleichstellungsbeauftragten versprach damals aber keinen Erfolg. Deshalb richtete ich mit Frau Musso als Leiterin ein eigenes Referat mit eigenem Haushalt und einem einfachen Auftrag ein, der schwer genug war: Welche konkreten Hindernisse gab es für Frauen in der Wirklichkeit des Hochschulalltages? Wie konnten wir sie wegräumen, um den wissenschaftlich begabten Frauen die gleichen Chancen einzuräumen wie ihren männlichen Kollegen?

Alles in allem war es eine großartige Zeit, und wenn uns später auch manches trennte, so vergesse ich doch nicht, wie viel ich zwei Männern verdanke: Fritz Schaumann, der ein Staatssekretär war, wie man ihn sich wünscht, und dem Multitalent Axel Hoffmann, meinem Büroleiter.

Professor Erichsen aus Münster, der Präsident der Westdeutschen Rektorenkonferenz (WRK), besuchte mich später einmal, als ich Wirtschaftsminister war: »Wir vermissen Sie«, sagte er. »Bitte, kommen Sie zurück.« Ein schönerer Lohn für meine Arbeit wurde mir nie zuteil.

Die Macht der Parteien brechen

Die Macht der Parteien brechen? Das sagt ein langjähriger Parteipolitiker? Ja. Politik war schon in der Bonner Republik ein Beruf wie jeder andere geworden. Die Folge: Immer mehr und überall haben sich die Parteien hineingedrängt.

Das Ergebnis: die Posten und Pöstchen verteilenden Posten-Parteien. Um etwas anderes als Posten geht es allzu oft gar nicht mehr, und ohne das Postenverteilen geht gar nichts mehr.

Daran ist übrigens das »Projekt 18« mehr als an allem anderen gescheitert. Ich weiß, wovon ich rede. Viel zu lange habe ich mich in diesem Gestrüpp bewegen müssen, um dieses oder jenes in der Sache durchzusetzen. Gerade deshalb ist es an der Zeit, auch hier Klartext zu reden.

Die Versuchung ist groß. Soll jemand seinen Posten als Abgeordneter oder als angestellter Parteifunktionär für andere freimachen, dann sucht man in Ministerien, nachgeordneten Behörden, anderen staatlichen und halbstaatlichen Stellen – jedenfalls in einem Laden, der von Steuermitteln lebt – etwas in der Preislage Passendes. Was die bedenkliche Folge hat, dass auch den Tüchtigen ein schlechter Ruf vorauseilt, wenn sie von Parteien in Positionen gebracht werden, die dann für Parteilose zu ihrem Ärger nicht mehr zu haben sind.

Weithin bekannt ist der Einfluss, den die Parteien durch ihre Sitze in den Aufsichts- und Beratungsgremien über die öffentlich-rechtlichen Rundfunk- und Fernsehanstalten ausüben. Weniger oft hören die Menschen von den unzähligen Sitzen in Vorständen und Aufsichtsräten staatseigener oder staatlich bestimmter Betriebe. Zwar hat die FDP wiederholt den Rückzug der Parteien von dort verlangt.

Aber in der Praxis sitzen auch bekannte und weniger bekannte FDP-Politiker gern da, obwohl die Macht zwischen CDU/CSU und SPD fest und unverrückbar aufgeteilt ist.

Wer bei ARD und ZDF als Journalist der FDP angehört, hat es schwer, selbst wenn er seine Partei in der Regel schlechter behandelt als seine schwarzen und roten Kollegen die ihre.

Die Bezahlung der Parlamentarier und Regierungsmitglieder gehört ebenfalls auf den Prüfstand. Denn je weniger Staat durch weniger Politik wir verwirklichen, desto weniger oft und lang müssen Abgeordnete zu Sitzungen zusammentreten. Die Mitglieder von Regierungen sollten allerdings so bezahlt werden wie Führungspersonen in Wirtschaft und Gesellschaft auch. Sonst kriegen wir keine besseren als die, die wir haben.

Jedenfalls trete ich dafür ein, dass Politiker wie alle anderen Bürger in die staatlichen Grundsicherungen, die gesetzliche Renten- und Krankenversicherung einzahlen – und für alles andere selbst sorgen müssen wie alle anderen auch. Fort mit den heutigen Abfindungen, Superpensionen und wer weiß noch welchen Nebenleistungen. Wer aus der Politik ausscheidet, muss dort wieder anknüpfen, wo er vorher war, oder sich etwas Neues suchen – wie jedermann.

Das heutige System ist undurchsichtig. Es gibt Geld für Büro und Mitarbeiter im Parlament und im Wahlkreis, den Freifahrtschein für die Bahn, eine Rente, Übergangsgeld bei Ausscheiden und, und, und. Nur noch eine Hand voll Spitzenexperten blickt da noch durch.

Diese gefährliche Entwicklung müssen wir umkehren. Am besten fangen wir Politiker bei uns selbst an, dort, wo es uns ganz persönlich betrifft, bei dem, was ich hier Politikergehälter nennen möchte. Denn der korrekte Begriff »Diäten« trägt nicht zur Klarheit bei. Die meisten denken bei Diät ans Abnehmen, nicht aber ans Nehmen, wovon nämlich erst dann die Rede ist, wenn eine Erhöhung der Abgeordnetendiäten zur Debatte steht.

Mein Vorschlag: Alle Abgeordneten erhalten einen Pauschalbetrag für ihre Arbeit, mit dem sie alles selbst finanzieren. (Die Expertenkommission Landtag NRW geht in diese Richtung, wenn auch nicht so weit.) Über die Verwendung der Gelder legen sie dann öffentlich Rechnung ab, nämlich übers Internet, auf der Homepage der Abgeordneten. Das schafft Klarheit und Wahrheit. Und Verbindung zum wirklichen Leben.

Erst wenn die Parteien keine Posten mehr verteilen dürfen, werden sie unabhängig genug sein, um für die Verwirklichung ihrer politischen Ziele zu kämpfen. Das wird dazu führen, dass künftig mehr Menschen da sind, für die Politik nicht nur ein Job ist wie jeder andere, und die bereit sind, sich in der Politik zu engagieren. Mir mag man alles Mögliche nachsagen. Aber ich bin aus reinem Spaß an der Freude in die Politik gekommen: um Politik zu machen und durchzusetzen, nicht um die Lücke zwischen den Segnungen des Bundesausbildungsförderungsgesetzes (BAföG) und der Rente zu schließen.

Dass die real existierenden Parteien selbst daran gehen, sich gründlich zu erneuern, ist nach allen Erfahrungen wenig wahrscheinlich. Selbst die am Anfang wirklich anderen Grünen haben sich am Ende den etablierten Parteien angepasst – nicht umgekehrt.

Wer den ernsthaften Versuch unternehmen will, eine neue Partei zu gründen, muss deshalb eine andere Art von Partei gründen, vielleicht eine, die sich gar nicht Partei nennt und auch keine im bisherigen Sinne ist. Da ist vieles denkbar, ohne dass man mit den Vorschriften des Parteiengesetzes in Konflikt käme. Wie wäre es zum Beispiel mit Zusammenschlüssen von lauter direkt gewählten Abgeordneten (Bürgermeistern und Landräten) zu jeweils einer Fraktion in den Parlamenten der Gemeinden und Städte, der Länder und des Bundes – oder auch in Europa?

Politiker aus allen Parteien könnten übrigens eine Arbeitsgemeinschaft gründen, die sich nach diesem Modell zusammensetzt. Sie hätten da viele Möglichkeiten, ohne ihre Parteien verlassen zu müssen, und könnten Themen, die ihre

Parteiführungen nicht anpacken wollen, weil sie ihnen zu heiß sind, öffentlich diskutieren. Überdies wären alle Mitglieder einer solchen Arbeitsgemeinschaft in der Lage, identische Initiativen in ihren Parteien einzubringen: in deren Fraktionen und Parteitagen. Verbündete in gesellschaftlichen Gruppen ließen sich finden, und zweifellos würde man die Aufmerksamkeit der Medien wecken. Und wenn das alles nichts nutzt – wer weiß, was aus einer solchen Zusammenarbeit entstehen kann?

Als ich auf dem FDP-Bundesparteitag in Nürnberg 2000 zum ersten Mal über meine Idee vom »Projekt 18« sprach, setzte ich mich zur Verblüffung vieler für die Abschaffung des Zwei-Stimmen-Wahlrechts, des so genannten Stimmen-Splittings, ein. Ich stellte die alte Behauptung infrage, dass dieses Wahlrecht der FDP genutzt habe. Ob in Stimmenzahlen, könne niemand beweisen. Und seelisch habe es die FDP in ihrem eigenen Verständnis zu einer »Partei der zweiten Wahl« verkommen lassen.

Im heutigen System wird die Hälfte der Abgeordneten der Parlamente über so genannte Parteienlisten gewählt. Die Wähler können keinen Einfluss darauf nehmen, welche Kandidaten auf diese Listen kommen oder nicht. Und sie können auch unter den Kandidaten, die die Parteien auf diese Listen setzen, nicht auswählen. Das müssen wir ändern, oder die Politik ändert sich nicht.

Dort in Nürnberg auch gleich noch für ein Mehrheitswahlrecht einzutreten schien mir dann doch etwas zu kühn. Doch ich bin dafür, es zu tun, weil ich sicher bin, dass der Zwang heilsam ist, im Wahlkreis Kandidaten finden zu müssen, die ihrer selbst wegen gewählt werden. Im Mehrheitswahlrecht ist in jedem Wahlkreis der Kandidat gewählt, der die meisten Stimmen erhält. Die Parteien würden statt gehorsamer Parteisoldaten solche Kandidaten aufstellen müssen, die von den Wählern respektiert werden. Und: In den Wahlkreisen können dann unabhängige Persönlichkeiten antreten, die keiner Partei verpflichtet sein müssen!

Die Zusammensetzung der Parlamente würde eine andere

sein. Menschen würden in die Politik gehen, die das Leben kennen. Parteiapparate und ihre Apparatschiks würden ihre Macht über diejenigen Kandidaten verlieren, die von den Wählern der Wahlkreise in die Parlamente entsandt worden sind. Der so genannte Fraktionszwang, so abstimmen zu müssen, wie die Führung es will, hätte keine Zukunft mehr.

Wer geht weshalb in die Politik? Das ist für mich heute die Kernfrage überhaupt. Ein bestimmter Typus von Berufspolitiker hat nämlich in den letzten dreißig Jahren sehr auffällig zugenommen. Er studiert, tritt früh in die Jugendorganisation einer Partei ein, wird mitunter noch vor dem Studienabschluss Assistent eines Abgeordneten und folgt ihm als Abgeordneter selbst nach.

Dazu kommen jene, die nach dem Studium Funktionäre von Gewerkschaften und anderen Verbänden und dann Abgeordnete werden. Allen ist gemeinsam, dass sie sich selbst nie im normalen Berufsleben bewähren mussten. Eine verheerende Voraussetzung für einen Politiker, der in Berlin ja ohnehin Lichtjahre vom Leben der Menschen und von ihren tagtäglichen Sorgen und Wünschen entfernt ist.

Bundeskanzler und Ministerpräsidenten sollten, wie heute bereits viele (Ober-)Bürgermeister, direkt vom Volk gewählt werden. Dass Massenmedien auch jetzt schon Personen stärker herausstellen als Inhalte, ist nur noch ein zusätzliches Argument. Entscheidend ist die Verantwortung, die in der direkten Wahl klar zuzuordnen ist, während sie bei der indirekten verwischt wird. Direkt gewählte Regierungschefs brauchen als Gegenüber Parlamente, die die Regierungen tatsächlich kontrollieren. Parlamente mit direkt gewählten Abgeordneten werden das besser tun. Denn sie werden sich in ihrem Wahlkreis regelmäßig für das zu verantworten haben, was sie im Parlament tun oder lassen.

Regierungschefs und Abgeordnete werden sich um ihre Wähler und deren Anliegen viel zuverlässiger kümmern, wenn sie wissen, dass ihnen jederzeit ein Volksbegehren droht.

Den heutigen Zustand könnte man polemisch so beschreiben: Die Regierungen halten sich Fraktionen, die Fraktionen halten sich Parteien, und die Parteien halten sich Mitglieder, die den Wählerinnen und Wählern ihre Blankostimmen abluchsen.

Brechen wir die Macht der Parteien. Geben wir sie dem Volk zurück. Damit es nicht nur im Grundgesetz steht: Alle Macht geht vom Volke aus.

Rücktritte und Pensionsansprüche

»Wäre Willy Brandt Mitglied der FDP«, erklärte Walter Scheel mit ernster Miene in der gemeinsamen Sitzung von Bundesvorstand und Bundestagsfraktion, »dann hätte er nicht zurücktreten müssen.« Das war 1974. Im Bundestag ging ich zu Willy Brandt hinüber. Ich kämpfte mit den Tränen, als ich ihn fragte, warum er sich zum Rücktritt entschlossen habe. Der scheidende Kanzler legte mir begütigend die Hand auf die Schulter. »Junger Mann«, sagte er, »das wird sich Ihnen erst mit zunehmendem Alter und anderen Erfahrungen erschließen.«

Während Georg Lebers Amtszeit als Verteidigungsminister war ich Mitglied des Verteidigungsausschusses des Deutschen Bundestages. »Schorsch« Leber, ein sozialdemokratisches Urgestein, dem es gelang, die deutsche Arbeiterbewegung mit der Bundeswehr zu versöhnen, hat mein Bild vom »Sozi« nachhaltig geprägt. Wir mochten uns, ohne dass wir uns je näher kamen. In der Nacht vor seinem Rücktritt aber rief er mich zu meiner völligen Überraschung an: »Ich glaube, ich scheide aus dem Amt. Aber ich möchte auch Ihre Meinung hören. Muss ich nicht dafür geradestehen, dass mein Abwehrdienst Grundrechte gebrochen hat? Ich bin das der deutschen Demokratie doch schuldig, auch wenn ich persönlich nichts falsch gemacht habe.« Ja, das war ein großer Rücktritt.

Abends um zehn ging ich mit meinem Kollegen Klaus Beckmann, dem viel zu früh verstorbenen Bundestagsabgeordneten der nordrhein-westfälischen FDP, zu Otto Graf Lambsdorff. Eine halbe Stunde nach Mitternacht begleiteten wir ihn ins Bundeskanzleramt, wo er Bundeskanzler Helmut Kohl seinen Rücktritt als Bundesminister für Wirtschaft bekannt gab. Wegen der Parteispendenaffäre war das unvermeidbar geworden. Bis nach Mitternacht wurde gewartet, weil der anbrechende Tag der Stichtag für die nächsthöhere Stufe von Lambsdorffs Politikerpension war.

Noch bevor er seinen Pensionsanspruch erwarb, wurde Wolfram Dorn als Parlamentarischer Staatssekretär des Bundesinnenministers Genscher zum Rücktritt gezwungen. Innerparteiliche Konkurrenten hatten ihm vorgeworfen, vertrauliche Informationen an die Illustrierte *Quick* weitergeleitet zu haben. Dorn hatte zwar einen Beratervertrag mit dem Bauer-Verlag. Aber das war erlaubt. Von den Vorwürfen blieb später nichts übrig. Doch da hatten die Intriganten schon gewonnen: Dorn hatte nicht Bundesminister des Innern werden können, als Genscher Walter Scheel im Außenamt ablöste.

Lambsdorff war rechtskräftig wegen illegaler Parteienfinanzierung verurteilt und ein Jahr später zum FDP-Bundesvorsitzenden gewählt worden. Das war er noch, als ich während eines Urlaubs mit meiner Familie in Südamerika von meiner eigenen Torheit eingeholt wurde. Ich hatte mich für die Idee eines Chips für Einkaufswagen eingesetzt. Leider stammte sie von meinem Schwager. Das wurde mir nun zum Vorwurf gemacht. Heute weiß ich: Ich hätte sofort nach Deutschland zurückkehren und mich öffentlich entschuldigen müssen. Und die Sache wäre erledigt gewesen. Stattdessen versuchte ich, mich herauszureden. Das war ein Fehler.

Aber ich hatte auf Lambsdorff gehört. Er hatte mir geraten, bis zum Dreikönigstag im Urlaub zu bleiben. Bis dahin würde sich die Sache totlaufen. Ich hätte sofort zurückkommen sollen, riet Genscher mir im Nachhinein – und gab mir zugleich den Rat zum Rücktritt.

Heute weiß ich, warum es doch besser für Willy Brandt gewesen war, nicht Mitglied der FDP zu sein.

Krieg und Frieden

Ein Pazifist bin ich wahrlich nicht. Das wäre bei einem Reserveoffizier der Fallschirmjäger ja vielleicht auch seltsam, oder? Gerade deshalb graut mir, wenn ich sehe, wie Staatsmänner mit Krieg und Frieden so unbedacht zu hantieren scheinen wie Kinder mit Feuerzeug und Streichhölzern.

Ich weiß, der Vergleich hinkt. Es sind keine Kinder. Es sind keine Feuerzeuge und Streichhölzer. Und die Staatsmänner wie ihre Experten verfügen über riesige Analyse- und Planungsmaschinerien, die ihnen das gute Gefühl geben, alles im Griff zu haben.

»Vom Kriege«, das berühmte Buch von Clausewitz, feiert Neuauflagen. Der Klassiker der Strategie gehört in vielen Militärakademien zur Pflichtlektüre. Zu Beginn des neuen Jahrtausends wird es wieder »normal«, vom Krieg als der zulässigen Fortsetzung der Politik zu reden. Die Berichte und Kommentare der Medien »plaudern« jedenfalls viel öfter von Kriegsvorbereitungen, als die Schrecken jedes Krieges kritisch zu beleuchten und die Frage ernsthaft aufzuwerfen, wann er erlaubt ist und wann nicht.

Viele Berichte und Kommentare sind unüberhörbar von Kriegsbegeisterung erfüllt. Die neuesten – scheinbar hochpräzisen – Waffen der USA lösen unübersehbar Bewunderung aus. Das Ganze wird ja auch in Bilder gebracht, die so »sauber« und brillant aussehen, als entstammten sie einem der erfolgreichen Hollywoodstreifen der letzten Jahre.

Die neue Militärdoktrin der USA vom Präventivkrieg ist die Rückkehr zum alten Lehrsatz, wonach »Angriff die beste Verteidigung« ist. Diese Änderung der US-Militärdoktrin ist keine Folge des 11. September 2001: Sie wurde ein halbes Jahr vorher zum ersten Mal in ein offizielles Regierungsdokument aufgenommen.

Der Krieg als ganz normales Mittel der Politik? Viele Generationen hatten wie ich gehofft, dass diese Doktrin nach zwei Weltkriegen und zwei Atombombeneinsätzen endgültig der Vergangenheit angehören würde. Wir haben uns alle geirrt. Der Krieg als Mittel der Politik ist zurückgekehrt.

Ein amerikanischer Freund, mit dem ich vor einiger Zeit sprach, erklärte mir: »Wenn ich vom Krieg gegen den Irak oder gegen ›die Achse des Bösen‹ höre, denke ich an Vietnam. Aber meine Nachbarn, die im Unterschied zu mir nicht Republikaner, sondern Demokraten wählen, denken an unsere Helden, die euch von Hitler befreit haben. Ich glaube, viele Amerikaner brauchen einen neuen Sieg, um sich von der Schande Vietnam reinzuwaschen.«

Nehmen wir einmal an, Bushs Krieg gegen Saddam Hussein führt zu dessen Entmachtung oder Tod. Nehmen wir auch einmal an, dass die Nachbarn des Irak die USA aktiv und passiv gewähren lassen, dass der Irak militärisch verliert und kapitulieren muss. Immerhin ist das ja mehr als wahrscheinlich.

Aber was kommt dann? Ist es nicht so gut wie sicher, dass eine Art Bürger- und Bandenkrieg den Irak überzieht? Und könnte der nicht auf die ganze Großregion übergreifen und unzähligen Menschen Leid bringen? Wer wird sich nicht alles aufgerufen fühlen, in Amerika, im Westen, in der ganzen Welt zum Mittel des Terrors zu greifen? Weil viele schnell lernen, dass man gegen den Terror keine Bomben werfen und keine Panzer schicken kann. Dass man Städte und Dörfer nicht einfach besetzen oder zerstören kann. Und wer kann den Steppenbrand, wenn er erst einmal um sich greift, jemals wieder löschen?

Wer den Verantwortlichen in der Umgebung von Präsident Bush zuschaut und zuhört, kann sich des Eindrucks nicht erwehren: Diese Männer und Frauen sind stolz auf das große Ding, das sie professionell vorbereiten. Was aber, wenn sich das Ganze als russisches Roulette herausstellt?

Im Ersten Weltkrieg starben Millionen auf beiden Seiten der Front. Aber weit hinter der Front lebten die Menschen wie im Frieden. Bombenangriffe gab es kaum, denn die wenigen Flugzeuge kamen selten weit hinter die feindlichen Linien. Im Zweiten Weltkrieg dagegen mussten Millionen lernen, dass es eine Front dieser Art bald nicht mehr gab. Der Krieg ging dorthin, wohin er wollte. Überallhin. Jedenfalls in Europa und Afrika.

Müssen wir es nun als die scheinbar unausweichliche Folge des 11. September hinnehmen, dass es bald vielleicht keinen Winkel auf der Erde mehr geben wird, wo der Krieg gegen den Terror und der Terror gegen den Krieg nicht tobt?

Ich weigere mich zu glauben, dass dies die Moral des Westens sein kann und der internationalen Herrschaft des Rechts entspricht, die der Westen unentwegt postuliert. Von einer solchen Herrschaft des Rechts, auf das sich alle Kulturen, Religionen und Staaten einigen könnten, sind wir offenbar noch weit entfernt, leider. Die politische Aufgabe des Westens sollte es gleichwohl sein, danach zu streben und jederzeit und überall dafür einzutreten. Oder habe ich da etwas falsch verstanden?

Wie wird Präsident Bush, wie werden Amerika und seine Verbündeten, wie werden wir Deutsche der Welt erklären, dass der Irak, weil er außer den biologischen und chemischen Massenvernichtungswaffen, die er hat oder auch nicht, auch noch eine Atombombe bauen könnte, mit Krieg überzogen wird, während Washington in Nordkorea eine kooperative, politische Lösung sucht? Weil Kim die Atombombe schon hat?

Wer vermeiden will, von den USA eines Tages mit Krieg überzogen zu werden, kann aus Bushs Vorgehen nur eine Lehre ziehen: Man muss im Besitz der Atombombe sein.

Darf ich, dürfen wir Deutsche und Europäer so etwas sagen? Oder ist eine solche Debatte nur der Führungsmacht USA erlaubt? Gilt das Verständnis von politischer Kultur, das die USA zu Recht predigen, für sie selbst, für andere aber nicht? Oder nicht in jedem Fall? Nämlich dann nicht, wenn die handfesten Interessen einflussreicher Kreise verlangen, sich über die eigene Moral hinwegzusetzen?

Mir graut vor der Vorstellung, welchen Zeiten wir entgegengehen könnten, wenn der Krieg gegen den Irak die Welle der Gewalt auslöst, die jeder befürchtet, die dann aber niemand mehr in den Griff kriegt. Wohin um Gottes Willen soll das führen – außer zu Tod, Leid und schreiender Ungerechtigkeit?

Das Wertvollste an der europäischen Einigung ist, dass Kriege unter den Mitgliedern der EU praktisch unmöglich sind. Warum legt sich dieses Europa nicht die Verpflichtung auf, überall für das Entstehen einer vergleichbaren Friedensordnung einzutreten?

Doch das liegt wohl in weiter Ferne. Denn während am Horizont der Beginn einer Katastrophe ohne Ende droht, droht die Dienstleistungsgewerkschaft Ver.Di mit Streik für ein paar Prozent Lohnsteigerung, die anschließend von Preissteigerungen aufgefressen werden. Aber wer soll das gutgläubigen Gewerkschaftsmitgliedern erklären, wenn anderswo geaast wird? Wenn etwa die Bundesregierung bei einer Afghanistankonferenz auf dem noblen Petersberg bei Bonn wieder einmal das Geld zum Fenster rausschmeißt? Bei einer Konferenz, auf der man Außenpolitik zu betreiben vorgibt, obwohl die Regierung sich durch ihre Wahllügen weltweit doch längst ausmanövriert hat.

Wissen Schröder und Fischer nicht, dass es immer mehr Bürger empört, sehen zu müssen, wofür ihr Steuergeld ausgegeben wird?

Deutschland, denkt man an dich bei Nacht, ist man um den Schlaf gebracht.

Mein Nahost-Geheimplan

Helmut Müller, auch »Knüller-Müller« genannt, war vieles gewöhnt. Der Journalist der *Westfälischen Nachrichten* hatte mehr Konflikt- und Kriegsschauplätze gesehen als manch anderer Journalist. 1979 war er dabei, als ich Yassir Arafat im Libanon zum ersten Mal traf.

Ich war nur ein einfacher Bundestagsabgeordneter, aber die Reise war durch das Auswärtige Amt sorgfältig vorbereitet worden. Nach meiner Rückkehr wurde ich in den Medien zum ersten Mal Genschers »Minenhund« genannt. Das Neue in der politischen Landschaft war: Es gab die erste Entschließung der Europäischen Gemeinschaft (EG), die neben Garantien für Israel das Selbstbestimmungsrecht der Palästinenser in einem eigenen Staat forderte.

Rechts und links auf den Trittbrettern standen PLO-Leute mit durchgeladenen Maschinenpistolen. Der Jeep raste mit uns durch die Straßen der Stadt, von einem Haus zum anderen, immer auf der Suche nach Arafat, der damals mehrmals am Tag seinen Standort wechselte. Regelmäßig schlugen Granaten gezielt in einer seiner Unterkünfte ein, die er eben erst verlassen hatte.

Am gefährlichsten, so lernte ich schnell, waren die »Eigenbomben«. So nannte man voller Galgenhumor die eigenen Flugabwehrgeschosse, die ihr Ziel verfehlten. Trafen sie nämlich nicht, fielen sie nicht selten auf die eigenen Häuser und Leute.

Die Namen der bewaffneten Banden und Milizen der verschiedenen Bürgerkriegsparteien hatte ich nie zuvor gehört. Ein unübersichtliches Durcheinander herrschte, und alle waren bis an die Zähne bewaffnet. Ein ziemlich furchterregendes Bild.

Es war Ramadan. Am Abend saß ich endlich mit dem PLO-Führer zusammen beim traditionellen Fastenbrechen. Wir unterhielten uns endlos lange. Eine anstrengende Sache – schon allein seiner zeitraubenden Essenssitten wegen.

Zur Propaganda gegen Arafat gehört die Behauptung, die Hilfsgelder aus den arabischen Ländern dienten auch seinem feudalen Lebensstil. Aber weder im Libanon noch in Tunis, noch bei den vielen internationalen Konferenzen, auf denen ich ihn immer wieder traf, war davon etwas zu sehen. Wahr ist aber, dass Arafat zwar einfach, aber viel isst.

Am Schluss des ersten Gesprächs im Libanon, dem weitere folgten, notierte ich acht Punkte und gab sie den deutschen und ausländischen Journalisten. Für sich genommen, ging kein einziger Punkt über die Zielsetzung der damaligen Nahostpolitik in Deutschlands Fachkreisen hinaus. Neu aber war die Bündelung dieser acht Punkte, die meiner Meinung nach gemeinsam behandelt werden mussten.

Ein libanesischer Journalist, ein freier Mitarbeiter der Deutschen Presse-Agentur (DPA), fragte mich, ob ich die acht Punkte schon irgendwo veröffentlicht hätte. Nein, hatte ich nicht. Ob er sie bringen dürfe. Ja, warum nicht.

Damals war mir der Umgang mit der Presse noch nicht ganz vertraut. Daher traf es mich unvorbereitet, als DPA weltweit für großen Rummel sorgte. Der flotte Journalist hatte aus meinen lösungsorientierten Notizen einen »geheimen Acht-Punkte-Friedensplan für den Nahen Osten« gemacht: »Moellemann's secret peace plan«.

Zu Hause in Deutschland beschwerten sich die Israelis. Sie waren verärgert, dass ein deutscher Politiker die Palästinenser gleichrangig mit den Israelis sah. Genscher tobte und erklärte, er wisse nichts von einem Geheimplan. Aber er distanzierte sich auch nicht davon. Er lavierte – wie immer, wenn es ernst wurde.

Der *Spiegel* brachte eine Karikatur: Aus einem Fenster des Auswärtigen Amtes ragt ein Brett, auf dem ich sitze – innen steht Genscher halb verdeckt und lässt das Brett zwar wippen, hält es aber doch fest.

Bei unserer Rückkehr nutzte es nichts, dass Knüller-Müller seinen Bonner Journalistenkollegen versicherte, im Libanon habe niemand von einem Geheimplan gesprochen. DPA hatte es berichtet, und alle hatten sich aufgeregt: Also war und blieb es so. So ein schönes Thema will man sich doch nicht wegnehmen lassen, nur weil es nicht wahr ist…

Was ich damals nicht ahnen konnte: Der Plan, den es nicht gab, begründete meinen guten Ruf in Arabien – und meinen schlechten in Israel, wie mir erst sehr viel später dämmerte.

Eine fast unerträgliche Hitze herrschte während meines Aufenthaltes im Libanon. Meine Haare wuchsen noch schneller als sonst. Mit dieser Matte wollte ich nicht nach Hause. Also ging es zum Friseur, natürlich mit der üblichen PLO-Garde. Es war 19 Uhr, als wir ankamen, und der Figaro beschied mich mit der schlichten Auskunft: »We are closing.« Zu unser beider Schrecken aber lud einer der PLO-Männer seine Maschinenpistole durch und sagte nur ein einziges Wort: »Fatah.« Ich bekam die Haare geschnitten.

Arafat stimmte bei unserem nächsten Treffen zwar zu, dass es so nicht zugehen dürfe, fügte aber an: »Without a certain type of toughness you can't survive here.« Ohne eine gewisse Härte könne man hier nicht überleben.

Deshalb hat es mich nicht gewundert, dass Arafat und die PLO nur von wenigen Libanesen bemitleidet wurden, als sie nach Tunesien ausweichen mussten.

Von Leoparden und Füchsen

Dem deutschen »Leopard II« ging der Ruf voraus, der beste Kampfpanzer der Welt zu sein. Kaum war er in den Siebzigerjahren aus der Fabrik gerollt, wollte die saudi-arabische Regierung eine größere Stückzahl davon erwerben. Und da König Khaled und Kronprinz Fahd der deutschen Regierung unter Willy Brandt und später dann unter Helmut Schmidt immer wieder sehr günstige Kredite gewährt hatten, konnten sie sich kaum vorstellen, dass ihrem Wunsch nicht entsprochen würde.

Kronprinz Fahd, der heute König von Saudi-Arabien ist, reiste damals als saudischer Unterhändler oft in die Bundesrepublik. Und »Fahd« heißt auf Deutsch »Leopard«. Im ständigen Wettstreit mit Ägypten, wer die arabische Führungsmacht sei, war das Thema für Fahd durchaus von symbolischer Bedeutung. Die Saudis hatten nicht die Absicht, Krieg zu führen. Aber den besten Panzer der Welt zu besitzen, der überdies noch den Namen des Kronprinzen trug, war eine Frage der Ehre. Helmut Schmidt wusste das sehr wohl, als er dem Hause Saud den »Leopard II« versprach.

Unterdessen hatte mich Hans-Dietrich Genscher nach der Bundestagswahl 1980 zu den außen- und sicherheitspolitischen Koalitionsverhandlungen hinzugezogen. Er gab mir zu verstehen, wir sollten uns im Hinblick auf die Lieferung von »Leopard II« an Saudi-Arabien, die der Bundeskanzler vorschlage, einstweilen bedeckt halten. »Die Sozis«, prophezeite Genscher, »kriegen das schon unter sich nicht hin.« Von meinem Einwand, die Lieferung sei doch in jeder Hinsicht vernünftig, sodass wir dafür eintreten sollten, hielt er gar nichts. Die Israelis seien schließlich dagegen, erklärte er, obwohl sie sich nicht direkt bedroht fühlten. Otto Graf

Lambsdorff, der wie ich für die Lieferung war, zog es vor zu schweigen.

Prompt wurde dieser Teil der Gespräche nur innerhalb der SPD-Verhandlungsdelegation geführt; die FDP-Delegation saß dabei, hörte zu und schwieg. Und wie Genscher vorausgesagt hatte, ging es unter den Verhandlungsführern der SPD hin und her. Willy Brandt zählte auf, welche Personen und Gruppen in der SPD sich gegen eine Panzerlieferung nach Saudi-Arabien gegen den Willen Israels stellen könnten. Nach einiger Zeit knurrte Herbert Wehner, wenn die FDP gar nichts sage und die SPD sich nicht einig sei, müsse der Punkt von der Tagesordnung. Er kam nie wieder darauf.

Die Verärgerung im Hause Saud war groß. Wer auch immer mit Vertretern Saudi-Arabiens zusammentraf, konnte mal deutlich, mal weniger deutlich den Vorwurf heraushören: Wir sorgen für gemäßigte Ölpreise, wir mäßigen die Palästinenser, wir stellen Kredite. Und ihr? Wir kriegen alles, was wir wollen, von den Amerikanern oder Franzosen. Warum nicht von euch? Der schleichende Entfremdungsprozess begann, und das schnelle Wachstum in den deutsch-saudischen Wirtschaftsbeziehungen fand ein Ende.

Helmut Kohl war der zweite deutsche Bundeskanzler, der die Saudis schwer enttäuschte. Nach seinen Pflichtbesuchen im Westen reiste er mit einer Delegation, der ich als neu bestellter Staatsminister im Auswärtigen Amt auch angehörte, nach Ägypten, Jordanien und Saudi-Arabien. Aber obwohl die Minister Lambsdorff, Stoltenberg und Wörner für die Lieferung des »Leopard II« eintraten, wiederholte sich nun in der CDU, was in der SPD vor sich gegangen war: Die lange Liste modernsten Geräts, die Kohl dem saudischen Verteidigungsminister Sultan, einem Bruder des Königs, anbot, enthielt keine »Leoparden«.

Sultan war fassungslos, auch wenn er das nicht offen zeigte. Solange sie in der Opposition gewesen waren, hatten CDU und CSU Bundeskanzler Helmut Schmidt ständig seinen Wortbruch vorgehalten. Nun mussten die Saudis erkennen, dass das alles ganz offensichtlich nur billige Propaganda für den heimischen Gebrauch gewesen war.

Klaus Kinkel fügte dem eine unglaubliche Kränkung hinzu: Auf seinem Weg nach Tokio ließ er seinen saudischen Kollegen nach Dammahn kommen, bestellte ihn sozusagen zu sich, statt ihn in Riad zu besuchen, wie es die Höflichkeit erfordert hätte. Von da an war es nicht mehr selbstverständlich, dass saudische Delegationen auf ihren Europareisen zuerst nach Bonn und dann erst nach Paris fuhren.

Es sollte nicht der letzte Affront sein, den Kinkel sich zuschulden kommen ließ. 1995 beschlossen die Vereinten Nationen wieder einmal eine ihrer Nahost-Resolutionen, und zum ersten Mal stimmte Deutschland – mit den USA und Israel – gegen alle anderen Mitgliedsstaaten der Europäischen Union. Bei seinem Zusammentreffen mit den arabischen Botschaftern versuchte Kinkel, ihnen das Verhalten Deutschlands so zu erläutern: Er habe, so erklärte er, erst jetzt wirklich begriffen, was der Holocaust gewesen sei und was er bedeute, jetzt, da seine Tochter einen Israeli geheiratet habe.

Die Botschafter werden sich anschließend gefragt haben, welchen Sinn es noch machen könne, einem deutschen Außenminister arabische Interessen vorzutragen, wenn dessen Schwiegersohn, der überdies noch ein Offizier des israelischen Geheimdienstes Mossad ist, so großen Einfluss auf ihn hat.

Erst nach Antritt der Regierung Schröder kam mit Kronprinz Abdullah wieder ein Mitglied des Hauses Saud nach Deutschland. Aber es war nur ein höflicher, kein herzlicher Besuch. Daran konnte auch die Tatsache nichts ändern, dass Verteidigungsminister Scharping den Saudis die nicht mehr so neuen Alphajets anbot. Die Saudis dankten höflich und wiesen darauf hin, dass sie bereits über das modernste Gerät aus Russland verfügten. Den Eurofighter hätten sie selbstverständlich akzeptiert. Aber die technisch veralteten Alphajets?

Inzwischen haben die Saudis stets die modernsten US-Panzer, die es gibt. Dass diese Panzer bald jedoch komplett mit deutscher Technik ausgestattet sein werden, wirft viel Licht auf die Verlogenheit der deutschen Rüstungspolitik. Die Amerikaner ernten nicht nur die Zuneigung der Saudis, sondern stecken auch das Geld ein. Denn die Lizenzen für die deutschen Patente haben sie längst gezahlt, wenn sie an dem Verkauf der Panzer noch immer schwer verdienen. Unsere Pazifisten verhindern also nicht, dass die Saudis, die Türken und wer auch immer über eine in Deutschland entwickelte Waffentechnik verfügen. Aber tausende deutsche Jobs jagen sie über die Wupper.

Während des Golfkrieges hielt ich bei der Eröffnung einer saudischen Kunstausstellung im Bonner Hotel »Maritim« als Bundesminister für Wirtschaft eine Ansprache. Und bekam viel zu hören: Seht ihr, so hieß es, jetzt könnten wir die »Leoparden« brauchen, die ihr uns nicht geliefert habt. Aber ihr schickt ja auch keine Soldaten, sondern zahlt lieber Riesensummen an die Amerikaner und Israelis. Und ein mir gut bekannter, besonders hochrangiger Gast fügte hinzu: »Was ist nur aus euch geworden?«

Damals wollten die Saudis aus Furcht vor den russischen Scud-Raketen des Irak ABC-Spürpanzer vom Typ »Fuchs« kaufen. Präsident Bush und Außenminister Baker drängten die deutsche Regierung, dem Wunsch nachzukommen, was Bonn denn auch tat. Israel erhielt parallel dazu die Raketenabwehr-Raketen »Patriot« – und zwei U-Boote, für die es nichts zu zahlen brauchte. Den deutschen Steuerzahler kostete das eine Milliarde DM.

Seitdem wird alle Jahre wieder über eine große Bestechungsaffäre im Zusammenhang mit der Lieferung der »Füchse« spekuliert und geschrieben. Und immer wieder darüber, dass ich mich illegal bereichert hätte. Egal, was ich sagte oder tat: Jedermann schien überzeugt davon, dass die Gerüchte nicht ganz unbegründet waren. Zwei Untersuchungsausschüsse des Bundestages wurden einberufen, die sich ausführlich mit dem Fall beschäftigten. Erst nachdem Helmut Kohl dort aufgetreten war, wurde mein Name von der Liste der noch zu hörenden Zeugen gestrichen. Kohl hatte erklärt, warum Saudi-Arabien überhöhte Preis für die Lieferung der »Füchse« bezahlte: Weil es ein übliches Prozedere war, dass ein Teil des Geldes wieder zurück an die saudischen Prinzen floss.

Die deutsch-arabischen Beziehungen sind bis heute nicht wieder auf dem Stand, auf dem sie im wohlverstandenen deutschen Interesse sein müssten. Es gibt zwar ein Kooperationsabkommen zwischen der Europäischen Union und dem Golfkooperationsrat, aber Deutschland und Europa wären gut beraten, ein Sicherheitsabkommen – nach EU-Standard – hinzuzufügen. Dann könnte auch Deutschland mit den Golfstaaten in Rüstungs- und Militärfragen kooperieren, ohne die politische Initiative und das gute Geschäft immer wieder den Amerikanern, Briten und Franzosen zu überlassen.

»Leoparden« und »Füchse«: Das ist leider nur eines von vielen Beispielen, wie deutsche Politiker, Parteien und Regierungen bei allen wechselnden Koalitionen die Rolle der Bundesrepublik Deutschland in der Welt Stück für Stück verspielen. Es ist Zeit, diese Entwicklung umzukehren. Deutschland muss seine eigenen, wohlverstandenen nationalen Interessen im Ton freundlich, aber knallhart in der Sache wahrnehmen und durchsetzen, so wie das alle anderen Länder von Bedeutung auch tun. Wozu sonst bräuchten wir eine deutsche Außenpolitik?

Bundeskanzler Gerhard Schröder wusste selbstverständlich von Anfang an, dass er sein Versprechen, mit ihm werde es keinen Krieg gegen den Irak geben, nicht würde halten können. Darum ging es ihm auch nicht. Er wollte die Kriegsangst nutzen, um Wählerstimmen zu gewinnen. Und er wusste, dass diese Taktik vor allem im Osten und bei Frauen funktioniert. Er hat mit den Ängsten der Menschen ein eiskaltes Spiel getrieben – und gewonnen. Überrascht hat ihn nur, dass die US-Regierung ihm dieses Spiel, das sie selbst permanent betreibt, übel nahm. Aber so ist das in der Welt: Was die ganz Großen dürfen, steht den Kleinen noch lange nicht zu.

So kam, was kommen musste: das klägliche Schauspiel, das der Bundeskanzler, der Verteidigungsminister und all die anderen Plappermäuler Tag für Tag den ebenso angeödeten wie zornigen Menschen zumuten. Es sei unwahrscheinlich, spottete unlängst ein Journalist, dass die deutschen Soldaten an Bord der NATO-Aufklärungsflugzeuge mit dem Fallschirm abspringen würden, wenn sie den Befehl zur Feuerleitung von Geschossen und Raketen gegen den Irak erhalten sollten. Es ist noch schlimmer, als er denkt: Denn da die amerikanische Führung der deutschen Bundesregierung hinten und vorne nicht traut und ihr vor allem nichts zutraut, wird sie von ihr außer Hand- und Spanndiensten, die keinen Einblick gewähren, sowieso nichts verlangen.

Wird es wirklich ernst, ist eines heute so klar wie gestern und morgen: Keine deutsche Regierung kann Israel den Beistand versagen, wenn es von irakischen – oder anderen – Raketen bedroht oder getroffen wird.

Politiker vom Schlage Schröders scheinen also davon auszugehen, dass die Menschen ihnen nicht übel nehmen, wenn sie ihre Wahlversprechen nicht einlösen. Politiker dieses Schlages sind nicht Politiker geworden, weil sie Visionen haben, die sie politisch verwirklichen möchten. Politiker dieses Schlages sind nicht in der Politik, um etwas zu tun, sondern nur um etwas zu sein.

Diese Sorte Politiker ist der Ruin des Landes. Sie haben keine politischen Ziele, sondern inszenieren nur sich selbst. Bei ihnen ist der Weg tatsächlich das Ziel. An der Macht sind sie nur deshalb interessiert, weil sie es lieben, deren äußere Abzeichen zu tragen.

Deutschland braucht andere Politiker. Nicht nur in der Außen- und Sicherheitspolitik. Aber eben auch hier.

Majestätsbeleidigung

In Rolandseck bei Bonn, einem besonders lauschigen Plätzchen im schönsten Teil des Rheintals, hielt ich zur Eröffnung eines neuen Journalistenklubs das, was man eine »launige Rede« nennt. Am Rande hatte ich dem ZDF zugesagt, in einem Spot für die bekannte Fernsehsendung »Bonner Perspektiven« aufzutreten. Ich sollte den Journalisten Wolfgang Herles und Alexander von Sobeck in die Kamera blicken und mit den Worten »Ich sehe Bonner Perspektiven, weil…« die Vorzüge ihrer Sendung anpreisen. Aber die beiden Halunken ließen meine »launige« Ansprache gleich mitfilmen – gegen jede übliche Regel und ohne Absprache.

Ich kam direkt von einer der Kabinettssitzungen, in denen außer Helmut Kohl, dem größten Kanzler aller Zeiten, niemand etwas zu melden hatte – weshalb ja auch in kaum noch einer politischen Frage irgendetwas voranging. Noch unter dem Eindruck des Kanzlerauftritts stehend, verspürte ich die unbändige Lust, einem meiner Hobbys nachzugehen, dem Imitieren von Personen und Stimmen. Brandt, Wehner und Strauß kann ich gut nachmachen, Kohl vielleicht noch besser. Die versammelte Runde amüsierte sich prächtig. Meine Laune stieg, und meine Darbietung muss wirklich gut gewesen sein. Leider habe ich die Aufzeichnung, die in den »Bonner Perspektiven« am folgenden Sonntag gezeigt wurde, weder gesehen noch gehört, weil ich eben gar nicht wusste, dass es sie gab. Daher saßen meine Frau und ich ahnungslos im Garten, während sich Deutschland über meine Parodie des Kanzlers amüsierte.

Hans-Dietrich Genscher, der mich in meinen erfolgreichen Zeiten oft mehrmals täglich anrief, tat dies auch an diesem Sonntag. Wir redeten über alles Mögliche, und am

Schluss bemerkte Genscher eher beiläufig: »Na, ob das dem Bundeskanzler wohl gefallen haben wird?« Ich war noch immer ahnungslos. Auch noch am nächsten Morgen in der Präsidiumssitzung, als Kinkel mich in seinem Schwäbisch anbellte: »Haht Sie dä Kohl scho angrufä? Dahs lesst där si net biete, dahs gäht au net.«

Es folgten Telefonate, auch mit den beiden Journalisten, die mir das eingebrockt hatten. Und schon bald musste ich einsehen, dass ich mich wieder einmal der Majestätsbeleidigung schuldig gemacht hatte. Mittwochs war Kabinettssitzung. Kohl würdigte mich keines Blickes. Ich hatte zwei Vorlagen einzubringen. Kohl: »Wenn S' Ihre Frag'n besser vorb'reit'n würd'n, statt unertr'gliche…«

Natürlich entschuldigte ich mich für die nicht vorgesehene Verbreitung, und auch dafür, einer Laune nachgegeben zu haben. Und so weiter. Die Damen und Herren Bundesminister saßen feixend in der Runde. Ich musste arg aufpassen, den nötigen Ernst nicht zu verlieren. Ein unglaublicher Drang hätte mich ein paarmal fast dazu gebracht, Kohl auch hier noch als sein Double zu antworten. Leider hatte ich auch davon erzählt, dass Herles und Sobeck die Aufzeichnung gegen alle Absprache gemacht hatten. »Und d's is sicher?«, vergewisserte sich der Kanzler. »Ja«, bestätigte ich.

Ich kann mir vorstellen, wen Kohl direkt nach der Sitzung angerufen hat. Wolfgang Herles und Alexander von Sobeck, zwei herausragend gute Fernsehjournalisten, wurden jedenfalls abgelöst. Ein Fallbeispiel von vielen: Deshalb raus mit den Parteien aus den Fernsehgremien!

Speerspitze NRW

Im Ruhrgebiet, wo die FDP nie ein Bein auf die Erde bekam, erzielten wir bei der Landtagswahl 2000 ein Ergebnis, das mir mehr als alles andere vor Augen führte, dass die »Strategie 18« kein Größenwahn, sondern eine reale Chance war. Dass sie dennoch scheiterte, lag an nichts anderem als an der Skepsis der FDP-Bundesführung. Außer mir wollte wohl niemand die »Strategie 18«. Und mancher schien wie Dr. Westerwelle davon zu träumen, die nötigen Wählerstimmen allein mit fröhlichen Fernsehauftritten einheimsen zu können.

Als die Landtagswahl gewonnen war, zog ich zum Bundesparteitag nach Nürnberg. Meine erste Rede für das »Projekt 18« fand überraschend positive Resonanz.

FDP-Bundesparteitag Nürnberg, 16. Juni 2000

Liebe Parteifreunde und Parteifreundinnen:
Wolfgang Kubicki hat uns mit der Schleswig-Holstein-FDP zu Jahresbeginn eine grandiose Steilvorlage geliefert. Wir Freie Demokraten in Nordrhein-Westfalen konnten sie im Mai in einen schönen Sieg verwandeln.
Das war nur möglich, weil wir uns im Dezember 1999 ein scheinbar unmögliches Ziel gesetzt hatten: 8 Prozent.
Ich sehe noch die Gesichter der Düsseldorfer Journalisten, als ich in jenem Dezember der Landespressekonferenz unsere Strategie für die Landtagswahl vorstellte und mit dem Schild »8 Prozent« ins Bild setzte.
Erinnern wir uns bitte: Fünf Jahre vorher waren wir in NRW an der 5-Prozent-Hürde gescheitert. Eine Serie von Katastrophen zwischen 1,x und 3,y Prozent lag nach der

Bundestagswahl 1998 hinter uns. Von der Splitterpartei FDP war die Rede.

Wir neigen alle dazu, Unangenehmes schnell zu vergessen.

Das hilft uns als Menschen oft, in der Politik ist das Vergessen der eigenen Fehler tödlich. Hätten Wolfgang Kubicki und ich unsere Landesparteien nicht von einer Radikalkur überzeugen können, hätten wir die Serie 1,x bis 3,y Prozent fortgesetzt.

3 Prozent gaben die Demoskopen der NRW-FDP in jenem Dezember. Fast 10 Prozent gaben uns die Wählerinnen und Wähler fünf Monate später – und Sie wissen: In NRW gibt es nur eine Stimme.

11 Prozent ist das neueste Umfrage-Ergebnis für die FDP auf Bundesebene.

Nehmen wir unsere Herzen in die Hand. Lassen Sie uns einen neuen Sieg möglich machen. Indem wir uns das scheinbar unmögliche Ziel für die Bundestagswahl setzen: 18 Prozent.

Oberflächliche Kritiker und Kleingeister sagen: Eure Siege in Kiel und Düsseldorf verdankt ihr doch nur dem schlechten Zustand der CDU. Was für ein dummes Argument – zumal in der Fußballsaison.

Natürlich ist die Schwäche des Gegners ein Vorteil: Aber doch nur, wenn man ihn strategisch nutzt!

Dass CDU oder SPD oder Grüne oder alle nicht gut dastehen, ist überhaupt noch kein Grund, FDP zu wählen! Die Beweggründe, überhaupt zu wählen und das Kreuz bei der FDP zu machen, mussten wir in Kiel und Düsseldorf und müssen wir im Bund schon selbst liefern: emotional und in der Sache – und in sprechenden Bildern statt nur mit Bildern von Sprechenden; kurzum: durch eine mitreißende professionelle Kampagne, in der alles glaubwürdig und überzeugend zusammenpasst: Person und politische Ziele, Inhalt und Stil.

Das ist in Kiel und Düsseldorf gelungen. So muss es nun weitergehen, weil wir eine einzigartige Chance nicht verstreichen lassen dürfen.

Glauben Sie um Gottes Willen nicht, eine Art unverdienter Pechsträhne sei vorbei, unsere Partei wäre nun verdienterweise wieder auf der Gewinnerstraße, die FDP erneut dritte Kraft, jenes Waagscheißerle, ohne das nicht regiert werden kann. Die Wende hätten sozusagen nicht einmal diese zwei Außenseiter Kubicki und Möllemann mit ihren verrückten Ideen und nicht so ganz seriösen Auftritten verhindern können.

Nein, nein, liebe Parteifreundinnen und Parteifreunde: Wolfgang Kubicki und ich haben gewonnen, weil wir es anders, sehr anders gemacht haben. Weil die Schleswig-Holstein- und die NRW-FDP den Mut hatten, unsere eigenständigen Strategien und ungewöhnlichen Kampagnen durchzuhalten, als sie angezweifelt wurden – auch aus den eigenen Reihen. Ich möchte sonst nicht zurückschauen, sondern vorwärts blicken. Aber wer während der NRW-Kampagne unser Ziel von 8 Prozent öffentlich in Zweifel gezogen hat, sollte jetzt nicht so tun, als sei er für das Ergebnis von fast 10 Prozent verantwortlich.

Lassen Sie mich in aller Kürze und daher unvollständig begründen, weshalb ich mit aller Leidenschaft an Sie appelliere: Packen wir das »Projekt 18« an.

Nichts ist schwieriger zu ändern als feste Bilder in den Köpfen der Menschen. Ein solches Bild ist das von der alten deutschen Parteienlandschaft. Da gab es zwei »richtige« Parteien, CDU und SPD: Sie stellen Parlamentspräsidenten, Bundeskanzler und Ministerpräsidenten. Und dann gab es die FDP: Die stellt Vize-Parlamentspräsidenten, Vizekanzler und Vize-Ministerpräsidenten. Die Grünen stellen dieses Zwei-Klassen-System von Parteien nicht infrage: Sie sind nur in die alte Rolle der FDP geschlüpft.

Bitte richten Sie mit mir Ihren Blick für eine Weile von unserer deutschen Nabelschau hinaus auf Europas Parteienlandschaft. Gibt es da gemeinsame Entwicklungen? Ja. Auf zwei möchte ich Ihre Aufmerksamkeit lenken:
1.: Das christdemokratische Projekt hat ausgedient.

2.: Das sozialdemokratische Projekt wandelt sich nachhaltig.

Das Neue an der westeuropäischen Parteienlandschaft nach dem Kollaps des Nazi-Regimes waren die Christdemokraten. In der Bonner Republik waren sie die »strukturelle Mehrheitspartei« – ein historisches Zitat von Ralf Dahrendorf. Sie dominierten die westeuropäische Politik bis zum Kollaps des Sowjetkommunismus. Das war kein Zufall. Alles, was nach rechts roch, war durch die Nazis stigmatisiert. Die Christdemokraten okkupierten die Mitte. Den Mix aus Staats- und Marktwirtschaft, die Zunftordnung aus Kammern, Innungen und Gewerkschaften begründeten sie »christlich«. So bildeten die C-Parteien ein wirkungsvolles Bollwerk gegen Kommunismus und Sozialismus im Westen, gegen Links. Das Rezept war so erfolgreich, dass westliche Sozialisten und Sozialdemokraten sich der Blaupause nicht entziehen konnten – die SPD mit ihrem »Godesberger Programm«. Der Antimarxismus hatte im Westen bei den Massen machtpolitisch gesiegt, der Antifaschismus im Zeitgeist der Eliten.

Seit dem Fall der Mauer beobachten wir den steten Niedergang der Christdemokraten. Das ist kein Zufall. Nach dem Kollaps des Sowjetimperiums braucht es den christdemokratischen Limes nicht mehr. Verwechseln wir bitte diese strategische Ursache für das Ende des »Projekts C« nicht mit den Anlässen des Niedergangs. Wer so lange das Sagen hatte, »musste« zwangsläufig jenes Machtmissverständnis entwickeln und jene Strukturen ausprägen, die den Fall einer christdemokratischen Partei nach der anderen auslöste. In Italien implodiert die Democrazia Cristiana 1993, ihre drei Nachfahren bringen zusammen (!) 12 Prozent auf die Wahlwaage. 1989 hatte die ÖVP 43 Prozent, jetzt 25 Prozent. (Bevor jemand falsche Schlüsse zieht: Die ÖVP verlor an die SPÖ, die SPÖ an die FPÖ! Die FPÖ ist die Protestpartei der Ängstlichen und Pessimisten. Die neue FDP ist die Partei der Optimisten und Zuversichtlichen.)

Die niederländische CDA stürzte im selben Zeitraum von 35 auf 18 Prozent. Die belgischen Christdemokraten rutschten von 40 Prozent im Jahr 1960 bis 1999 auf 20 Prozent. Die CDU und der Wandel der deutschen Parteienlandschaft insgesamt sind erst so spät dran, weil die deutsche Wiedervereinigung den inneren Wandel überdeckt und aufgeschoben hat. Nicht wegen Kohls Finanz- und Machtskandal ist die CDU – auch nach Merz und Merkel – unverändert in der Krise, sondern weil das »System Kohl« nicht mehr funktioniert. Weil es das natürliche Ende des christdemokratischen Projekts nicht noch länger verzögern kann! Historiker werden später schreiben, dass das Ende der christdemokratischen Epoche mit Kohls wirklichem Abtritt im Finanz- und Machtskandal der CDU begann.

Lassen wir uns von den Kämpfen in der SPD zwischen den nostalgischen Roten und den Reformern nicht irre machen. Verwechseln wir den taktischen Einsatz der alten Genossenrhetorik nicht mit dem tiefen politischen Kurswechsel. Das macht die SPD nicht zu einer liberalen Partei im europäischen Sinn, wohl aber im amerikanischen. Die SPD und ihre Schwestern in Europa sind nicht nur auf dem Wege zu Blairs New Labour, sondern noch mehr zu Clintons Demokraten. Es bleibt ihnen auch gar nichts anderes übrig. Mit der alten Industrie schrumpft die Zahl der Industriearbeiter. Dem »Projekt S« kommen die Stammwähler abhanden. Mit der alten Industrie stirbt die alte SPD.

Die Gewerkschaften leiden an Mitgliederauszehrung. Die Kategorie »Ich wähle CDU, weil ich katholisch bin« verschwindet. Immer mehr Unternehmen verlassen ihre Verbände, um sich dem lähmenden Zugriff der Gewerkschaften zu entziehen. Die Zahl der Kammerverweigerer wächst. Immer mehr Menschen nehmen die Dinge selbst in die Hand, weil sie von den alten Institutionen nichts Vernünftiges mehr erwarten. Der Kampf um die »neue« oder »alte Mitte« ist doch nur eine veraltete Chiffre für *die Auflösung der alten sozialen Milieus. Kurz: So gut wie alles ordnet sich neu. Auch die deutsche Parteienlandschaft steht vor einem grundlegenden Wandel. Die Karten für die Zusammensetzung des deutschen Parteiensystems werden neu gemischt. Das ist der Grund für meinen fast unbegrenzten Optimismus.*

Bis jetzt deutet nichts darauf hin, dass die CDU das Elementare ihrer Krise erkannt hätte. Mein Eindruck ist vielmehr, dass sie meint, das Schlimmste sei vorbei, nun gehe es einfach zurück in die alte Konstellation: den Wettbewerb mit der SPD, wer mehr über die 40 Prozent hinauskommt.

In der SPD haben in der Führungsetage etliche den Prozess der Umwandlung zu einer Partei wie den amerikanischen Demokraten eingeleitet. Die mittleren Funktionäre stehen dem hilflos gegenüber. Die Parteitagsdelegierten kämpfen Rückzugsgefechte. Die Richtung ist nicht mehr die Frage, wohl aber das Tempo.

Die Grünen machen alle Fehler der FDP nach – schneller und schlimmer. Sie sind die letzte Lagerpartei: Funktion statt Inhalte, Dienstwagen statt Grundsätze.

Im Osten bieten die Größenverhältnisse – nicht die politischen Strukturen – von CDU, PDS und SPD einen Vorgeschmack auf die Parteienlandschaft von morgen: Wahlergebnisse von Volksparteien um die 30 Prozent ersetzen die alten Ergebnisse um die 40 Prozent.

Dass die SPD sich zur deutschen Variante der amerikanischen Demokraten mausert, bedeutet ja nicht, dass wir nur zwei große Parteien haben müssen oder werden wie in den USA. Schauen Sie nach Europa: Mehr als zwei Parteien um 20 bis 30 Prozent sind die Regel. Unsere liberalen Schwestern sind unter ihnen.

Die Zeit der politischen Glaubenskriege ist vorbei. Herrschaft des Rechts, Marktwirtschaft und Demokratie bilden heute den politischen Kern aller demokratischen Parteien. Wie viel von den dreien, mit wie viel Mut und mit welcher Konsequenz? So zeigen sich mehr und mehr die wahren Unterschiede. Das aber hängt in der alten und neuen Mas-

senmedien-Demokratie mehr und mehr von Führungspersonen ab.

Weil die Glaubenskriege vorbei sind, ist auch die politische Lagerzeit vorbei. Und die von so genannten christlich-liberalen und sozial-liberalen Koalitionen – mit und ohne Bindestriche. Eine Koalition ist keine ideologische Heirat, sondern eine Kooperation für zeitlich begrenzte und sachlich vereinbarte Politikziele. Ob das heute hier mehr für eine FDP-CDU-Regierung spricht und dort für eine FDP-SPD-Regierung, ist eine rein taktische Frage und vor allem eine an die Wähler und Wählerinnen. Demokratische Parteien können vor oder nach Wahlen sagen, was in der konkreten Lage als sinnvoller erscheint. Entscheiden – das tun allein die Wähler.

Wer – außerhalb und innerhalb der FDP – meinte, ich wolle in »sozial-liberale« Zeiten zurückkehren, hätte mich gründlich missverstanden. Ich setze mich nicht für den Auszug aus dem CDU-Lager ein, um ins SPD-Lager einzuziehen. Diese Lagerzeiten sind eben vorbei. Für alle, die über den Tellerrand hinaussehen.

Jetzt müssen wir auch noch aus dem mentalen Gefängnis »dritte Kraft« ausbrechen. Dazu gehört auch, dass wir von unserer Vorliebe für das Zwei-Stimmen-Wahlsystem Abschied nehmen. Niemand kann wirklich sagen, wie viel oder wie wenig uns »die Zweitstimme« rechnerisch über die Jahrzehnte genutzt hat. Aber ganz sicher hat »die Zweitstimme« unserem eigenen Selbstverständnis und dem Bild der Menschen von der FDP schweren Schaden zugefügt: Wir wurden immer mehr als Partei der zweiten Wahl wahrgenommen und haben uns leider auch selbst immer mehr so missverstanden.

Ich ziehe daraus je länger, je mehr den Schluss, dass eine Freidemokratische Volkspartei dem Ein-Stimmen-Wahlrecht den Vorzug geben muss: einem Ein-Stimmen-Wahlrecht mit Kumulieren und Panaschieren – zusammen mit einem kreativen Set von direkter Demokratie auf allen Ebenen.

Das Selbstverständnis unserer FDP muss sich von der Nischenpartei zur Volkspartei mausern. Sehr viele Junge in unserer Partei, aber auch viele Alte stimmen diesem Ziel in meinen Begegnungen begeistert zu: Sie wollen – wie ich – nicht länger die Hilfstruppe anderer Parteien sein, sondern eigenständig und selbstbewusst genauso für voll genommen werden wie CDU und SPD.

Nach unseren Siegen in Kiel und Düsseldorf muss sich eine selbstbewusste Partei Freier Demokraten auf eine deutsche Parteienlandschaft einstellen, die im Wettbewerb von drei Kräften gestaltet wird, nicht mehr von zwei ersten und einer dritten Kraft. Ich will – und dafür arbeite ich – eine neue deutsche Parteienlandschaft: in der die klassischen Parteien am besten ähnlich groß sind. Sodass keine in die Versuchung kommt, eine andere nicht für voll zu nehmen.

Erleben wir nicht jeden Tag, weshalb der Wechsel von Regierungen und Personen das Normale werden muss? Weil es dem Land und ihnen selbst nur gut tun kann? Ich bin sicher, auch wir Deutschen lernen: In der Demokratie ist der Wechsel an und für sich schon etwas Gutes. Denn der regelmäßige Wechsel wirkt präventiv gegen politische Blindheit, gegen Entfremdung vom Volk, gegen Machtanmaßung, Machtmissbrauch und Korruption.

Sie werden sich vielleicht fragen: Gibt es für das »Projekt 18« – also die Freidemokratische Volkspartei – überhaupt genug Wähler? In wenigen Fragen gibt es eine so eindeutige Übereinstimmung in den vielen Umfragen der letzten Jahre, Monate und Wochen: Der Anteil der Wechselwähler beträgt 40 bis 50 Prozent – Tendenz stetig steigend. Der neueste Befund: Über 30 Prozent der Wahlberechtigten können sich vorstellen, FDP zu wählen. Freunde, worauf warten wir noch?

Ich habe der NRW-Presse im Dezember 1999 die strategischen Zielgruppen unserer Kampagne genannt und wie wir sie erreichen wollten: die unter 30-Jährigen, die (potenziellen) Nichtwähler und die Internet-User. Alle

Analysen zeigen übereinstimmend: Genau diesen Bürgerinnen und Bürgern verdanken wir unseren großen Wahlerfolg zuallererst.

Angesprochen haben wir sie mit einer unkonventionellen Kampagne nach dem Motto: Regeln brechen. Wir haben uns während der Kampagne jeden Tag gefragt: Machen wir es so sehr anders, sind unsere Bilder so sprechend, dass uns die Massenmedien gar nicht ignorieren können? Ist unser Internet-Auftritt so unterhaltsam, so reich an Interaktion und so inhaltsstark zugleich, dass unsere virtuellen Besucher wiederkommen und mehr werden? Haben wir für die verschiedenen Medien den richtigen Auftritt gewählt? Und immer wieder: Wie inszenieren wir unsere Wortbotschaften als Bilder? Denn Bilder bleiben in den Köpfen der Menschen, Worte sind allzu flüchtig.

Die Kampagne hat für uns die »Werkstatt 8« geführt: ein Team von fünf hochmotivierten Profis, die keinen Zweifel an unserem Erfolg hatten, von denen vier nach dem Wahltag wieder ihrer Profession nachgehen. Die fünf arbeiteten praktisch ohne Pause und mit einem Riesenspaß. Ohne die Friktionen und Querelen, wie wir sie in allen Büros kennen. Sie lenkten die Arbeit der Agenturen, steuerten den Einsatz des Spitzenkandidaten und verzahnten die externe Kampagne mit den internen Diensten der Landesgeschäftsstelle für den Wahlkampf der Kandidaten und Gliederungen.

Die Erarbeitung der Strategie und ihre Durchführung lagen in einer Hand: mit kurzen und schnellen Entscheidungswegen. Gremien können das nicht. Das liegt an der ganz anderen Natur ihrer Abläufe.

So, liebe Parteifreunde und Parteifreundinnen, müssen wir es in Zukunft immer halten. Für die Bundestagswahl 2002 brauchen wir:

– eine klare Strategie, die kein Gremium nachträglich ändert, wenn irgendein Wind weht;
– eine Kampagne, die anders ist als alle anderen, die alte Regeln bricht: überraschend, fröhlich, unterhaltsam, po-

litisch spannend, provokativ einfach und einfach provo-
kativ;
– ein professionelles Team: eine »Werkstatt 18«, welche die
Kampagne führt mit einer einzigen politisch verant-
wortlichen und bevollmächtigten Person als Counter-
part.

Eines Tages während der NRW-Kampagne schickte die
Sprecherin einer Frauengruppe unserem Kampagnenmana-
ger eine geharnischte E-Mail und beschwerte sich über eines
unserer Plakate: eine Frau am Steuer, ihr Mann daneben,
beide offensichtlich abgenervt – darunter der Text: »Wie
soll Ihre Frau anständig Auto fahren, wenn sie ständig
nur im Stau steht?« Er fragte zurück, ob sich ihre Gruppe
wohl je mit unserem Anti-Stau-Plakat befasst hätte, wenn
wir unsere Botschaft nicht so provokativ verpackt hätten.
Nach einigen Mails hin und her schrieb die inzwischen be-
lustigte Beschwerdeführerin: Wir werden euch wählen, ihr
Hunde.

Mein Team und ich könnten Ihnen noch ganz viele solcher
Geschichten erzählen, die wir in einem intensiven Kontakt
mit Bürgern und Bürgerinnen jeden Alters, vor allem aber
ganz jungen Leuten erlebt haben. Sie alle machen mich
ganz sicher: Unser »Projekt 18« ist ein mutiges, aber realis-
tisches Unterfangen. Wenn wir es denn nur mit ganzem
Herzen wollen, mit aller Vernunft anpacken und zuver-
sichtlich dabeibleiben – gegen allen Kleingeist, jeden Miss-
mut und bösen Neid.

Wolfgang Kubicki und ich werden mit unseren profes-
sionellen Mitstreitern den Vorschlag für eine Strategie des
»Projekts 18« erarbeiten und ihn sowohl der interessierten
Öffentlichkeit wie der Partei vorlegen: den Landesverbän-
den, dem Bundesvorstand, Ihnen allen. Wir laden schon
jetzt Jedermann und Jedefrau herzlich ein mitzudisku-
tieren und mitzumachen: bei einem wirklichen Neuanfang
für unsere FDP.

Zur Vorbereitung und Durchführung der Strategie für die
Freidemokratische Volkspartei entsteht in diesen Wochen

aus dem Team unserer »Werkstatt 8« die virtuelle »Werkstatt 18« für Kiel und Düsseldorf. In der zurückliegenden Kampagne haben Außenstehende der aus fünf Personen bestehenden »Werkstatt 8« in politischen Sachfragen und kommunikativen Aufgaben online geholfen. Aus diesem Kern eines spontanen virtuellen Teams bilden wir nun ein gut organisiertes virtuelles Netzwerk: unsere »Werkstatt 18«. Sie wird das strategische und kommunikative Instrument unseres »Projekts 18«. Wenn Sie wollen, für die ganze FDP.

Die Liste derer, die am »Projekt 18« aktiv interessiert sind, wird jeden Tag länger. Man muss nicht Mitglied der FDP sein, um »Anteile« am »Projekt 18« zu erwerben. Wir gehen mit dem »Projekt 18« an die »politische Börse«: Jeder und jede, der und die ideell, fachlich und/oder finanziell seinen und ihren Beitrag leisten will, ist herzlich eingeladen, sich zu melden – ab 1. August 2000 auf unserer neuen Homepage: www.werkstatt18.de.

Liebe politische Freunde und Freundinnen:
Vielleicht habe ich etwas lange gebraucht, um der gründlichen Überlegung und der Kontinuität mehr Platz neben meiner angeborenen Spontaneität und meinem chronischen Tatendrang einzuräumen. Bitte nehmen Sie mir eines ab: Nach so vielen Jahren Politik habe ich einen großen Traum. Ich möchte, dass unsere, meine FDP nicht mehr gegen den Abstieg kämpft. Ich möchte, dass wir um die Meisterschaft kämpfen. Ich möchte, dass wir auf Sieg setzen, statt auf Platz. Ich möchte, dass wir das Tal der Tränen nie mehr sehen. Ich sehe viele außerhalb und innerhalb der FDP, die uns dabei gerne helfen wollen. Freunde, enttäuschen wir sie nicht. Tarnen wir Verzagtheit nicht als Bescheidenheit. Werfen wir Vorbehalte und Vorsicht über Bord. Wir haben nur das Kümmerdasein des Auch-ein-bisschen-dabei-Seins zu verlieren und alles zu gewinnen.
Wir werden im Herbst einen Sonderparteitag zur Sicher-

heits- und Verteidigungspolitik haben. Ich würde mich freuen, wenn ich dort über die Fortschritte des »Projekts 18« berichten dürfte.
Auf, Leute, macht alle mit beim »Projekt 18« – und der Sieg ist unser. Und Leute:
Wir werden keine Langeweile haben. Glück auf!

Direkt nach der verlorenen Wahl schrieb ich die folgenden Zeilen an die FDP in Nordrhein-Westfalen und an viele Bürger. Ich widme sie denen, die nicht aufgeben, und hoffe, dass dazu vor allem die 23 Frauen und Männer der Landtagsfraktion in Düsseldorf gehören, auch wenn sie mich mehrheitlich aus ihren Reihen ausschließen wollten:

»Die Strategie der eigenständigen FDP, die weder Hilfsorganisation der Roten noch der Schwarzen ist, bleibt richtig. Auch wenn wir nicht vermochten, sie im ersten Anlauf zum gewünschten Erfolg zu führen. Ich habe dazu meine Fehler beigetragen. Die Fehler anderer will ich nicht gegen meine aufrechnen. Ich will mich lieber darauf konzentrieren, meinen Beitrag zu leisten, damit wir die bevorstehenden Europawahlen, Kommunalwahlen und Landtagswahlen in Nordrhein-Westfalen zu großen Erfolgen machen.

Die Kraft jeder Organisation zeigt sich gerade darin, nach der Niederlage aufzustehen und die nächste Aufgabe anzupacken. Eine gründliche Analyse aller Faktoren des Misserfolgs, der politischen, persönlichen, strategischen, taktischen und organisatorischen, ist Voraussetzung dafür, Fehler nicht zu wiederholen. Wer diese Fragen unter den Tisch kehrt, geht dem nächsten Misserfolg entgegen. Nicht die Frage ist wichtig, wer woran schuld war, sondern die, was wir beim nächsten Mal besser anders und anders besser machen.

Nach dieser Bundestagswahl, deren erster Verlierer die Meinungsforschung ist, mich zum allein Schuldigen in der FDP zu stempeln, wäre die Garantie dafür, dass eine ehrliche Analyse nicht stattfände, dass die tieferen Ursachen unseres Misserfolges unter den Teppich gekehrt würden. Der größte

Fehler der FDP wäre, würde sie in den Zustand zurückfallen, in dem sie nach der verlorenen Bundestagswahl 1998 war. Ich bin der Letzte, der 7,4 Prozent für die FDP bei dieser Wahl zum Erfolg umdeuten wollte. (Übrigens: Die meisten Institute sahen uns in der letzten Woche, also *vor* meinem Flugblatt, zwischen sieben und acht Prozent.) Aber 7,4 Prozent ohne Koalitionsaussage – statt 6,2 1998 mit Koalitionsaussage – sollten wir nicht leichtfertig preisgeben, sondern auf ihnen aufbauen – und auf 5,8 Prozent Erststimmen statt 3 Prozent 1998. Bei diesen Wählern stehen wir in der Pflicht. Dass wir mit 10 Prozent unter den Erstwählern vier Prozent mehr haben als 1998, ist ein Datum. Dass die Grünen mit ebenfalls 10 Prozent unter den Erstwählern gleich viel haben wie 1998, ist ein anderes. Dass unser Anteil unter den Frauen zu niedrig ist, verlangt Schlussfolgerungen und richtige (!) Konsequenzen.

Dass wir wieder eine der drei gesamtdeutschen Parteien sind, ist ein Anfang. Nun muss die FDP in einer ehrlichen und großen Anstrengung alles tun, was für den Erfolg beim zweiten Anlauf notwendig ist: zur Verwirklichung ihrer Strategie, keinem Lager anzugehören, sondern eine genauso eigenständige Partei zu sein wie CDU, CSU und SPD. Keine andere Formation in der FDP war und ist von diesem Weg von Anfang an mehr überzeugt als ihre Fraktion im Landtag von Nordrhein-Westfalen. Sie verbindet die Erfahrung, dass unmöglich Scheinendes möglich ist. Dieses Gut sollte sie nicht verlieren.«

Opium fürs Volk

Wie viele Rentner wissen, dass sie mit dem Wort »Renten-versicherung« belogen und betrogen werden? In eine Versicherung zahle ich Prämien ein. Dieses Geld legt die Versicherungsgesellschaft so gewinnbringend für mich an, dass meine Rente später sicher ist. Aber wie viele Bundesbürger wissen, dass jeder Euro, den sie Monat für Monat einzahlen, sofort wieder ausgegeben wird? Für die heutigen Rentner?

Wer weiß schon, dass sein Gehalt, das monatlich auf seinem Konto eintrifft, nicht einmal mehr ein Drittel dessen ist, was sein Arbeitgeber für seinen Arbeitsplatz bezahlen muss? Weil alles andere »Lohnnebenkosten«, oder besser: »Lohn-hauptkosten«, sind.

Wie viele Menschen sind sich darüber im Klaren, dass die Unterscheidung in »Arbeitgeberanteile« und in »Arbeit-nehmeranteile« zur Renten- und Krankenversicherung pures Opium fürs Volk ist, reine Volksverdummung? Die Arbeitgeber müssen natürlich mit den Kosten rechnen, die sie ein Arbeitnehmer insgesamt – brutto – kostet, auch wenn der nicht einmal mehr ein Drittel – netto – davon bekommt. Diese Gesamtkosten schlagen sich in den Preisen nieder, die wir alle für die Güter und Dienstleistungen zahlen. Womit auch schon erklärt ist, weshalb Lohnsteigerungen, die die Gewerkschaften über das wirtschaftliche Wachstum einer Firma hinaus erzwingen, immer von Preissteigerungen auf-gefressen werden.

Was ist das für ein Steuersystem, in dem sich niemand mehr auskennt? Warum tut die Politik so, als würde sie den »Reichen« höhere Steuern abnehmen, wenn denen dann über die so genannte steuerliche Abzugsfähigkeit so viel zurückgegeben wird, dass sie weniger Steuern zahlen als die

Millionen kleiner Leute? Warum zahlen nicht alle ein und dieselbe Steuer, von der dann aber nichts mehr abgezogen werden darf?

Wahrheit und Klarheit müssen einziehen, wenn die Kluft zwischen dem Volk und seinen gewählten Vertretern wieder geschlossen werden soll. Mit halben Sachen ist da kein Blumentopf zu gewinnen.

Volle Deckung

Die FDP hätte sich eindeutig auf die Seite der USA gegen den Irak stellen müssen. Sagte Dr. Westerwelle – allerdings erst nach der verlorenen Bundestagswahl. Der Einfluss von Otto Graf Lambsdorff war unüberhörbar. Einer muss Dr. Westerwelle immer treiben.

Mit seinem unhaltbaren Versprechen, mit ihm werde es keinen Krieg gegen den Irak geben, wollte Bundeskanzler Schröder die Wahl gewinnen. Zu diesem Zeitpunkt hätte die FDP den Beweis für Schröders Friedensliebe öffentlich einfordern können. Sie hätte nur verlangen müssen, die ABC-Spürpanzer vom Typ »Fuchs«, die in Kuwait zusammen mit amerikanischen Truppen Übungen veranstalteten, zurück nach Deutschland zu holen. Die FDP verlangte weder das noch etwas anderes in dieser Sache. Stattdessen gab sie Benimmunterricht: So ginge man unter Verbündeten nicht miteinander um, ließ sie vernehmen, schon gar nicht mit den USA, denen Deutschland so viel verdanke.

Sowohl im FDP-Präsidium als auch in der Öffentlichkeit hatte ich erklärt, dem Versprechen Schröders nicht den geringsten Glauben zu schenken. Und ich hatte die Frage aufgeworfen, welchen Beitrag die in Kuwait stationierten »Fuchs«-Panzer und ihre Besatzungen eigentlich zum Kampf gegen den internationalen Terrorismus leisten würden.

Das wollte die FDP-Führung ebenso wenig aufgreifen wie meine Initiativen für einen Doppelbeschluss des UN-Sicherheitsrates, der den Irak und Israel aufgefordert hätte, die UNO-Resolutionen einzuhalten. Andernfalls würde jede Art von Unterstützung eingestellt. Auch mein Drängen, eine »Konferenz für Sicherheit durch Zusammenarbeit im Nahen Osten« (KSZNO) einzuberufen, fand kein Gehör.

Dr. Westerwelle und die anderen Präsidiumsmitglieder bemerkten, wie gut Schröders Wahlversprechen – kein Krieg unter deutscher Beteiligung – gerade auch bei den potenziellen FDP-Wählern ankam, und gingen mutig in volle Deckung. Wolfgang Gerhardt erklärte im Bundestag zwar, wenn Schröder sein Versprechen ernst meine, müsse er die Spürfüchse abziehen. Aber verlangt hat er es nicht. Dr. Westerwelle mahnte, Schröder hätte mit Präsident Bush vorher telefonieren müssen. Jetzt müsse Außenminister Fischer sofort nach Washington reisen. So ginge man unter Freunden und Verbündeten nicht miteinander um.

Mein Gott, dachte ich. Da mimt der SPD-Kanzler den Friedensengel und Deichgraf, um der rot-grünen Koalition buchstäblich in letzter Minute, aber instinktsicher das Leben zu retten. Die Union eiert. Und die FDP gibt der Regierung Nachhilfe in gutem Benehmen, aber in der Sache laviert sie.

Die FDP-Führer verlangten, Schröder müsse Bush persönlich sagen, was er wolle. Aber was wollte die FDP? Ja, irgendwie war sie gegen ein einseitiges Vorgehen der USA. Aber wofür stand sie ein? Für nichts. Genscher stand in der Nische, wie so oft. Lambsdorff – sonst immer vorlaut – schwieg. Kinkel auch.

Solange wir nichts Besseres haben, ist für die Liberalen die UNO der Träger des internationalen Gewaltmonopols, so wie es die Staaten auf nationaler Ebene sind. Wenn die Vereinten Nationen über Jahre hin immer wieder Beschlüsse fassen, die von Israel verlangen, die Verträge von Camp David einzuhalten, müssen für den Fall der weiteren Nichtbefolgung endlich Sanktionen verhängt werden. Mein Vorschlag war es, angesichts der Kriegsgefahr im Nahen Osten sowohl Israel als auch den Irak in einem »Doppelbeschluss« zum Gehorsam gegenüber den UN-Beschlüssen aufzurufen. Würde Israel nicht gehorchen, sollte jede politische, wirtschaftliche und militärische Hilfe eingestellt werden. Würde der Irak nicht gehorchen, sollte es zum Mandat für die militärische Intervention kommen. Und der könnte sich Deutschland dann nicht entziehen – Schröder hin, Schröder her.

Wie soll eine gerechte Weltordnung entstehen und allgemein akzeptiert werden, wenn mit zweierlei Maß gemessen wird? Mein Vorschlag eines Doppelbeschlusses hätte die Zustimmung Frankreichs, vielleicht auch die einiger anderer EU-Staaten gefunden. Ich glaube, er ist immer noch richtig: als ein erster Schritt, dem dann als zweiter die KSZNO folgen müsste. Schließlich leistet Europa materiell viel mehr für Israel als die USA, die das Land nur noch mit militärischen Gütern beliefern. Es kann gut sein, dass die Frage eines Krieges gegen den Irak so oder so vom Tisch ist, wenn dieses Buch erscheint. Doch die Notwendigkeit der Befriedung des Nahen Ostens wird so oder so noch lange nicht vom Tisch sein. Da bin ich ganz sicher.

Lange vor der neuen Ostpolitik, die heute mehr mit der SPD als mit der FDP verbunden wird, hatten mutige FDP-Leute eine Ostpolitik in völliger Abkehr von der Hallstein-Doktrin verlangt – gegen die eigene Führung. Heute brauchen wir die Forderung nach einer neuen Nahostpolitik. Die heutige FDP hat aber offensichtlich vor, die Lösung dieser brennenden Aufgabe den anderen zu überlassen.

Deutschland ist nur noch als Geldgeber ein Riese, als »Impulsgeber« ist es ein Zwerg. Es hat sich aus der Großregion Nahost verabschiedet. Es hat dort kein Gewicht mehr. Die Amerikaner setzen nicht mehr auf uns. Tony Blair ist von Gerhard Schröder noch tiefer enttäuscht als George W. Bush. Von dessen Vater ganz zu schweigen. Und Jacques Chirac tritt zwar Seite an Seite mit Gerhard Schröder auf, verheimlicht dabei aber seine wirklichen Absichten: Paris hält es unverändert für die beste Arbeitsteilung im vereinten Europa, wenn Deutschland zahlt und Frankreich führt.

Die Repräsentanten deutscher Unternehmen und Organisationen sowie die bundesdeutschen Botschafter überall in der Welt tun mir aufrichtig Leid. Sie sehen sich überall vor beschämende, demütigende und peinliche Fragen gestellt – und haben keine Antworten.

Wer sich aus der Politik abmeldet, ist aus der Politik abgemeldet.

Den Staat vom Kopf auf die Füße stellen

In den Gemeinden und Städten liegt die Antwort auf Globalisierung, also auf der zunehmenden Bedeutungslosigkeit von Grenzen, Entfernungen und Sprachen – wie auf dem Verschwinden gewohnter Schutzzäune gegen die Probleme und Wünsche von Menschen in anderen Teilen der Welt. Wir können überall hin: als Touristen, als Kaufleute, als Angestellte, als Lernende. Aber das gilt auch für die anderen. Sie kommen zu uns als Asylsuchende, als Zuwanderer, als Arbeitskräfte, die hier bei uns fehlen, weil wir selbst die »niedrigen« Arbeiten verweigern oder weil wir Leute brauchen, die im Computer- und Dienstleistungszeitalter früher und besser angekommen sind als wir.

Das Soziale gehört meiner Meinung nach in die Gemeinden und Städte, nicht nach Berlin oder gar Brüssel. Denn in den Gemeinden und Städten hat man einen direkten Zugang zu den Bedürfnissen, Wünschen und Nöten der Menschen. Hier gibt es das direkte Miteinander und Nebeneinander, im Guten wie im Bösen. Hier werden Toleranz und gegenseitige Hilfe gelebt – oder auch nicht. Hier müssen Konflikte gelöst und Wege des Mit- und Nebeneinanders gefunden werden.

Führen wir neben dem rechtlichen Status des Staatsbürgers auch den des Stadtbürgers ein: Nach einem Jahr sollte jeder Mensch, der in Gemeinde und Stadt zugezogen ist, die gleichen Rechte und Pflichten erhalten, von wo auch immer er kommt und welchen Pass er auch immer hat. Das ist Integration dort, wo sie beginnen muss, wenn sie funktionieren soll.

Geben wir den Gemeinden und Städten eine große Selbstständigkeit. Geben wir ihnen die Hoheit über die einzige Steuer, die es dann noch gibt, am besten die Verbrauchssteuer.

Die könnte von dort, wo etwas oder jemand bezahlt wird, direkt in die Kasse der Gemeinden und Städte abgeführt werden. Wir bräuchten kein Finanzamt mehr.

Aber es gibt auch andere denkbar einfache Steuerkonzepte – von der »Flat Tax«, einem amerikanischen Vorschlag, der auch in den USA noch nicht realisiert wurde, bis hin zu den Konzepten deutscher Experten, die in Kroatien mit großem Erfolg verwirklicht wurden. Hauptsache, die neue Steuer wird niedrig und einfach zu erheben sein – und auskömmlich für den schlanken, starken Staat.

Überlassen wir es jeder Gemeinde und jeder Stadt, welche Gebühren – also Preise – sie für welche ihrer Leistungen in der umfassenden Infrastruktur verlangt. Dass sie diese Dienstleistungen von Privaten erbringen lassen sollte, wird sich als vernünftig durchsetzen, sobald die Städte und Gemeinden nicht mehr von den Bürokratien anderer politischer Ebenen gegängelt werden können. Konkurrenz unter den Gemeinden und Städten belebt dann die Kommunalpolitik.

Auf die üblichen Einwände gegen diese Vorschläge lässt sich eine kurze Antwort geben: Wenn die Menschen nur noch eine einzige – niedrige – Steuer zahlen müssen, wird sie auch eine wesentlich höhere Verbrauchssteuer als die heutige Mehrwertsteuer ganz ruhig schlafen lassen. Und was der Mensch täglich braucht, kann – ähnlich wie heute bei der Mehrwertsteuer auch – den halben Steuersatz haben.

Und die Länder und der Bund? Ich bin dafür, dass die Städte und Gemeinden selbst entscheiden, mit welchen anderen Städten und Gemeinden sie sich zu Regionen zusammentun, um Aufgaben von professionellen Firmen erfüllen zu lassen, die sie zusammen besser und billiger erledigen können als allein. Was die Gemeinden und Städte vom Bund brauchen, werden sie in Form von Gebühren an ihn entrichten. Dort, wo das Geld ist, liegt die Macht. Geben wir sie den gewählten Vertretern des Volkes in den Städten und Gemeinden! Und führen wir Volksabstimmungen auf allen Ebenen ein, lassen wir die Bürger über alles entscheiden – sofern es nicht um die Grundrechte geht.

Ich höre schon den Vorwurf, das sei schlimmer als der Rückfall in die Kleinstaaterei, völlig ineffizient. Aber ineffizient für wen eigentlich? Für die »höheren« Ebenen, für die Verwaltung. »Höher«? Das Wort vernebelt, dass »höher« nur weiter weg von den Menschen, weiter weg von ihrem wirklichen Leben ist. Das Leben der Bürger findet in der Regel auf lokaler Ebene statt, nicht in den Regierungsvierteln der Hauptstädte.

Stellen wir den Staat vom Kopf auf die Füße. In den Städten und Gemeinden leben die Menschen. Dort hört Demokratie nicht auf, sondern dort beginnt sie. Was in den Städten und Gemeinden nicht demokratisch entschieden werden kann, gehört in die Parlamente der Länder und des Bundes. Aber es würde sich lohnen, über die Frage zu diskutieren, ob die Länder oder der Bund als politische Ebene nicht ganz wegfallen könnten. Doch das ist wohl zu früh und bei aller Gedankenfreiheit für zu viele wohl noch zu kühn. Deshalb setze ich mich für einen Zwischenschritt ein: Machen wir aus sechzehn Ländern acht!

Und machen wir Schluss mit den direkten und indirekten Subventionen. Allein 45 Milliarden Euro jährlich kosten die Agrarsubventionen der EU. Für Forschung und Technologie hat sie gerade mal drei Milliarden übrig! Und was kosten allein die dafür notwendigen europäischen und nationalen Bürokratien?

Sparen wir einen guten Teil des Geldes, das Bürokratien im Auftrag einer Politik zum Fenster rauswerfen, die immer noch glaubt, Wählerstimmen damit kaufen zu können. Das kostet in acht Ländern weniger als in sechzehn. Das allein ist ein guter Grund: Wenn achtmal weniger gewählt wird, gibt es acht Anlässe weniger zu behaupten, jetzt – zur »Unzeit« – könne wieder nichts getan werden.

Für die Sicherheit in den Gemeinden und Städten sorgen diese am besten mit ihrer eigenen Polizei. Wo das nicht reicht, müssen Profis der Bundespolizei her, die mit den vergleichbaren Polizeieinrichtungen anderer Länder zusammenarbeiten. Die heutigen Länderpolizeien verursachen hingegen nichts als Bürokratie – und schaffen damit die Löcher, durch die die Verbrecher schlüpfen. Eine professionelle Polizei muss allerdings erstklassig bezahlt werden. Dann wird sie auch erstklassige Arbeit leisten.

Die Zeit der Wehrpflichtarmee ist in Wirklichkeit schon lange abgelaufen. Viele Politiker treten auch gar nicht für ihre Erhaltung ein, weil sie anderer Meinung wären, sondern weil sie die billigen Arbeitskräfte des Zivildienstes nicht durch die teuren von professionellen Kranken- und Altenpflegern ersetzen wollen. Geld bei der Betreuung von Menschen zu sparen halten sie für wichtiger als die seelischen und körperlichen Leiden und Nöte von Alten und Kranken.

Schluss damit! Her mit der Berufsarmee! Wehrpflichtige in Einsätze zu schicken, die für Profis schwer genug sind, ist auch dann unverantwortlich, wenn sie sich freiwillig melden. Politiker, die das weiterhin riskieren, gehören an den Pranger.

Ich bin für eine halbjährige Ausbildung junger Männer und Frauen zu Katastrophenhelfern. Dazu brauchen wir keine Kasernen. Die jungen Leute werden in ihren Gemeinden und Städten – so mein Vorschlag – von den bewährten Einrichtungen, den Feuerwehren, dem Technischen Hilfswerk und ähnlichen Institutionen gründlich ausgebildet. Ihre Ausrüstung nehmen sie mit nach Hause. In Abständen frischen sie ihre Kenntnisse in Übungen auf. Im Ernstfall stehen sie schnell und unkompliziert zur Verfügung.

Und Europa? Lange war ich für die »Vereinigten Staaten von Europa« – mehr oder weniger nach dem Vorbild der Vereinigten Staaten von Amerika. Mit der Zeit musste ich immer klarer erkennen, dass uns in Europa eine wesentliche Voraussetzung fehlt: Wir haben kein europäisches Volk.

Die Erinnerung an ihre Herkunft wird von den Amerikanern heute mehr gepflegt als früher. Aber das hat nichts daran geändert, dass die früheren und jetzigen Einwanderer vor allem eines werden und sind: Amerikaner. In der Schule lernen sie, vor dem Sternenbanner die rechte Hand aufs

Herz zu legen und ihre Hymne zu singen. Wer einmal erlebt hat, mit welchem Ernst und welcher Würde sie das tun, egal welche Hautfarbe oder welche Religion sie haben, weiß, wovon ich rede.

Warum durfte das Volk über die entscheidenden Schritte der europäischen Entwicklung nicht abstimmen? Etwa über die einheitliche Währung des Euro? Wie einheitsbildend wäre doch eine gründliche öffentliche Debatte gewesen, und wie solide das Fundament der getroffenen Entscheidung!

War es nicht voreilig, die Mitglieder des europäischen Parlaments direkt zu wählen? Ein Parlament ohne Volk? Das direkt gewählte Europaparlament wird jedenfalls kein europäisches Volk schaffen können. Vielleicht sollten wir zu der Entsendung von Abgeordneten aus den nationalen Parlamenten zurückkehren.

Das würde auch der Tatsache gerecht, dass ein Europaparlament keine vollen parlamentarischen Rechte haben kann, solange es keine europäische Regierung gibt. Wir leben in einer Zeit, die so vieles infrage stellt, was als »ewig« galt. Spätestens nach der erfreulichen Erweiterung der Europäischen Union um zehn neue Mitglieder lohnt es sich nachzudenken, was Europa politisch sein kann und soll – und was nicht.

Fangen wir in den Gemeinden und Städten an, den Staat vom Kopf auf die Füße zu stellen. Dann würden viele Menschen nach einigen Jahren vieles neu und manches klarer sehen.

Der Marktgraf und der Zauderer

Die beiden müssen die Vorbilder der zwei Alten in der »Muppet Show« gewesen sein. Leiden mochten sie sich nie. So sprachen sie im kleinen Kreis auch übereinander. In Abwesenheit des jeweils anderen machten sie aus ihrem Herzen keine Mördergrube.

1982 hatten sie die Koalition mit der SPD aufgekündigt. Bis zuletzt hatte Genscher gezögert. Aber nach dem so genannten Lambsdorff-Papier, einer Generalkritik der Wirtschafts- und Sozialpolitik der sozial-liberalen Bundesregierung unter dem Kanzler Helmut Schmidt, ging das nicht mehr. Den Text, der ein veritabler Sprengsatz war, hatten Staatssekretär Schlecht für Lambsdorff, der FDP-Bundestagsabgeordnete und Sozialexperte Schmidt/Kempten für Walter Scheel geschrieben (dieser Schmidt aus Kempten im Allgäu, ein erklärter Sozial-Liberaler, wurde so genannt, weil es einfach zu viele Schmidts im Parlament gab).

Scheel war – wie schon 1969 bei der Bildung der SPD-FDP-Koalition mit Willy Brandt – der Stratege des Regierungswechsels, Lambsdorff sein Instrument. Und Genscher war, wie schon 1969, der Zauderer.

Im November wählte die FDP zusammen mit der CDU/CSU Helmut Kohl zum Bundeskanzler. Praktisch alle sagten den Freien Demokraten damals voraus, bei der Bundestagswahl im März 1983 an der Fünf-Prozent-Hürde zu scheitern.

Am Abend der für beide völlig überraschend bestandenen Wahl drängte Genscher dem Verehrer des antiliberalen Bismarck, Lambsdorff, im Festzelt vor der damaligen Bundesgeschäftsstelle in Bonn öffentlich das Du auf. Wer Lambsdorffs Miene sah, wusste, wie übel ihm Genscher da mitgespielt hatte.

Ein Jahr nachdem Lambsdorff wegen gesetzeswidriger Parteienfinanzierung zu einer Haftstrafe auf Bewährung und zur Zahlung einer hohen Geldstrafe verurteilt worden war, wurde er zum Bundesvorsitzenden der FDP gewählt. Obgleich ich die Mehrheit für seine Wahl zusammengebracht hatte, fühlte sich Lambsdorff mir gegenüber nicht zu Dank verpflichtet.

Das erklärt sich aus seiner generellen Haltung anderen Menschen gegenüber. Denn im Grunde geht er mit allen um, als halte er sie für seine baltischen Stiefelknechte. Er teilt gnadenlos aus und steckt selbst nichts ein. Als Sandra Maischberger ihn in einem Live-Interview auf n-tv fragte, weshalb ich für die Finanzierung meines Flugblattes aus der Partei ausgeschlossen werden solle, während er trotz rechtskräftiger Verurteilung Bundes- und später Ehrenvorsitzender geworden sei, schien er nicht einmal die Frage zu verstehen. Lambsdorff verstand sie nicht, weil er nie versteht, dass jemand mit ihm so umzugehen wagt, wie er es mit anderen tut.

Dabei war Sandra Maischbergers Frage berechtigter, als sie wahrscheinlich wusste. Lambsdorff war als Landesschatzmeister der nordrhein-westfälischen FDP im Zentrum der Parteispendenaffäre Anfang der Achtzigerjahre gestanden. Die Frage, wie er nach seiner rechtskräftigen Verurteilung wegen illegaler Parteienfinanzierung aktiver Politiker bleiben und sogar Bundesvorsitzender seiner Partei werden konnte, hat er stets so beantwortet: Die FDP habe ihm verziehen, weil er das Geld zwar auf illegale Weise, aber für die Partei beschafft – und nicht in die eigene Tasche gesteckt habe.

Maischbergers Einwand, Möllemann habe sogar eigenes Geld für die Partei verwandt, was angesichts seiner, Lambsdorffs, Antwort doch erst recht gegen Möllemanns Ausschluss sprechen müsste, beantwortete er nicht. Ich erinnere mich nicht daran, dass er im Gerichtsverfahren gegen sich eine andere Frage wirklich beantwortet hätte: Warum standen auf den Spendenlisten des Flickkonzerns mehrfach hohe Geldbeträge für Lambsdorff persönlich – neben den noch höheren für die FDP und die Friedrich-Naumann-Stiftung?

Übel nehmen kann mir Lambsdorff diese Zeilen nicht. Immerhin ließ er es sich nicht nehmen, mich als »politischen Selbstmordattentäter« zu bezeichnen und als »Geisteskranken« hinzustellen. Das erinnert mich daran, dass ihm der CDU-Abgeordnete Prinz Sayn-Wittgenstein im Bundestag einst zurief: »Graf, Sie benehmen sich heute wieder wie ein Baron!« Wenn ich als einfacher Mann aus dem Volk es richtig verstehe, sollte das wohl heißen: so schlecht wie der niedere Adel.

Lambsdorff lässt sich gern als unbeugsamer »Markt«-Graf feiern, dem wirtschaftliche Ordnungspolitik über alles geht. Ohne Niedrigsteuer-Gebiet für die neuen Bundesländer werde es keine Kanzlerwahl geben, tönte er als Bundesvorsitzender nach der ersten gesamtdeutschen Wahl 1990. Diese Forderung hätte er ohne weiteres durchsetzen können, denn die FDP hatte mit elf Prozent sehr gut abgeschnitten. Wäre er bloß nicht so anmaßend vorgegangen. Am Ende jedenfalls stellte sich der wirtschaftspolitische Markttiger als Teppichvorleger heraus. Auch die Pflegeversicherung schluckte er lautlos, obwohl er sie ordnungspolitisch und auch sonst für falsch hielt. Heute sagt er, die CDU habe ihn erpresst: Ohne Pflegeversicherung sei die Koalition aufgeflogen, was er so kurz nach der Wiedervereinigung nicht habe riskieren wollen. Ach, Lambsdorff: So kurz nach der Wiedervereinigung hätte sich selbst Kohl das nicht geleistet!

Um Genscher stand es auch nicht viel besser. Öffentlich stellte er sich vor seine Beamten, aber das war kaum mehr als ein Teil seiner Selbstinszenierung. In Wirklichkeit machte er sie wegen großer wie kleiner Fehler regelrecht zur Sau. Stets in Anwesenheit anderer und nicht selten so schonungslos, dass sogar gestandene Leute weinten – die häufig wesentlich älter waren als der polternde Dienstherr. Dr. Westerwelle ist von der gleichen Art im Umgang mit seinen Untergebenen. Gegenüber Wehrlosen sind Weicheier immer gern knallhart.

Zu jener Zeit, als ich mit den fortschrittlichsten sicherheitspolitischen Experten der FDP im Fachausschuss zusammensaß, rief Genscher eines Tages an, um von den faszinierenden Vorzügen der amerikanischen Neutronenbombe zu schwärmen: Sie eröffne die Möglichkeit, dass Europa und vor allem Deutschland im nuklearen Ernstfall nicht in die Steinzeit zurückfielen. Wie die Atombombe koste die Neutronenbombe zwar unzählige Menschenleben, aber sie lasse Städte, Gebäude und sonstige Einrichtungen unzerstört. Damit könnten sich Deutschland und Europa tatsächlich gegen den Osten verteidigen. Die Chance, dem realen atomaren Drohpotenzial der Sowjetunion eine so effektive Waffe entgegenzusetzen, elektrisierte Genscher geradezu. So habe ich ihn selten erlebt. Er war im Herzen Antikommunist geblieben.

Es war mein schwerer Fehler, wie ich zugeben muss, Genschers drängendem Wunsch, die FDP für die Neutronenbombe zu gewinnen, recht unkritisch nachgekommen zu sein. Ich setzte ihn sowohl im Bundesfachausschuss der FDP als auch in der Bundestagsfraktion durch, um dann aber an der Willensbildung der Partei insgesamt zu scheitern. Kaum zeichnete sich das ab, war Genschers Begeisterung wie vom Erdboden verschwunden. Und ich? Da hieß es wieder: Möllemann allein zu Haus.

In meinen politisch erfolgreichen Zeiten rief mich Genscher mehrmals täglich an, besonders oft in der langen Zeit zwischen der Ankündigung und Ausführung seines Rücktritts als Außenminister. Und später dann auch, weil ich dafür sorgen sollte, dass er für den Friedensnobelpreis vorgeschlagen würde. Dafür setzte ich mich auch ein, aber ohne Erfolg. Er konnte das nicht verstehen: Denn der von mir initiierte Vorschlag, Peres, Arafat und Rabin den begehrten Preis zu verleihen, habe doch auch funktioniert.

Ein anderes Mal bekniete er mich, ihm den Aachener Karlspreis zu verschaffen. Ich mühte mich wieder redlich, aber vergeblich ab. Wer auch immer die Preisträger dann waren, in Genschers Augen hatten sie ihn alle nicht verdient.

Wenn es galt, auf Biegen oder Brechen Farbe zu bekennen, schlüpfte Genscher immer zur Tür hinaus, zum Telefonieren, zu einem anderen Termin oder wohin auch immer. Und warum er so ganz gegen seine Natur das Amt des Außenministers aufgab, weiß bis heute keiner. Auf die Begründung, er habe nicht »in den Strudel des Kohl-Personalkarussells« geraten wollen, kam er erst viele Wochen später.

Aber wo war mein angeblicher Freund Hans-Dietrich Genscher, als Lambsdorff so mit mir umsprang? Wo war Genscher, als Michel Friedman auf einer DGB-Veranstaltung sagte: »Die Ermordung von Menschen beginnt mit den Worten von Martin Walser und Jürgen Möllemann.«? Ein Dementi gab es nicht – eine Kritik von Genscher an Friedman auch nicht.

Wann eigentlich ging der Skandal um Jamal Karsli, den Landtagsabgeordneten der Grünen, los? Und wer trat ihn los? Die israelische Zeitung *Ha'aretz* hatte das Vorgehen der israelischen Armee in Djenin mit dem der Nazis verglichen und Karsli gefragt, wie er das sehe. Der antwortete:»Ich sehe das auch so.« So sehen das die meisten Araber.

Ich bat Karsli, sich für diese und ähnliche Äußerungen zu entschuldigen. Er sei seit einiger Zeit deutscher Staatsbürger, und das verpflichte ihn dazu, Vergleiche mit den schrecklichen Verbrechen der Nazis zu unterlassen.

Nach meiner Kenntnis hat niemand die Abberufung des Chefredakteurs von *Ha'aretz* verlangt. Wie erkläre ich jungen Menschen diesen Widerspruch?

Zuerst Lambsdorff, dann Genscher gaben die Kronzeugen für das ab, was die Medien die »Antisemitismusdebatte« nannten. Uri Avneri, Felicia Langer und andere weltweit bekannte Aktivisten der israelischen Friedensbewegung teilten mir handschriftlich mit, nun werde die geölte Kampagnenmaschinerie gegen mich anlaufen.

Dass die CDU-Politiker Blüm und Lamers ihre Kritik

an der Politik der israelischen Regierung schärfer formulierten als ich, spielte keine Rolle. Ihnen fiel die CDU nicht in den Rücken, und sie kandidierten, im Gegensatz zu mir, ja sowieso nicht mehr für den Bundestag.

Der CDU-Politiker Karl Lamers trat dafür ein, Kritik an der israelischen Politik in Deutschland nicht länger zu tabuisieren. Sein Kollege Norbert Blüm sagte in einem Interview mit dem *Stern* im Juni 2002 unter anderem:

> *»Die Israelis kümmern sich einen Dreck um das, was die UN beschließen. Rückzug ihrer Truppen – abgelehnt. Eine UN-Untersuchungskommission nach Djenin – kommt nicht infrage… Wie wollen wir da die moralische Autorität der UN zum Beispiel gegen Saddam Hussein einsetzen?… Ich kann in den Aktionen der israelischen Militärs keinen Abwehrkampf gegen den Terrorismus sehen – sondern nur Vernichtung… Der Vorwurf des Antisemitismus wird auch als Knüppel benutzt, um jeden Hinweis auf die Missachtung der Menschenrechte tot zu machen…«*

Hätte die FDP zu mir gestanden, wäre alles anders gekommen, nicht nur für mich. Warten wir ab, ob Genscher und Lambsdorff auch künftig froh über das sind, was sie getan und was sie gelassen haben.

Es waren noch drei Tage bis zur Bundestagswahl 2002. Über 1000 Teilnehmer waren nach Gummersbach zur Kundgebung auf den Marktplatz gekommen. Interesse und Zustimmung zeigten sich überdeutlich.

Während meiner Weiterfahrt zur letzten von achtzehn gemeinsamen Kundgebungen im Bundestagswahlkampf 2002 rief mich Dr. Westerwelle an, um mir für die diplomatische Lösung zu danken, die der stellvertretende Vorsitzende unserer Düsseldorfer Landtagsfraktion, Stefan Grüll – einer seiner zuverlässigen Bonner Intimfeinde –, gefunden hatte: Ich fuhr zur letzten Großveranstaltung nach Bad Godesberg, wurde dort in Anwesenheit vieler Journalisten demonstrativ von vorbereiteten Störaktionen Unbelehrbarer unterrichtet und kehrte um, damit die Veranstaltung ungestört ablaufen konnte.

Die Wahrheit: Wegen meines Flugblattes zur Nahostpolitik, zu Sharon und Friedman und wegen des Medienlärms, den die beiden selbst mit erzeugt hatten, verlangten Genscher und Lambsdorff – in wessen Auftrag? – von Dr. Westerwelle ultimativ, mich, den stellvertretenden Bundesvorsitzenden und Vorsitzenden in Nordrhein-Westfalen, von der letzten Veranstaltung auszuladen.

Kurz nachdem Dr. Westerwelle sich telefonisch bei mir für meine inszenierte Umkehr kurz vor Beginn der Veranstaltung bedankt hatte – dem Ton nach überaus freundlich –, erfuhr ich: Genschers (!) Büro hatte allen Presseagenturen fast zeitgleich die Nachricht zukommen lassen, dass Lambsdorff und er mit ihrer Forderung, mich auszuladen, »erfolgreich« gewesen seien.

Am Montag darauf – dem Tag nach der Bundestagswahl 2002 – trat ich als stellvertretender Bundesvorsitzender zurück.

Eines kann ich Genscher nicht absprechen. Er ließ es auch diesmal nicht zu, dass jemand anderer als er mir zum Rücktritt riet. Wenn er nichts riskierte, war er immer ganz schnell ganz mutig ganz vorn.

»Projekt 18«

Da hat sich keiner hingesetzt und auf dem Reißbrett eine Strategie konstruiert, auch nicht mit dem Computer. Was wir nach einiger Zeit »Strategie 18« nannten, haben Fritz Goergen und ich in einem dialogischen Prozess entwickelt. Am Anfang empfanden wir so etwas wie fröhlichen Zorn über den begreiflichen und unbegreiflichen Gehorsam Wolfgang Clements gegenüber den Berliner Obergenossen. Wie konnte sich ein gestandener Mann, der Ministerpräsident des politisch schwergewichtigsten Landes, daran hindern lassen, was er doch nach dem Wissen so vieler tun wollte: Grüne raus aus der Landesregierung – FDP rein?

Nach und nach entstanden aus dem, was beim erfolgreichen »Projekt 8« in NRW geglückt und nicht geglückt war, die Konturen und dann die Details der »Strategie 18«. Mit viel größerem Zuspruch, als ich gedacht hatte, reagierte der Nürnberger Parteitag der FDP 2000 auf meine Initiative.

Zuerst vertrauten die innerparteilichen Gegner offensichtlich darauf, diese Begeisterung ließe sich bei den Mitgliedern, bei Orts- und Kreisverbänden mit den gezielt ausgestreuten Gerüchten zunichte machen, ich würde die »Strategie 18« nur als persönliches Vehikel benutzen: Das Ganze sei doch nur dazu da, mich selbst zum Kanzlerkandidaten und damit zur Nummer eins zu küren, egal, ob Gerhardt Parteivorsitzender bleibe oder nicht.

Die Rechnung ging nicht auf, weil die Partei seelisch am Boden lag. Nach den verheerenden Wahlergebnissen der FDP, die seit der Abwahl von Kanzler Kohl im Herbst 1998 eher denen einer Splitterpartei glichen, lag die Moral so darnieder, dass die Aussicht, das Tal der Tränen endlich verlassen zu können, magnetische Anziehung entwickelte.

Anfang 2001 war jedem Kundigen klar, dass die Partei die »Strategie 18« wollte. Schon beim Dreikönigstreffen 2000 hatte der Landesvorstand Baden-Württemberg mich nicht zu Wort kommen lassen – im Einverständnis mit dem Bundespräsidium und obwohl es üblich ist, andere Landesvorsitzende auf die Liste der Redner zu setzen, wenn sie zu Hause vor einem Wahlkampf stehen. Beim Dreikönigstreffen im Jahr darauf durfte ich wieder nicht reden.

Doch meiner »Bitte«, beim vorausgehenden Landesparteitag in Stuttgart ein »Grußwort« des Landesverbandes Nordrhein-Westfalen zu entrichten, konnte man sich schlecht entziehen. Der Parteitag – von Kinkel & Co. gegen mich eingestimmt – empfing mich mit Buhrufen. Aber nach meinem flammenden Plädoyer für die »Strategie 18« verabschiedete er mich mit überwältigendem Beifall.

Nun versuchten führende Leute der FDP in Hessen, Baden-Württemberg und anderswo, die »neue FDP« zu verhindern. Einige mit offenem Visier – wie Wolfgang Gerhardt, Klaus Kinkel, Wolfgang Döring und Ruth Wagner –, die meisten verdeckt. Aber es war zu spät. Die Begeisterung war inzwischen schon viel zu groß. Ich war mir nicht zu schade gewesen, über die Dörfer zu ziehen, statt immer nur im Berliner »Cinque«, dem italienischen Stammlokal der FDP-Führung, zu sitzen.

Auf dem Weg zum Bundesparteitag in Düsseldorf 2001 zimmerte man mehr hastig als durchdacht einen Gegenantrag zum nordrhein-westfälischen Vorschlag der »Strategie 18« zusammen. Dr. Westerwelle sandte seinen besten Mitarbeiter aus, um Fritz Goergen Formulierungskompromisse abzuhandeln. Bei dem stieß man auf Granit. Fair vereinbarten die beiden einen übereinstimmenden Teil und einen, der zur Abstimmung vorgelegt werden sollte: Jedenfalls auf dem Papier ging es »nur« um die Frage: Kanzlerkandidat oder nicht?

Ob Dr. Westerwelle unter »Strategie 18« damals dasselbe verstand wie Fritz Goergen und ich, die sie erfunden hatten, weiß ich nicht. Ob er sie wollte, weiß ich ebenso wenig. Dass sein Vertrauter die Strategie voll verstanden hatte, daran besteht für mich kein Zweifel.

Fritz Goergen schrieb für die Rubrik »Zeitfragen« der *Frankfurter Allgemeinen Zeitung (FAZ)* eine zugleich engagierte und distanzierte Schilderung dieser Ereignisse, die mich tief bewegte.

»Projekt 18«

Der Erfolg und seine Kinder und ihr Erfolg / Von Dr. Fritz Goergen
Frankfurter Allgemeine Zeitung *vom 12. November 2002*

Jürgen Möllemanns Frage kam doppelt überraschend. Erstens hatten wir – meine Frau und Geschäftspartnerin Barbara wie ich – der FDP lange vor dem Spätsommer 1999 innerlich gekündigt. Zweitens war Jürgen Möllemann keiner der FDP-Politiker, mit denen wir regelmäßig in Kontakt gestanden hatten wie etwa mit Irmgard Schwätzer, Guido Westerwelle, Wolfgang Gerhardt, Rainer Brüderle und Wolfgang Döring.

Barbara und ich hatten uns 1996 selbständig gemacht. Meine Mitwirkung in der Programmkommission – geleitet von Generalsekretär Guido Westerwelle mit dem Ergebnis der »Wiesbadener Grundsätze« 1997 – war Schlusspunkt des persönlichen parteipolitischen Engagements. Die Kommission bestand auf dem Papier weiter. Vom Generalsekretär hörten ich und andere Mitglieder nichts mehr.

Die »Wiesbadener Grundsätze« waren nur teilweise grundsätzlich, sonst leider mehr tagespolitisch. Trotzdem hätten sie wesentlich mehr hergegeben als die Verengung auf eine Steuersenkungspartei. Letzteres hatte das Medienbild der FDP als »Partei der Besserverdienenden« wieder belebt – Handschrift derselben Funktionäre wie schon bei Generalsekretär Werner Hoyer. Von Wahl zu Wahl war es schlimmer geworden. Oft wurde die FDP wie eine Splitterpartei nur noch unter »Sonstige« vermerkt. Der Niedergang schien unabweislich.

Wir schlossen eben den Auftrag eines Telekommunikationsmanagers ab, als Möllemann im September 1999 um ein Gespräch bat. Ausführlich und offen erläuterte er, was er vorhatte – und warum. Nach seinem selbst verschuldeten Rücktritt als Wirtschaftsminister und dem politischen Wiederaufbau bis zur erneuten Übernahme des Landesvorsitzes in Nordrhein-Westfalen habe er sich gesagt: Das darf es doch nach all der Mühe nicht gewesen sein. Ich will mich mit einem großen Erfolg aus der Politik verabschieden und nicht, so wie diese von Bonn nach Berlin umgezogenen Nichtskönner, als Gescheiterter.

Möllemann wusste schon sehr genau, wie er den Landtagswahlkampf führen wollte. Ein konkretes und konzentriertes, noch dazu lesbares Wahlprogramm war praktisch fertig. Von erfolgreichen Managern der Kommunikations- und Verlagsbranche in Hamburg und Gütersloh hatte er sich bestens beraten lassen.

Barbara und ich hatten nicht nur der FDP innerlich gekündigt, sondern der Parteipolitik insgesamt, weil wir alle Parteien als systemisch reformunfähig einstuften. Die klaren Vorbereitungen für den Wahlkampf beeindruckten. Die strategische Vorgabe, die FDP aus dem bürgerlichen Lager zu befreien, deutete über die in den Medien regelmäßig »sozial-liberal« genannte Einstellung Möllemanns hinaus. Trotzdem war meine Antwort: »Nein, danke.«

Damit kam ich nach Hause und erzählte Barbara die überraschenden Neuigkeiten. Zu meiner Verblüffung sagte sie, die der Parteipolitik noch skeptischer gegenübersteht als ich, die NRW-FDP von Umfragewerten weit unter fünf wieder in den Landtag zu bringen, wäre eine viel zu spannende Aufgabe, als dass wir sie ausschlagen dürften. Dabei prägte sie die Formel, die zur stehenden Redewendung der »Werkstatt 8« wurde: »Wir machen aus nichts alles.«

Übers Wochenende berieten wir unsere Bedingungen: Erstens ein Kampagnen-Team selbst bilden, zweitens außerhalb der Parteigeschäftsstelle, in kommunikativer Nähe zu den Düsseldorfer Medien ansiedeln. Drittens: keine

Änderungen an der Kampagnenstrategie nach getroffener Entscheidung.

Einige Tage später traf ich Möllemann erneut, und wir wurden einig. In diesen Gesprächen und allem, was bis weit nach dem Wahlsieg im Mai 2000 folgte, erlebte ich ihn als einen unglaublich beratungsoffenen Spitzenpolitiker, der überdies entscheidungsfreudig und ohne das geringste Zögern war. Was wir und alle im späteren Team, das im Januar 2000 zusammentrat und sich den Namen »Werkstatt 8« gab, als einmalig gutes Erlebnis in Erinnerung behalten sollten. Der Möllemann, der uns allen da entgegentrat, hatte mit dem der Medien nahezu nichts zu tun: ein fröhlich umtriebiger Mann, der viel Arbeit leistete und forderte, der aber stets einem begründeten Rat folgte und sich an die vereinbarte Arbeitsteilung hielt: Ihr redet mir nicht in meine Kernkompetenz rein, in die Politik. Und ich bilde mir nicht ein, der bessere Kampagnen- und Werbeprofi zu sein.

Die renommierten Hamburger Werbeagenturen Springer & Jacobi sowie Jung von Matt wollten selbst keine Parteiwerbung machen, hatten Möllemann aber auf eine Neugründung von erstklassigen Leuten aus ihren Reihen in Berlin hingewiesen. Die Agentur »Heimat« und Möllemann wurden schnell handelseinig. Das kreative Team sorgte für die Vorarbeiten: Das Meinungsforschungsinstitut Emnid lieferte eine Potentialstudie, das Ernest-Dichter-Institut in Frankfurt eine »qualitativ-psychologische Bestandsaufnahme« der NRW-Parteien und ihrer Spitzenkandidaten. Die Ergebnisse beider Studien lagen im August 1999 vor.

Die Agentur hatte auf dieser Grundlage Thesen für den Wahlkampf der FDP in NRW entwickelt, die sie Ende September 1999 Jürgen Möllemann und seinen Beratern präsentierte. Dort lernte ich erstmals die Qualität der praktisch fertigen Vorbereitungen kennen – und war mehr als angetan. Mit so etwas hätte ich dem Präsidium der FDP nie kommen dürfen. Was Möllemann nur noch gesucht

hatte, war in seinen Worten »ein Profi als Wahlkampf-
leiter«. Hans-Dietrich Genscher habe ihm empfohlen,
mich zu fragen.
Dem Landesvorstand wurde die fertige Kampagne im
Januar 2000 von der Agentur und mir präsentiert, sie
wurde gebilligt. Während der Kampagne gab es keine
Gremienrituale, in denen Stimmungen heute diese und
morgen jene hektische Änderung des Wahlkampfes ausge-
löst hätten.
Kein anderer Teil der Kampagne wurde so bekannt wie das
so genannte Hitlerplakat. Dabei hatte es ein solches Plakat
gar nie gegeben. Technisch war diese Werbeidee nie über
ein grobes digitales Layout hinausgekommen. Hitler, eine
Horrorfilmfigur und ein Sektenführer sollten Aufmerk-
samkeit für die politische Botschaft des gedachten Plakats
gewinnen: »Wenn wir nicht schnell für mehr Lehrer sor-
gen, suchen sich unsere Kinder selber welche.« Eine Woche
lang beschäftigten sich unzählige Presseberichte und auf-
fallend wenige Kommentare ausschließlich mit der Frage,
ob die FDP Hitler auf einem Plakat zeigen dürfe oder
nicht. Es wäre aussichtslos gewesen, gegen eine so breite
Medieneinheitsfront angehen zu wollen. In der »Werk-
statt 8« waren wir uns einig: Wir hatten die sehr konkrete
Erfahrung mit der deutschen Medienlandschaft gemacht,
dass die Medien das Recht für sich allein in Anspruch nah-
men, mit dem Abbild des Satans vor Irrlehren zu warnen.
Die Landesgeschäftsstelle besorgte die Dienstleistungen
für die Gliederungen der FDP. Die »Werkstatt 8« – vier
Personen, in den letzten Wochen fünf – machte die
Medienarbeit, entschied und steuerte den Einsatz der vier
Agenturen und die Auftritte des Spitzenkandidaten. Jür-
gen Möllemann war alle zwei Tage für ein, zwei Stunden
in der Werkstatt und wirkte mit, als wäre er ein weiteres
Mitglied des Teams. Journalisten wussten, dass sie jederzeit
kommen konnten, allerdings auf die Gefahr hin, sich den
Kaffee selbst zu kochen. Oft schauten sie im Internet mit
deren »Webcam« in das CDU-Wahlkampfzelt von Jürgen

Rüttgers, wo außer einsamen Mitarbeitern amüsanterweise meist nichts zu sehen war.

Im Dezember 1999 fand der FDP-Landesparteitag in der Düsseldorfer Messe statt, der das Wahlprogramm beschloss und die Landesliste wählte. Wie der Parteitag von ungewohnten, neuen Dekorationsformen überrascht wurde, war er das auch von einer einfachen, aber hoch wirksamen Inszenierung zu Beginn der Rede des Landesvorsitzenden Möllemann. Das Rednerpult war im gewohnten FDP-Blau verpackt. Als Möllemann sein Wahlziel von acht Prozent verkündete, fiel das Verpackungsblau, und darunter erschien in Blau auf Gelb »8 %«. Das Bild war die Botschaft. In den Düsseldorfer Kneipen sprachen noch am selben Abend die Menschen Jürgen Möllemann zu Dutzenden darauf an; sie hatten das Bild »8 %« in den Fernsehnachrichten gesehen. Die Probe aufs Exempel für die Devise war bestanden: »Wir machen Bilder für die Bildermacher.«

Drei Prozent hatte der WDR der FDP zum Dezemberparteitag vorhergesagt. Ende Januar 2000, vier Wochen später, veröffentlichte der WDR sechs Prozent für die FDP als Ergebnis seiner nächsten Umfrage. Von da an ging's demoskopisch und in den Medien bergauf, zwei Wochen vor der Wahl von acht noch einmal etwas runter. Bei der Wahl am 14. Mai landete die FDP bei knapp 10 Prozent (9,8). Wolfgang Clement und Jürgen Möllemann, die Spatzen hatten es von den Dächern gepfiffen, warteten schon lange darauf, miteinander die Landesregierung zu bilden. Das Wahlergebnis gab die Stimmung im Lande klar wieder, Grün raus, Gelb rein. Die Stimmung in der FDP schon im Wahlkampf: Nicht wenige wollten eine klare Koalitionsaussage zugunsten der CDU. Jürgen Möllemann fragte Wolfgang Clement und Jürgen Rüttgers in Briefen, die wie üblich öffentlich wurden, wie sie es mit den politischen Hauptforderungen der FDP und dem Willen hielten, mit ihr zu koalieren. Beide taten Möllemann den Gefallen, sich nicht festlegen zu wollen. Nun konnte er der FDP *sagen: Anbiedern ist nicht drin. Also halten auch wir uns beide Möglichkeiten offen. Damit kam er über den Zeitpunkt, wo die Kohl-Affäre voll ausbrach. Hätte Jürgen Rüttgers für eine gegenseitige Koalitionsaussage plädiert, wäre es für Möllemann sehr schwer geworden, sich dem dauerhaft zu verweigern. Aber Rüttgers dachte, die FDP über viele Wohltaten auf der kommunalen Ebene ohnedies sicher in der Tasche zu haben. So entging die FDP der Kohl-Affäre.*

Natürlich hat das die Chancen der FDP bemerkenswert vergrößert. Doch nutzen musste Möllemann sie schon selbst. Und das hat er getan. Die Studie von Emnid hatte als weitestes FDP-Potential 29 Prozent ermittelt. Das konzentrierte Ergebnis der Imagestudie des Ernest-Dichter-Instituts: Die NRW-FDP erschiene den Wählern als »graue Maus«, Jürgen Möllemann hingegen als »bunter Hund«. Ihn präge positiv das Bild »Einer von uns«, negativ »das Show-Talent«, und die FDP erscheine fast schon als »Anhängsel zu Möllemann«.

Manche meinen noch heute, Möllemann hätte damals lieber eine Koalitionsaussage in Richtung SPD gemacht. Das war nicht so. Er sah klar die seltene Chance, beim nordrhein-westfälischen Wahlrecht, das nur eine Stimme und kein Splitting kennt, die FDP aus der selbst gewählten Falle »bürgerliches Lager« zu befreien und gleichzeitig Wechselwähler mit Präferenzen für CDU und SPD zu gewinnen. Zum ersten Mal seit ganz langer Zeit hatte ich das Erlebnis, mit einem Politiker zu reden, der den Unterschied zwischen Strategie und Taktik tatsächlich verstanden hatte. Sonst laufen einem permanent Leute über den Weg, die mal das eine, mal das andere sagen, aber immer nur Taktik meinen. Etwas anderes kennen sie offensichtlich nicht.

Vom Wahlabend an war Jürgen Möllemann nicht mehr allein. Nun war die ganze FDP mit fast 10 Prozent der Wahlsieger. Während des Wahlkampfes hatte Wolfgang Gerhardt ausgerechnet in Möllemanns Wahlkreis Münster öffentlich gesagt, das Acht-Prozent-Wahlziel sei natürlich überzogen, aber für »über fünf« würde es schon reichen. Klaus Kinkel und Rainer Brüderle hatten sich anderswo in NRW ähnlich geäußert. Richtige Parteifeindschaften werden eben mit mehr Fleiß gepflegt als politische Ziele. 24 FDP-Abgeordnete zogen in den Düsseldorfer Landtag ein. Einer brachte Erfahrung als Bundestagsabgeordneter mit, Möllemann selbst, und eine war schon im Landtag gewesen. Bereits am Wahlabend zog ein Hauch von neuer FDP durch die Räume der Siegesfeier.

Die Konkurrenz, ja Feindschaft zwischen Bundespartei und Landesverband NRW hatte ich schon lange vor meiner Zeit als Bundesgeschäftsführer kennen gelernt. Der mächtigste und organisationsstärkste Landesverband hatte schon immer auf die Bundespartei und speziell die Landesgeschäftsstelle auf die Bundesgeschäftsstelle arrogant bis verächtlich herabgeblickt. Lange Zeit hatten Baden-Württemberg und NRW gewetteifert, wer das besser kann. Nachdem die Düsseldorfer seit 1995 nicht mehr im Landtag waren, hatten sich die Verhältnisse umgekehrt. Als ich 1999 nach langer Zeit wieder Eindrücke in diesem Spannungsfeld gewann, fand ich einen Zustand vor, der als »Privatkrieg« nicht übertrieben beschrieben ist. Besonders die Presseleute von Wolfgang Gerhardt und Jürgen Möllemann waren sich oft noch weniger grün, als dies ihre Chefs verlangten.

Nun, nach dem ganz allein, ja fast gegen Berlin errungenen Sieg, stieg das Selbstbewusstsein an Rhein und Ruhr, in Westfalen und an der Lippe – nicht nur bei Jürgen Möllemann, sondern auch bei fast allen seinen traditionellen Gegnern. Dass Clement der Weisung seiner Obergenossen gehorchte und die Koalition mit den Grünen fortsetzte, brachte Möllemann und die NRW-FDP zusätzlich in Fahrt. Jetzt würden sie ihm auch in die Hölle folgen: die neue Landtagsfraktion als Prätorianergarde.

Seit Willy Weyer hatte die nordrhein-westfälische FDP nie mehr einen so unangefochtenen Landesvorsitzenden gese-

hen. Auch Möllemanns zuverlässigste Gegner wie Lambsdorff, Kinkel und Döring konnten sich dieser Magie nicht
entziehen – zeitweise auch Gerhardt und Solms nicht.
Guido Westerwelle hatte früh – und in der Bundesführung
neben Solms wohl allein – erkannt, dass Möllemann drauf
und dran war, sich wie ein Phoenix aus der Asche der FDP-
Wahlergebnisse von Splitterparteien zu erheben. Zusammen mit Möllemann trat er in acht (!) großen Veranstaltungen medienwirksam vor ein Publikum, das etwa in der
SPD-Hochburg Ruhrgebiet früher zur FDP gar nicht gekommen wäre. Spät, sehr spät wollte Wolfgang Gerhardt
aus solchen Doppeln Dreier machen.
Ursprünglich wuchs in Möllemanns Kopf nur die fröhlich-
zornige Idee, es den Genossen heimzuzahlen, dass sie doch
wieder mit den Grünen paktierten. Bei der Bundestagswahl sollte mit dem Regierungswechsel in Berlin gleichzeitig auch dem Wählerwillen in NRW zum nachträglichen
Durchbruch verholfen werden. Bald wuchs sich das zum
»Projekt 18« und zum »Dreierschlag« aus, zum wenig
bescheidenen Ziel des gleichzeitigen Eintritts der FDP in
die Bundesregierung und die Landesregierungen von NRW
und Schleswig-Holstein. Dass Clement Möllemanns Hoff-
nungen auf eine gemeinsame Regierung in Düsseldorf weiter nährte, tat auch seine Wirkung.
Barbara und mich hatte Jürgen Möllemann nach der Wahl
gefragt, ob wir bei weiteren Schritten weg von der Lagerpartei FDP dabei wären. Als Berater für strategische Kommunikation und Kommunikationsstrategien ja, war unsere Antwort, aber nur im Rahmen der Wiederaufnahme
unserer Arbeit für Kunden fern der Politik. Denn wir
wollten keinesfalls zu viel Zeit auf ein Feld verwenden, das
unserer Meinung nach ja nicht besser geworden war. Wir
verfassten Thesen über das Ende des (historisch höchst erfolgreichen) »christdemokratischen Projekts«, über strukturelle Veränderungen des europäischen wie deutschen
Parteiensystems als Folge einer schnellen »Entideologi-
sierung« der politischen Landschaft nach dem Kollaps

des Kommunismus. Sie bildeten die Grundlage für Möllemanns ersten Auftritt zu seinem »Projekt 18« auf dem Nürnberger FDP-Bundesparteitag im Juni 2000, von dessen durchschlagender Initialzündung er vorher selbst nicht völlig überzeugt gewesen war.

Meine Frau und ich konnten nicht dabei sein, weil uns ein schwerer Autounfall zu zwei Monaten Krankenhausleben zwang. Mit langsamer Wiederherstellung konnten wir die erstaunlich positive Aufnahme des »Projekts 18« wahrnehmen und später an seiner Weiterentwicklung mitarbeiten. Sollte die FDP tatsächlich in der Lage sein, sich zu einer neuen Qualität von liberaler Partei zu mausern?

In seiner Nürnberger Rede 2000 ging Möllemann viel weiter als die vom Bundesparteitag in Düsseldorf 2001 beschlossenen, in Mannheim ergänzten Elemente der »Strategie 18«: keine Koalitionsfestlegung vor der Wahl, das Symbol 18 einer »Partei für das ganze Volk« und das Bild vom Kanzlerkandidaten. Möllemann trat nun auch für die Abschaffung des Zwei-Stimmen-Wahlrechts ein, einer der Ursachen des Verständnisses der FDP von sich selbst als »Partei der zweiten Wahl«, und für dessen Ersatz durch ein »Ein-Stimmen-Wahlrecht mit Kumulieren und Panaschieren – zusammen mit einem kreativen Set von direkter Demokratie auf allen Ebenen«. Es fehlte später nicht viel, und er hätte sich für die Direktwahl von Regierungschefs und für ein Mehrheitswahlrecht ausgesprochen. Doch da begann ihn schon das real existierende deutsche Parteienwesen in Gestalt der FDP wieder einzuholen. Die Ausnahmesituation der seelischen Verfassung einer Partei am Abgrund ging zu Ende. Der Erfolg begann, seine Kinder zu fressen. Und die Kinder den Erfolg.

Die Landtagswahlen in Baden-Württemberg und Rheinland-Pfalz – nach dem alten Muster der Koalitionsaussage geführt – waren wenig erfolgreich. Walter Döring, oft schnell mit einem unüberlegten Satz zur Hand, tönte: Egal welches Wahlergebnis, »Hauptsache, man wird gebraucht«. Jürgen Möllemann hatte leichtes Spiel bei

seinem Werbefeldzug für das »Projekt 18« in der ganzen
Partei.

Er hatte früh angefangen, Guido Westerwelle zu drängen,
den Parteivorsitz zu übernehmen. Möllemann hatte kein
Hehl daraus gemacht, dass er sich selbst als Kanzlerkandidaten der FDP für am besten geeignet hielt. Nachdem er
Westerwelle dazu gebracht hatte, Gerhardt zum Wechsel
im Bundesvorsitz zu überreden, ergänzte er, würde Westerwelle als Bundesvorsitzender selbst Kanzlerkandidat
werden wollen, könne er auf seine Unterstützung zählen.
Möllemann hat damals nicht nur mir erzählt, er und Westerwelle hätten sich versprochen, als das Traumteam Bundesvorsitzender Westerwelle und Kanzlerkandidat Möllemann die Bundestagswahlen zu gewinnen. Ich habe
keinen Grund, an dem zu zweifeln, was er mir in den
Wochen und Monaten der Durchsetzung seines Lieblings-
projekts 18 oft vermittelt hat. Er wollte lieber mit Clement
in Düsseldorf regieren, als in Berlin Bundesminister werden. Er hatte die Lieblingsidee vom Außenminister von
seiner Wunschliste gestrichen. Ein zweiter Willy Weyer in
NRW – Erster in Gallien statt Zweiter in Rom –, aber natürlich Königsmacher von Passion, das war seine Priorität.
Westerwelle hat es ihm entweder nie wirklich geglaubt
oder gemeint, den Wünschen der Möllemann-Gegner und
-Konkurrenten nachgeben zu müssen. Noch unmittelbar
vor dem Beginn des Bundesparteitages in Düsseldorf 2001,
auf dem die »Strategie 18« beschlossen wurde, versicherte
Westerwelle, er wolle es den Delegierten überlassen, ob
sie mit oder ohne Kanzlerkandidat verwirklicht werden
sollte. Sein knallharter Einsatz mit dem bekannten Satz
von dem einen, der die Sache regelt auf jedem Schiff, das
dampft und segelt – »und das bin ich« –, unterstellte Jürgen Möllemann, er würde nur Kanzlerkandidat werden
wollen, um de facto Nummer eins der FDP zu sein. Doch
auf diesem Parteitag hörte niemand mehr zu und dachte
niemand mehr mit oder gar nach.

Jürgen Möllemann hat nie vorher und nachher – nur noch

einmal: 2002 in Mannheim – eine solch rhetorische Spitzenrede gehalten. Guido Westerwelle stand ihm in Düsseldorf kaum nach, an Polemik übertraf er den Volkstribun. Möllemann begann so: Er sei vor ein paar Tagen über einem kleinen Ort in Mecklenburg abgesprungen. Unten hätten sowohl die örtlichen FDP- wie auch die CDU- und SPD-Leute gestanden. »Und was sehe ich da«, rief er den Delegierten zu, »als ich zur Erde rase? Die sind ja alle gleich groß!« Dabei machte er mit Daumen und Zeigefinger das bildliche Maß für »so klein«. Über die Multimediawand war das für alle riesengroß zu sehen. Der Saal tobte – und hörte damit während der weiteren 20 Minuten seiner Rede nicht mehr auf.

Westerwelle redete in Düsseldorf überwiegend nicht, er brüllte. Ich glaube, da schrie er seine ganze Angst vor und Zuneigung zum Übervater Möllemann aus sich heraus. In »Don Giovanni« inszeniert Mozart seine Hassliebe zu seinem Vater. Diese Parallele kam Barbara und mir von da an immer öfter in den Sinn.

Möllemann hatte die Delegierten in einer so unglaublichen Weise besoffen geredet, wie es dem schwer vermittelt werden kann, der nicht dabei war. Und es waren dieselben, die ihm für den Kanzlerkandidaten zujubelten wie gleich drauf Westerwelle gegen den Kanzlerkandidaten. Die Leute merkten es nicht. Sie fanden – wie man heute so sagt – beide einfach geil. Da war nur noch Masse. So wie sie ihm und dann Westerwelle zujubelten, ja zugrölten, so hatten sie dazwischen Ruth Wagner niedergebrüllt. Die entfesselte Masse wollte ihren ganz anderen Standpunkt nicht hören. Sie wollte überhaupt keine Argumente hören. Sie wollte mit Emotionen gefüttert werden. In diesem Saal war keine Toleranz mehr. Mir lief es kalt über den Rücken, nicht aus Begeisterung wie vielen Umstehenden, auch vielen Journalisten, sondern weil mich einen Moment lang durchzuckte: War es so im Sportpalast?

Westerwelle hatte sich – wie früh oder spät, weiß ich nicht – entschlossen, dem Rat von Solms zu folgen, der etwa so

gelautet haben wird: Der Parteitag wird Sie mit ganz gro-
ßer Mehrheit zum Vorsitzenden wählen. Damit Sie es aber
sind, müssen Sie Möllemann einmal besiegen. Es reicht
nicht, dass Möllemann nicht Kanzlerkandidat wird. Wür-
den Sie sein Angebot annehmen, selbst Kanzlerkandidat zu
werden, wären Sie es von Möllemanns Gnaden.
Guido Westerwelle wird am Ende diesem Rat gefolgt sein,
aber das ist nur meine Deutung, weil er in Wahrheit nie-
mandem traut. Wahrscheinlich sind ihm dafür im Laufe
seines Lebens schon viele Gründe geliefert worden. Mölle-
mann hatten viele in der Führung, die ihn jetzt aus der Par-
tei jagen wollen, immer wieder davor gewarnt, auf Wester-
welle zu setzen. Jene, die dabei waren, wissen das viel
besser als ich.
An diesem Abend in Düsseldorf war ich nicht sicher, ob Jür-
gen Möllemann den Bettel nicht hinwerfen würde. Dem
Gesicht seiner Frau Carola meine ich an diesem Abend
einen ähnlichen Gedanken angesehen zu haben. Er tat es
nicht. Wir haben nicht darüber geredet.
Laut ist es zwischen Jürgen Möllemann und mir nur ein-
mal zugegangen. Er lag mit einem scheußlichen Virus zu
Hause. Es war nicht sicher, ob er überhaupt zum Parteitag
nach Mannheim im Mai 2002 kommen würde. Von Mann-
heim rief ich ihn in Gegenwart zweier seiner Mitarbeiter
an. Ich zeichnete ein Szenario, wie sich der Fall Karsli
in der FDP und den Medien weiterentwickeln würde. Er
wollte es nicht hören. Ich beschwor ihn geradezu, die Ope-
ration Karsli in beiden Teilen sofort zu beenden. Mir graue
vor der Katastrophe, der Vater der »Strategie 18« könne
ihr Totengräber werden.
Am nächsten Tag kam er und hielt eine Rede. Er hatte den
Fall Karsli nicht beendet, aber der Parteitag jubelte ihm zu
wie vor einem Jahr in Düsseldorf. Im Präsidium wahrte
nur Kinkel Zurückhaltung: Er klatschte erst am Ende der
Rede. Gerhardt und Solms sagten, er hätte über Israel und
Palästina so vernünftig geredet, er hätte nur noch hinzu-
fügen sollen, dass es für Selbstmordattentate keine Recht-

fertigung gebe. Nach dem Beifall reiste Möllemann zurück nach Münster. Er wirkte auf mich, als fiele er jeden Moment vor Erschöpfung um.

Jamal Karsli hatte er in die Landtagsfraktion und Partei geholt, weil er glaubte, damit dem Ziel einen Schritt näher zu kommen, die Grünen in Düsseldorf in der Regierung zu ersetzen. Dass er von Karslis Äußerungen, die nach deutschem Standard inakzeptabel sind, vorher nichts wusste, ist ein Datum. Dass er sie nicht für gravierend hielt, als er sie kannte, ein anderes. Dass Karslis Positionen den Grünen und anderen schon lange bekannt waren und ungeahndet blieben, ein drittes. Aber das ist eine andere Geschichte.

Kaum war Guido Westerwelle auf Hans-Dietrich Genschers Vorschlag einhellig zum Kanzlerkandidaten gekoren und Mannheim medienträchtig verklungen, wurde mein Szenario Wirklichkeit. Nach Wochen negativer Berichterstattung und Kommentierung der FDP zog Karsli seinen Aufnahmeantrag zurück und verließ selbst die FDP-Landtagsfraktion. Die FDP wirkte wie erstarrt.

Zeit, über meine Rolle als persönlicher Strategieberater von Guido Westerwelle so viel zu erzählen, wie es ein Beratervertrag erlaubt, auch wenn er zu Ende ist: Möllemann hatte Westerwelles Anruf angekündigt, er wolle uns für das »Team 18« gewinnen. Anfang Januar reiste ich zur Klausur in die Nähe von Berlin. Die Details würde ich mit dem Bundesgeschäftsführer klären. Die Aufgabe wurde auf zwei Tage die Woche in Berlin definiert. Die Honorierung war bescheiden. Anderes auch. Ich hätte auf Barbara hören und es sein lassen sollen.

Jürgen Möllemann hat Düsseldorf erstaunlich schnell weggesteckt. Er steckte auch weg, dass Guido Westerwelle sein Angebot, den Bundestagswahlkampf zu leiten, nicht annahm. Westerwelle machte es selbst. Möllemann steckte auch weg, dass ihm im Wahlkampfteam die Innenpolitik zugeteilt wurde. Von Woche zu Woche beschlich ihn mehr das Gefühl: Hier passiert nichts, jedenfalls nichts von Wirkung.

Ich weiß es nicht, aber ich interpretiere es so: Dass der ganze Wahlkampf bis zum Hochwasser kein Thema fand, beschäftigte und beunruhigte viele. Bei seiner verzweifelten Suche nach einem Thema für die FDP, in seiner Verzweiflung darüber, was Westerwelle in seiner Sicht nicht tat oder falsch machte, stieg Möllemann mit der Eskalation der Gewalt im Nahen Osten ein Thema in die Nase wie später Schröder mit dem Irak. Aber Möllemanns einseitige Parteinahme für die arabische Seite wurde ihm zum Verhängnis, die Zustimmung aus der Mitte des SPD- und CDU-Volks an der Ruhr und auf dem Lande zum Menetekel.

Hatte er FDP-Parteitage besoffen geredet, ließ er sich nun vom Beifall des Volks der alten Mitte hinter vorgehaltener Hand und vom offenen Beifall auf Veranstaltungen aller Art täuschen: bis zur Flugblattaktion der letzten Woche, um wenigstens im eigenen Bundesland das Ruder noch herumzureißen. Dass sich dabei die Wochen nach Mannheim in wenigen Tagen wiederholen würden, wollte er wohl nicht sehen.

»Nach wie vor ist die FDP hinsichtlich ihrer Funktionsträger eine ›bürgerliche‹ Honoratioren-Partei, deren Mitglieder ihre individualistischen Positionen pflegen und nicht bereit sind, sich einer Parteidisziplin zu unterwerfen. Langfristig fehlen der FDP die mentalen, kulturellen und organisatorischen Voraussetzungen, eine Volkspartei zu werden. Das heißt aber nicht, dass sie bereits im Wahlkampf an diesem Defizit scheitern muss.« So hieß es in einer Argumentationshilfe der SPD für ihre Aktivisten im Juni 2002.

Ein Teil der FDP-Führung hatte die »Strategie 18« nie gewollt, ein Teil nur vorübergehend geglaubt und die meisten hatten sie nur vordergründig aufgefasst. Wahrscheinlich hat sie die real existierende FDP überfordert.

Für Barbara und mich war es nach dieser Wahl Zeit, die suspendierte innere Kündigung durch die äußere zu ersetzen. Weil wir Parteien für reformunfähig halten, nicht weil

*wir einer anderen als der FDP beitreten wollten – auch
keiner von denen, die da noch kommen könnten.*

Als Dr. Westerwelle auch noch der Forderung von Genscher
und Lambsdorff nachgab, mich von der letzten Kundgebung
vor der Bundestagswahl 2002 in Bad Godesberg auszuladen,
liquidierte Dr. Westerwelle die »Strategie 18« – und seine
Chance, einer der ganz wenigen erfolgreichen Bundesvorsitzenden der FDP zu werden.

Beim traditionellen Dreikönigstreffen in der Stuttgarter
Oper am 6. Januar 2003 verkündete Wolfgang Gerhardt das
Ende der »Strategie 18« der neuen FDP und die Rückkehr
zur »alten FDP«. Sein Bild von der FDP teile ich nicht. Aber
er hat es dort in Stuttgart in sich stimmig begründet. Dr.
Westerwelle hingegen schlingerte in seiner Rede zwischen
neuer und alter FDP fahrig hin und her; in der Sache behalf
er sich mit alten Versatzstücken, präsentierte keine neuen Inhalte und wirkte in seiner Rhetorik und Körpersprache auffallend künstlich und übertrieben. Da stimmte nichts. Bei
der von seinen Presseleuten in die Medien gesetzten Meldung, er habe während seines mehrwöchigen Urlaubs ständig an seiner strategischen Rede gefeilt, kann es sich nur um
ein Gerücht handeln.

Mir wirft die FDP-Führung vor, ich habe »die Achse der
Partei« verschoben, und kippt mal eben auf einer Kundgebung in der Oper und auf sonstigen Bühnen die mit großer Mehrheit vom Bundesparteitag 2001 in Düsseldorf be-
schlossene »Strategie 18«, die der Bundesparteitag 2002 in
Mannheim einhellig bestätigt hatte. Das sind mir schöne Demokraten. Gleicht das nicht einem Putsch von oben?

Dr. Westerwelle war immer dabei. Als Generalsekretär bei
der alten FDP-Strategie unter Kinkel und Gerhardt, bei der
Solms die Regie führte, und bei der neuen Strategie unter
der Regie Möllemanns. Wird er bei der Rückkehr zur alten
FDP auch wieder dabei sein? Zeugen seine Äußerungen zum
Jahresanfang 2003 wirklich von dem unbeugsamen Willen,
die Strategie der Eigenständigkeit tatsächlich fortzusetzen

und für die Beschlüsse von Düsseldorf und Mannheim zu kämpfen?

Oder waren sie schon der abschwellende Bocksgesang des Gärtners? Wartet er in Wahrheit auf die nächsten Wahlergebnisse, um dann das, was seit der letzten geschehen ist, als Resultat von Entscheidungen auszugeben, die er nie getroffen hat?

Sein Versagen als Kanzlerkandidat der FDP räumt Dr. Westerwelle mit einer Oberflächlichkeit ein, als habe es sich dabei lediglich um einen Gag gehandelt, ähnlich dem Einfall, mit der Zahl 18 auf seinen Schuhsohlen aufzutreten. Das war wirklich nur ein Gag. Bei der Strategie des eigenen Kanzlerkandidaten aber geht es um mehr – nämlich um die Frage, ob die FDP von dem Ziel Abschied nimmt, in die erste Bundesliga von CDU und SPD aufzusteigen.

Vom nicht gescheiterten, sondern nicht verwirklichten Siegermodell der »Strategie 18« zurück zum Verlierermodell der »alten FDP« (Gerhardt)? Das hieße, zwei Schritte vorwärts und drei zurück zu machen – was für eine Variante der bekannten Echternacher Springprozession!

Es gab eben schon in Düsseldorf drei Gruppen in der FDP: die entschlossenen Anhänger der neuen Strategie, die erklärten Gegner – und die dritte Gruppe der Mitläufer, der Standortlosen, der Zaghaften. Auf sie können sich beide nicht verlassen, weder die neue noch die alte FDP.

Jetzt, im Nachhinein, ist mir eines ganz klar geworden: Nicht dass die FDP 1969 und 1970 ihre meisten Nationalliberalen und 1982 dann ihre meisten Sozial-Liberalen verloren hat, ist das Problem. Sondern dass zu viele Persönlichkeiten von Format, Rückgrat und Überzeugung die Partei verlassen haben. Und dass unter denen, die blieben, zu viele Opportunisten sind.

Die real existierende FDP hat zu wenig Substanz. Das ist das Problem.

Wer trotzdem an der Strategie der Eigenständigkeit festhalten, sie weiterentwickeln und weiterführen möchte, hat meinen Respekt und meine Sympathie. Ich habe manche

Parteimitglieder kennen gelernt, die das vorhaben, nicht nur, aber vor allem auch im Nachwuchs der FDP. Im Unterschied zu den heutigen Präsidiumsmitgliedern haben sie den Zweck der Strategie verstanden: Es gilt, aus einer FDP der zweiten Wahl eine Partei der ersten Wahl zu machen.

Aber wird diese nächste Generation in der FDP überhaupt eine Chance erhalten? Und wenn ja – wie lange wird sie darauf warten müssen?

Spaß und Kult

Die FDP als Spaßpartei hätte die Bundestagswahl verloren, fügten manche an, wenn es darum ging, die Gründe der Wahlniederlage zu benennen. Und etliche gaben zwar Dr. Westerwelle die Schuld, die FDP zur Spaßpartei gemacht zu haben, wiesen zugleich aber darauf hin, er habe meinen Spaßwahlkampf von Nordrhein-Westfalen fortgesetzt.

Mein dortiger Landtagswahlkampf hat in der Tat allen, die daran mitwirkten, großen Spaß gemacht. Aber ein Spaß-wahlkampf war er nicht. Mit unseren politischen Themen – fort mit dem Stau auf den Straßen, in den Schulen und Hoch-schulen und in den Köpfen der Grün-Roten – sprachen wir den Menschen an Rhein und Ruhr, in Westfalen und an der Lippe aus dem Herzen. Deshalb waren wir erfolgreich. Und deshalb, weil wir den Wettbewerb um die öffentliche Aufmerksamkeit mit unkonventionellen, humorvollen und mitunter provozierenden Bildern und Aktionen gewonnen haben.

Aber einen Spaßwahlkampf – also Spaß statt Politik – haben wir nicht geführt. Das gehörte weder zum »Projekt 8« in Nordrhein-Westfalen noch zur »Strategie 18« im Bundes-tagswahlkampf. Wer das glaubte, hatte unsere Idee, die FDP in eine selbstbewusste und unabhängige Volkspartei umzu-wandeln, nicht verstanden.

Die FDP-Leute, die stolz die erste professionelle Fund-raising-Kampagne einer deutschen Partei ankündigten und sie mit riesigem Aufwand und geringem Erfolg unter der Verantwortung von Bundesschatzmeister Rexrodt durch-führten, haben die neue Strategie sicher nicht verstanden. Das Konzept ihrer neuen Form von Spendenbeschaffung war ja auch schon fertig, bevor es die »Strategie 18« gab.

Auch andere Aktionsschienen, die zum Erstaunen der Profis in Werbung und Public Relations gar als Kampagne bezeichnet wurden, sind nie im Hinblick auf die neue Strategie überprüft oder in eine Gesamtkampagne eingefügt worden.

So gab es nun – nach dem Beschluss über eine strategische Neuausrichtung der FDP – ein höchst seltsames Durcheinander und Nebeneinander der verschiedensten Wahlkampfaktionen, die von Dr. Westerwelle und seinen Leuten ganz offenbar mit einem Bundestagswahlkampf verwechselt wurden. Sofern sie sich überhaupt dafür interessierten. Denn angesichts der Wahlumfragen von Allensbach, die schon im Frühjahr bei 13 Prozent lagen, schien alles wie von selbst zu laufen – zumal auch die CDU/CSU weit vor der SPD lag. Alles deutete auf eine schwarz-gelbe Regierung hin. Da konnten sich sogar die führenden FDP-Leute in Hessen und Baden-Württemberg – also unsere offenen Gegner – mit der »Strategie 18« abfinden. Der ihrer Meinung nach falsche Verzicht auf die Koalitionsfestlegung vor der Wahl würde hoffentlich keine Stimmen kosten, und die »richtige« Koalition würde ohnehin schon von selbst zustande kommen. Und das Wahlziel von 18 Prozent nehme außer Möllemann und denen, die er besoffen geredet hatte, doch sowieso niemand ernst, auch Dr. Westerwelle nicht, wenngleich der so tue. Und seien die 18 Prozent erst mal verfehlt, dann sei auch dieser lästige Ministeranwärter aus NRW keine Bedrohung mehr.

Den berühmt-berüchtigten Gag, Dr. Westerwelle mit der Zahl 18 auf der Schuhsohle auftreten zu lassen, hat die Werbeagentur ECC-Advertising erfunden, die Dr. Westerwelle gegen meinen ausdrücklichen Rat ausgesucht hatte. Deren Mitarbeiter bereiteten Dr. Westerwelle am Abend der verlorenen Bundestagswahl auf der Wahlparty in seiner Bundesgeschäftsstelle einen besonders spaßigen Empfang. Sie trugen T-Shirts mit dem Aufdruck: »Aber die Werbung war gut.« Wann hatten diese Nichtskönner die Wahl wohl schon verloren gegeben? Lange währte ihre Freude nicht: Der Laden wurde verkauft.

In meinem Landtagswahlkampf in Nordrhein-Westfalen hatte es diese Art von Späßen nicht gegeben. Das passte weder zu einer bürgerlichen Partei noch zu einer Volkspartei, zu der wir werden wollten. Das passte nur zu dem Geschmack bestimmter Parteileute, die sich köstlich über ihre eigenen Einfälle amüsierten.

Wie so oft legte Dr. Westerwelle regelmäßig noch einen drauf, wenn ich mit einer Äußerung oder Aktion besonders gut angekommen war. Dabei schien er oft nicht zu merken, dass er mitunter zu viel des Guten tat. Das zeigt sich deutlich an folgendem Beispiel: Ich war in der Sonntagssendung von »Big Brother« gewesen, aber nur als Studiogast. Einen Besuch im Container lehnte ich ab. Den Fernsehzuschauern erklärte ich, dass »Big Brother« keine Sendung nach meinem Geschmack sei, dass aber die Zuschauer und nicht die Politik darüber zu entscheiden hätten. Politiker aller Parteien – und Dr. Westerwelle gehörte zu ihnen – hatten damals öffentlich mit der Absicht gespielt, Sendungen dieser Art zu verbieten. Monate später war er höchstpersönlich zu Gast im Container und führte dort vor, dass er Bier noch nie aus der Flasche getrunken hat. Dass man die jungen Menschen dort abholen muss, wo sie sind, ist wahr. Dass Dr. Westerwelle deshalb in den Container ging, ist hübsch erfunden.

Zwischen Mittel und Zweck muss man immer unterscheiden, erst recht in der Politik. Es ist der Unterschied zwischen Weg und Ziel. Dr. Westerwelle hält seine Wege für Ziele. Nie wurde mir das so klar wie beim Erscheinen des »Guidomobils«. Erfunden hatte es der Namensgeber selbst, zusammen mit den Leuten in seiner Bundesgeschäftsstelle. Noch bevor das Ding auf Deutschlands Straßen rollte, wusste Dr. Westerwelle schon, dass es »Kult« werden würde. »Echt kultig« sei der Wagen, wiederholte er denn auch unentwegt – und führte mir damit schmerzlich vor Augen, was für ein alter Sack ich doch schon sein musste.

Das beeindruckend lange Gefährt erregte nicht nur auf Campingplätzen Aufmerksamkeit. Aber wo blieben die politischen Botschaften hinsichtlich der Sorgen und Wünsche der Wähler? Hätte Dr. Westerwelle sein »Guidomobil« während der Hochwasserkatastrophe einer betroffenen Familie als Notunterkunft zur Verfügung gestellt, hätte sein skurriler Wahlkampfgag vielleicht noch einen Sinn gehabt. Aber darunter hätte ja die in blauen und gelben Farben gehaltene Einrichtung leiden können …

Ja, auch ich habe versucht, Aufmerksamkeit zu erregen. Bei manchen Wahlauftritten bin ich mit dem Fallschirm gelandet – zusammen mit 17 weiteren Fallschirmspringern, dem »18er-Fallschirm-Team«. Aber dabei ließ ich es nicht bewenden. Die Absprünge schafften Aufmerksamkeit für die politischen Themen, die die jeweils Anwesenden am meisten interessierten. Denn jeder meiner Auftritte hatte einen vorher angekündigten politischen Themenschwerpunkt.

Mein Wahlkampf war echte Knochenarbeit. Er machte richtig Spaß. Aber ein Spaßwahlkampf war er nicht.

Israel und Palästina

Moses durfte das Gelobte Land nur sehen, aber nicht betreten: als Strafe für seinen Zweifel am Herrn. Haben die Briten die Grenzen Israels absichtlich so gezogen, dass die biblischen Orte draußen blieben?

Soweit ich weiß, entstand die Idee des Zionismus in Theodor Herzls Herz und Kopf unter dem Eindruck der antisemitischen französischen Dreyfus-Affäre, vor allem auch unter dem Eindruck der nationalen und nationalistischen Bestrebungen in den Ländern der Habsburgermonarchie – und besonders in Wien. Herzl konnte noch Mitglied der Wiener Burschenschaft Arminia sein, ebenso wie Viktor Adler, der später äußerst bedeutende Anführer der deutsch-österreichischen Sozialdemokratie, der Vater des »Austromarxismus«, der im Hinblick auf seine Gegner, die Christlich-Sozialen, das Wort vom »Austrofaschismus« prägte. Die Einführung des »Arierparagrafen« in die Satzungen nicht nur der »schlagenden«, sondern auch der katholischen Studentenverbindungen, also der Ausschluss von Juden, stand erst bevor.

Dass Theodor Herzl gerade im Wien der Jahrhundertwende zu dem Schluss kam, die Menschen jüdischen Glaubens oder jüdischer Herkunft müssten eine eigene Nation mit eigenem Territorium und Staat werden, ist nur allzu verständlich. Das wollten damals alle – die Ungarn und Tschechen, die Serben und Kroaten, die Slowenen, Slowaken und Slawonen und viele, viele andere.

Dass der Nationalismus viel mehr Unheil als Heil gestiftet hat, ist nicht Herzls Schuld. Dass der von ihm zur politischen Kraft erklärte Zionismus dereinst den Nichtjuden in Israel die gleichen Rechte verweigern würde, konnte er nicht ahnen.

Heute hört man häufig, der Begriff »Palästinenser« sei ein künstlicher, weil eine Nation dieses Namens erst in den Flüchtlingslagern erfunden worden sei. Die Menschen, die in Palästina lebten, seien gar keiner gemeinsamen ethnischen Abstammung. Das stimmt schon deshalb, weil die Stämme damals in der Wüste umherzogen und sich in den Städten Menschen aus dem ganzen Mittelmeerraum niederließen.

Als Nation im europäischen Sinne sind die Palästinenser historisch sehr jung. Wie die Israelis. Gerade sie kamen von überall her – aus über 140 Ländern mit über 200 verschiedenen Muttersprachen. Viele wurden zu Beginn mit dem genialen Werbeslogan für die Einwanderung gewonnen: »Ein Land ohne Volk für ein Volk ohne Land«.

Die Juden waren ohne ein eigenes Land. Nach dem millionenfachen Massenmord der Nazis werden Millionen von ihnen das schmerzhafter empfunden haben als je zuvor in ihrer Geschichte, die voller Pogrome, voller Verfolgung ist. Aber das Land war nicht ohne Volk. Ohne Nation ja, aber nicht ohne Menschen. Die waren schon da. Und die meisten von ihnen waren Moslems und Araber. Mit den wenigen jüdischen Familien, die auch schon lange da lebten und zunächst in kleinen Größen zuwanderten, kamen sie als Nachbarn in der Regel ganz gut aus. Wie mit den vielen Christen.

Heute ist nur noch selten die Rede davon, dass die Briten – zusammen mit den anderen Weltmächten – die geschichtliche Verantwortung für das Pulverfass Naher Osten tragen. Einer meiner arabischen Gesprächspartner sagte mir einst mit großer Traurigkeit, es müssten britische Antisemiten und Araberverächter gewesen sein, die die Grenzen Israels gezogen hätten. Sonst wären nicht ausgerechnet viele heilige Orte des Alten Testaments in den Händen der Araber geblieben.

Ich habe das erst später in seiner vollen Bedeutung erkannt. Ich wusste von solchen Feinheiten leider noch gar nichts, zumindest damals nicht, als Israels Regierungschef Shamir mir auf meine Frage nach dem Rückzug der israelischen Armee aus den besetzten Gebieten die Gegenfrage stellte, ob ich Judäa und Samaria meinte.

Viel später erst fand ich in dem Bestseller »*From Beirut to Jerusalem*« aus der Feder des bekannten Kolumnisten der *New York Times*, Thomas L. Friedmans, die einfühlsame und eindrucksvolle Begründung, warum und wie sich Israels Regierungen mit den militärischen Erfolgen ihrer hocheffizienten Armee in eine politische Sackgasse siegten: Judäa und Samaria waren nun in israelischer Hand. Wie sollte man vor sich selbst, seiner Religion und Geschichte – und gegenüber den eigenen politisch radikalen Kräften – begründen, warum man die heiligen Orte der Bibel wieder räumen solle?

Israels Friedensbewegung ist eine große Minderheit. Doch die Mehrheit hat sich in den letzten Jahren mehr und mehr vom Nebeneinander der Staaten Israel und Palästina ab- und dem »Staat der Juden« zugewandt. Einem Staat, in dem Nichtjuden nicht gleichberechtigt sind. Einem Staat, der im westlichen Sinne nicht mehr von der Herrschaft des Rechts und von Demokratie geprägt ist, sondern allenfalls von der demokratischen Diktatur der Mehrheit gegen Minderheiten. Einem Staat, der alle Palästinenser vom Westufer des Jordans vertreibt, um dann ein jüdischer Gottesstaat zu sein.

Aus Israel und aus seinen Nachbarländern kommen bedrückend viele Informationen, dass die Zahl derer, die an eine friedliche Lösung des Konflikts nicht mehr glauben, täglich zunimmt, ebenso wie die Zahl derjenigen, die nur »ihren« Gottesstaat wollen. Die jeweils Andersgläubigen sollen fort; allenfalls dürfen die bleiben, die kooperieren.

Ariel Sharon war der fähige General, der Sadats Panzertruppen in der Wüste Sinai einkesselte und zum Aufgeben zwang. 1982, als die israelische Armee dem Massaker der christlichen Milizen des Elie Hobeiqa in den Palästinenserlagern von Sabra und Schatila zusah und die Flüchtenden zu ihren Mördern zurückjagte, war er Verteidigungsminister. Weil er das Massaker geduldet oder gar gewollt hatte, wurde Sharon von der öffentlichen Meinung in Israel zum Rücktritt gezwungen. Als Regierungschef tritt er heute für den Krieg gegen den Irak ein. Er setzt auf die militärische

Kontrolle der USA über die Großregion und will deren Strukturen mit der Hilfe Washingtons neu ordnen und dabei zugleich die Palästinafrage im Sinne Israels lösen. Für ihn bietet der »Krieg gegen den Terror« wie der »Krieg gegen das Böse« die Chance, endlich seinen Traum von einem Israel als dem Staat der Juden in Erfüllung gehen zu sehen.

Aus rein machtpolitischer Sicht ist das eine Strategie, die auf Zeit aufgehen kann, da die arabischen Regierungen wie eh und je zu keiner Einigkeit kommen. Ob diese neue Herrschaft der Kreuzritter aber so lange währen würde wie die letzte? Oder wird der Sieg über Saddam in den Ländern der Region nicht einen Umsturz nach dem anderen nach sich ziehen und die Regierungen Amerikas und seiner kampfwilligen Verbündeten in ein Tohuwabohu von Bürger-, Stammes- und Bandenkriegen verwickeln? Und wird es gelingen, die Wähler daheim von der Notwendigkeit eines fortdauernden militärischen Engagements zu überzeugen? Oder geht es aus wie im Libanon und in Vietnam?

Demokratie verkommt selbst in den Augen vieler prowestlicher Araber täglich mehr zum bloßen Instrument der Herrschaft des Westens über den Orient. Der Terror der arabischen Selbstmordattentäter und der Terror der israelischen Armee fördern diese Verschiebung der Bilder und Meinungen. Opfer sollten wir nie in Zahlen gegeneinander aufrechnen. Aber man sollte doch wissen, dass auf einen getöteten Israeli sechs Tote auf Seiten der Palästinenser kommen.

Palästinenser verfügen nur über 20 Prozent der Wasservorräte. Nichtjuden haben keinen gleichen Bildungszugang. Das ist für die Palästinenser besonders schlimm, denn sie haben Bildung für alle Volksschichten geöffnet, während in Ägypten und anderen arabischen Ländern nur die Oberschicht gebildet ist. Deshalb nennt man die Palästinenser oft die Juden Arabiens, weil sie überall sehr erfolgreich führende Rollen spielen.

Im Westen wird Israel häufig mit dem Argument verteidigt, es sei die einzige Demokratie in der Region. Das ist wahr. Aber wie lange, so fragt auch die israelische Opposition seit vielen Jahren, muss Israel wie viele Gesetze außer Kraft setzen, bis es kein Rechtsstaat mehr ist? Muss Israel der Herrschaft des Rechts, die doch unauflöslich zur westlichen Demokratie gehört, nicht in ganz besonderem Maße Geltung verschaffen? Todeslisten für vermeintliche Terroristen statt Gefangennahme und Gerichtsverfahren – wie ist das damit vereinbar? Und wie steht es mit der Diskriminierung der christlichen wie islamischen Araber mit israelischem Pass?

Die Forderung, die Palästinenser müssten Demokratie bei sich selbst verwirklichen, bevor sie einen eigenen Staat haben könnten, ist ebenso unaufrichtig wie das Verlangen, Arafat solle die Terroranschläge von Palästinensern unterbinden – wo doch seine Polizei, die er ohnehin nur in 21 Prozent der »Autonomiegebiete« einsetzen darf, von den Israelis bombardiert wird.

Wie lange es dauern kann, bis aus einer Widerstandsbewegung eine politisch konstruktive Kraft wird, konnten wir in Südafrika und in Irland beobachten – wo es auch heute noch immer wieder zu Rückschlägen kommt. Wo sind die 50-Jährigen auf beiden Seiten, die den Teufelskreis durchbrechen? Assads Sohn in Syrien und Husseins Nachfolger in Jordanien sind es nicht, oder vielleicht noch nicht. Und Arafat und Sharon werden wohl nie zueinander kommen können. Müssen wir also auf eine nächste Generation von Israelis und Palästinensern warten?

Aus welcher Perspektive ich den Konfliktherd im Nahen Osten auch immer betrachte, ich komme stets zu dem gleichen Ergebnis: Ein Dritter muss den gordischen Knoten durchtrennen. Bei den vielen Versuchen aller Beteiligten, ihn zu durchschlagen, ist er nur noch unauflösbarer geworden. Europa kann noch immer dieser Dritte sein. In einer Weise, die genau das verlangt, was in unserer Zeit von Show statt Politik leider Mangelware geworden ist: mit Geduld, zäher Geduld, mit der Bereitschaft zum Verhandeln und zur Fairness gegenüber beiden Seiten. Oder Asien – und das Brückenland Iran – wird dieses historische Problem mit seiner eigenen Diplomatie lösen. Unverändert mit dem Ziel zweier

Staaten: Israel und Palästina. Mit dem Ziel, dass deren Bewohner in sicheren Grenzen und sicheren Umständen leben können.

Später – vielleicht sehr viel später – könnte es durch die Vertrauensbildung in einer enger werdenden Kooperation eines Tages auch zu einem einzigen, laizistischen und demokratischen Staat kommen, in dem alle in völliger Gleichberechtigung zusammenlebten. Gemeinsam könnten Israel und Palästina ein großes geistiges und wirtschaftliches Vorbild für ganz Asien und Afrika sein – und für Europa.

Eine solche Perspektive erscheint heute den meisten sicher als Utopie. Das war mit der deutschen und europäischen Wiedervereinigung nicht anders. Hatten wir nicht noch Mitte der Achtzigerjahre ein wiedervereintes Deutschland für unmöglich gehalten? Und heute? Heute sind wir längst zur Tagesordnung der ganz kleinen Dinge übergegangen.

Diese Tagesordnung wünsche ich den Menschen in Israel und Palästina, denen im ganzen Nahen Osten.

Die Erpressung

Jamal Karsli, der nordrhein-westfälische Landtagsabgeordnete der Grünen, ist deutscher Staatsbürger syrischer Herkunft. Das ist in Deutschland heute leider noch nicht so akzeptiert wie etwa der Umstand, dass ich ein Münsteraner mit Augsburger Herkunft bin. Nach einer Veranstaltung in Recklinghausen kam Karsli auf mich zu: Meine Kritik an der Nahostpolitik »seines« grünen Außenministers Fischer würde er voll und ganz teilen.

Ich erzählte es Dr. Westerwelle. Der war völlig fasziniert. Ob das einen Übertritt zur FDP erwarten lasse, wollte er aufgeregt wissen. Dann würde die rot-grüne Regierung in Düsseldorf ihre Mehrheit womöglich noch vor der nächsten Landtagswahl 2005 verlieren. Sie stütze sich ja nur auf eine knappe Mehrheit von drei Stimmen im Landtag. Wir beide wussten: Zwei Kölner SPD-Landtagsabgeordnete waren stinksauer. Die eigene Landes- und Bundesführung hatte sie im Kölner SPD-Finanzierungsskandal vorschnell und öffentlich an den Pranger gestellt. Auf den Fluren des Landtags und in der Landespressekonferenz wurde über ihren möglichen Wechsel zur FDP spekuliert.

Dr. Westerwelles Kalkül war ebenso klar wie vordergründig. Käme es bei der Bundestagswahl zu einer schwarz-gelben Regierung in Berlin, wäre es doch prächtig, mit einer rot-gelben Koalition in Düsseldorf die Unabhängigkeit der FDP unter Beweis zu stellen. Und die Frage, ob Möllemann nach Berlin geht, hätte sich auch erledigt. Der müsste dann doch dem Ruf des Landes folgen und Vize-Ministerpräsident in Düsseldorf werden. Denn hatte ich nach der rotgrünen Regierungsbildung in Düsseldorf nicht erklärt, dass der Wählerwille in NRW korrigiert werden müsse, weil die

Obergenossen der SPD in Berlin Ministerpräsident Wolfgang Clement gezwungen hatten, ihn zu ignorieren?

Geht's nicht über Düsseldorf, geht's über Berlin

Jürgen W. Möllemann: »NRW darf nicht bis 2005 leiden.«

Umfrageergebnisse stellten es fest, die Medien berichteten einhellig darüber, bei jeder Begegnung war es zu hören: Die große Mehrheit der Bürgerinnen und Bürger in Nordrhein-Westfalen wollte zwar, dass Wolfgang Clement als Ministerpräsident weitermacht, aber ohne Bärbel Höhn und ihre grünen Blockierer – stattdessen mit der FDP. Volkes Stimme sagte es laut und deutlich: Die Grünen müssen raus aus der Macht. Der breiten öffentlichen Meinung entsprach das Wahlergebnis vom 14. Mai. Alleiniger Wahlsieger war die FDP.

Doch die SPD-Funktionäre in Berlin kümmerte der Wählerwille ebenso wenig wie der Wunsch des eigenen Spitzenkandidaten nach dem Politikwechsel für NRWs Menschen. So wurden die Wählerinnen und Wähler einmal mehr vor den Kopf gestoßen. Die Arroganz der Funktionäre bläute ihnen einmal mehr ein, dass sie mit ihren Stimmen nichts bewirken können.

Die NRW-FDP hatte zwei politisch-strategische Ziele: Sie wollte mit einer starken Fraktion zurück in den Landtag, mit einem guten Programm und guten Leuten zurück in die Landesregierung. Das erste Ziel wurde erreicht, weil darüber die Wähler(innen) allein entscheiden. Das zweite Ziel wurde noch nicht erreicht, weil Funktionäre von SPD und Grünen den Willen des Souveräns ignorieren.

Damit dürfen und werden sich Nordrhein-Westfalens Freie Demokraten nicht abfinden.

Wir werden uns nicht auf die Rolle der loyalen Opposition reduzieren lassen, die nur kritisieren darf, was die Regierung tut. Eine gute Opposition ist immer eine Regierung im Wartestand. Denn in einer echten Demokratie muss sie jederzeit in der Lage sein, eine schlechte Regierung abzulösen.

Würden wir nur an die Interessen der FDP denken, könnten wir uns ins Fäustchen lachen und den noch größeren Sieg in der Landtagswahl 2005 vorbereiten. Dann würden wir uns aber so ignorant verhalten wie SPD und Grüne.

Im Interesse der Menschen unseres Landes dürfen und werden wir nicht bis 2005 nur brav und folgenlos die grün-rote Regierung kritisieren. Wir Freie Demokraten müssen und werden für den Regierungswechsel kämpfen.

Wolfgang Clement durfte in Düsseldorf nicht von den Grünen lassen, die er scheut wie der Teufel das Weihwasser, weil die grün-rote Koalition in Berlin nicht gefährdet werden durfte. Also müssen wir der grün-roten Koalition in Berlin ein Ende bereiten, damit auch die grün-rote Koalition in Düsseldorf ihr Ende findet.

Die überzeugenden politischen Gründe für den doppelten Wechsel liefern uns die grünen und roten Abzocker der kleinen Leute im Lande und Blockierer von Innovation und neuen Jobs jeden Tag. Die Bürger und Bürgerinnen in NRW haben unsere Vorschläge für mehr Lehrer und gute Bildung, für Mobilität auf allen Verkehrswegen, freie Fahrt für viele neue Jobs und eine gut bezahlte Polizei für ein sicheres Leben bei der Landtagswahl hoch honoriert. Sie werden es wieder tun, wenn wir ihnen gute Gründe bieten, den grün-roten Stillstand gleich in Berlin und Düsseldorf durch neue Regierungen zu ersetzen, in denen eine FDP viel Einfluss hat, weil sie 18 Prozent auf die Matte bringt.

Jahrzehnte haben die grün-roten Sozialtechnokraten uns die Senkung des Rentenalters als ein Heil der Menschheit verkauft. Nun wollen sie, dass wir fünf Jahre länger arbeiten. Wir sagen: Weg mit Wehrpflicht und Ersatzdienst, mit dem 13. Schuljahr und viel zu langen Ausbildungszeiten überall. Dann können alle fünf Jahre früher anfangen, ihren Mann und ihre Frau im Leben zu stehen und ihr Ein-

und Auskommen zu bestreiten. Das wird unsere Kinder und Enkel in die Lage versetzen, lebenslang zu lernen und sich lebenslang in einer Welt des schnellen Wandels zu behaupten.

Seit Jahren wissen alle in allen Parteien, dass und wie die Dinge völlig neu geordnet werden müssen, damit wir für die kommenden Generationen – wie für die Älteren und Alten – Deutschland fit und fair machen können. Doch Lobbys und Funktionäre haben sie so ins Bockshorn gejagt, dass sie sich an keinen der so genannten Besitzstände herantrauen. Wir haben den Mut, gute Konzepte und die Entschlossenheit zu kämpfen.

Unsere Offensive bündeln wir in unserer »Mission 18« – der Mission possible. So wie wir es von vier auf 9,8 Prozent brachten, können wir es auch von 9,8 auf 18 Prozent bringen. Der Aufstieg der FDP zur Freien Demokratischen Volkspartei, die in der ersten Bundesliga antritt wie CDU und SPD, wird in ganz Deutschland umso besser gelingen, je einfallsreicher unsere Arbeit in NRW ist.

Den unverzichtbaren Regierungswechsel in Düsseldorf müssen wir in Berlin erkämpfen, weil es anders nicht geht. Auf dem Wege dorthin können und werden wir unseren Freunden in Baden-Württemberg, Rheinland-Pfalz und Sachsen-Anhalt helfen, wie uns die Schleswig-Holstein-FDP geholfen hat. Jeder ihrer Erfolge bringt uns dem Ziel näher, mit der Bundespolitik auch die Landespolitik in Nordrhein-Westfalen von der unverdienten grün-roten Last zu befreien. Und beiden mit einer qualitativ und quantitativ gewachsenen FDP den fälligen Kurswechsel in NRW und ganz Deutschland zu garantieren.

Deshalb ist die »Mission 18«, für die wir mit unserer »Werkstatt 18« werben, Strategie für Düsseldorf und Berlin zugleich. Sie ist das gemeinsame Ziel der NRW-FDP – ihrer Speerspitze, der Landtagsfraktion – und meines als Initiator.

Weil wir unsere Aufgabe im Land ernst nehmen, dürfen wir es uns nicht auf weichen Oppositionsbänken bequem *machen. Verantwortungsvoll ist die Opposition, die regieren will. Geht's nicht über Düsseldorf, geht's über Berlin.*

Dr. Westerwelle wusste von Anfang an sehr genau, dass Karsli wegen meiner kritischen Haltung der Regierung Sharon gegenüber zur FDP kommen würde, nicht aber wegen des Autobahntunnels unter dem Ruhrgebiet. Sicher, wir beide kannten zu diesem Zeitpunkt – anders als die Parteiführung der Grünen und die jüdischen Organisationen – Karslis Äußerungen zur israelischen Politik noch nicht, für die er später angegriffen wurde. Aber Dr. Westerwelle war ganz und gar dafür, diesen Landtagsabgeordneten der Grünen – wie auch jeden von der SPD – in die FDP-Fraktion und in die FDP aufzunehmen. Ob es sich dabei um Liberale im Geiste handelte, interessierte ihn nicht.

Solange Karsli Mitglied der Grünen war, hatten weder diese noch die SPD, weder unsere – ach so kritische – Presse noch die jüdischen Organisationen seine Äußerungen gegen Israels Regierung öffentlich angeprangert. Eine jüdische Organisation in den USA hatte den Grünen zwar einen Protestbrief geschickt – aber öffentlich kam auch von dort kein Ton.

Nun wurde Karsli Mitglied unserer Landtagsfraktion. Unter deren Mitgliedern kannten ihn einige aus der Ausschussarbeit zu Einwanderungsfragen. »Der passt besser zu uns als zu den Grünen«, sagten sie.

Auf den Wahlkampfveranstaltungen, auf denen ich meine Kritik an Sharon und Friedman erneuerte, applaudierte niemand lauter als Dr. Westerwelle und Professor Pinkwart. Der auffallend starke Beifall der auffallend gut besuchten Versammlungen gefiel den beiden Herren auffallend gut. Das kannte ich schon. Dr. Westerwelle legte regelmäßig noch einen drauf, wenn ich mit einer Äußerung oder Handlung besonders gut angekommen war.

Und dann ging die Kampagne gegen Karsli und damit in Wahrheit gegen mich los. Die Medien zitierten Karslis Äußerungen, in denen er das Vorgehen der israelischen Regierung mit Nazi-Methoden verglichen hatte – was die israelische

Opposition und die Araber regelmäßig tun. Ich bat Karsli, sich dafür und für ähnliche Äußerungen zu entschuldigen. Er sei seit einiger Zeit deutscher Staatsbürger, was ihn dazu verpflichte, diese oder ähnliche Vergleiche mit Nazi-Verbrechen zu unterlassen.

Dr. Westerwelle verteidigte mein, sein und jedermanns Recht, die Politik israelischer Regierungen kritisieren zu dürfen. Er erklärte die Angriffe gegen mich als »unanständig«. Der Vorwurf, ich bediente »braune Klischees«, sei »ehrverletzend und charakterlos«. Nicht meine Äußerung sei ein Tabubruch, sondern der gegen mich erhobene Vorwurf des Antisemitismus sei ein Tabubruch unter Demokraten.

Dr. Westerwelles stets wieder vorgetragene Kernsätze in diesen Wochen waren: »Der Veränderungsdruck kommt doch nicht von den Rändern, sondern aus der Mitte unserer Gesellschaft.« Und: »Sorge habe ich nur vor dem Sperrfeuer aus den eigenen Reihen.«

Auch in meinem moderaten Streit mit Paul Spiegel, dem Präsidenten des Zentralrats der Juden in Deutschland, und meinem polemischen Gefecht mit seinem Vizepräsidenten Michel Friedman unterstützte er mich. Und als Ephraim Kishon, der beliebte Schriftsteller, sich polemisch gegen Norbert Blüms scharfe Kritik an der Politik der Regierung Sharon wandte, trat Dr. Westerwelle ihm entgegen.

Das änderte sich nach seiner Rückkehr von einem offiziellen Besuch in Israel. Nicht sofort, aber bald. Das Gesicht abwechselnd vor Entsetzen bleich und vor Aufregung gerötet, jammerte er mir unzählige Male und in selbstmitleidigem Tonfall vor: »Herr Möllemann, Sie machen sich ja keine Vorstellung, was die mir da abverlangt haben. Sie glauben ja gar nicht, was die mir zugemutet haben.«

Zunächst begleitete er das noch mit einer trotzig-zornigen Ankündigung. »Die werden sich noch wundern«, erklärte er, »wie ich ihnen entgegentreten werde. Die kennen mich noch nicht!« Doch das klang in meinen Ohren zunehmend nur noch wie das berühmte Pfeifen im Walde, mit dem man bekanntlich lediglich seine eigene Angst übertönen will.

Es war in jenen Tagen, dass er mehr als einmal in einer Mischung von Respekt und Sympathie sagte: »Pim Fortuyn und ich hatten mehr gemeinsam, als manche denken.«

Ein Mann ohne Namen hatte ihm beim langen Warten auf die Audienz bei Ariel Sharon in unmissverständlichen Worten knallhart gesagt, dass die israelische Regierung meinen politischen Kopf verlange. »Wer war das?«, fragte Dr. Westerwelle später dann einen seiner kundigen Begleiter. »Der Mossad!«, erhielt er zur Antwort.

Ob Dr. Westerwelle mir meinen längst ausgesprochenen Verzicht auf den Posten des Außenministers glaubte oder nicht, spielte da keine Rolle mehr. Sharons Leute hatten sicherzustellen, dass es unter keinen Umständen dazu kommen würde. Vielleicht wollte Dr. Westerwelle dieser Erpressung am Anfang wirklich widerstehen. Aber wer weiß, wie oft sie nach seiner Israel-Reise in Deutschland wiederholt und verschärft worden ist?

Was hat der Mossad, der israelische Geheimdienst, gegen Dr. Westerwelle in der Hand, das ihn mit Entsetzen, Furcht und Schrecken erfüllt? Man muss nicht selbst Chef eines Geheimdienstes gewesen sein, um zu wissen, wie gnadenlos diese Dienste auch das Wissen um die privatesten Dinge einsetzen, wenn es geboten erscheint.

Jedes Mal, wenn er angsterfüllt, entrüstet und weinerlich zugleich davon sprach, fragte ich Dr. Westerwelle natürlich: »Womit, um Gottes willen, drohen Ihnen die Leute denn?«

Er hat bis heute nicht geantwortet. Die FDP aber hat ein Recht auf die Antwort ihres Bundesvorsitzenden. Finde ich.

Von Pipelines und Militärbasen

Wenn Sie auf eine aktuelle Landkarte Asiens schauen, können Sie in kurzer Zeit viel Einsicht in die wahrscheinlichen Ereignisse der nahen Zukunft gewinnen. Sie brauchen sich nur ein ungefähres Bild vom Verlauf der geplanten Pipelines für Erdöl und Erdgas zu machen.

Eine neue Öl-Pipeline soll von der Grenze zwischen Usbekistan und Turkmenistan über Westafghanistan an die Küste des Arabischen Meeres in Pakistan führen. Für Erdgas ist ein Verlauf vom Südwesten Turkmenistans, durch Afghanistan und quer durch das südliche Pakistan bis tief hinein nach Indien vorgesehen. Von der iranischen Hafenstadt Kharg am Persischen Golf verläuft die derzeit längste Planungslinie über Teheran, die Ostküste des Kaspischen Meeres entlang durch Turkmenistan, dann in einem großen Bogen um den Aralsee herum durch ganz Kasachstan und schnurstracks geradeaus nach China; dabei schließt diese Pipeline elegant im kaspischen Hafen Turkmenbaschi und im Tengis-Ölfeld im kaspischen Nordosten an das bestehende Pipeline-Netz zwischen Kaspischem und Schwarzem Meer an. Von dort geht es durch Georgien und Russland schon heute in die sicheren Häfen der Türkei. Da, wo die Pipeline nördlich von Teheran nach Osten abzweigt, führt eine andere weiter nach Baku am Kaspischen Meer und quer durch Georgien ans Schwarze Meer.

Ist es ein Zufall, dass diese Linien immer wieder an Militärbasen entlang laufen, die den USA gehören oder von ihnen benutzt werden? Im NATO-Land Türkei sind die US-Streitkräfte sowieso. In Georgien befinden sich Hunderte von Militärberatern. Das 5. US-Flottenquartier liegt nahe an Saudi-Arabien in Bahrain am Persischen Golf, als Glied einer Kette von amerikanischen und britischen Militärbasen die ganze Südküste des Persischen Golfs und des Golfs von Oman entlang – von Kuwait bis Maskat. Im Arabischen Meer bis hinüber nach Bombay kreuzen US-Marinestreitkräfte. Sie schließen die durch den Iran gebildete große Lücke hinüber zu den US-Militärbasen in Pakistan, Afghanistan, Tadschikistan, Usbekistan und Kirgistan.

Stellen wir uns einen Moment lang vor – rein theoretisch, versteht sich –, die amerikanische und die israelische Regierung würden zwei ihrer ansonsten ganz verschiedenen Interessen zusammenlegen.

Nehmen wir an, die amerikanische Regierung möchte ihre Kontrolle über das Pipeline-Netz Asiens vervollständigen – und damit ihr weltweites strategisches Netz. »Bush interessiert sich nicht für die Welt, sondern für die amerikanische Kontrolle über die Welt«, hat der bekannte amerikanische Schriftsteller Norman Mailer gesagt. Sein britischer Kollege John le Carré hat dem Mitte Januar 2003 hinzugefügt: »America has entered one of its periods of historical madness, but this is the worst I can remember: worse than McCarthyism, worse than the Bay of Pigs and in the long term potentially more disastrous than the Vietnam War.« Auf Deutsch: »Amerika ist in eine seiner Perioden des historischen Wahnsinns eingetreten, und es ist die schlimmste, an die ich mich erinnere: schlimmer als der McCarthyismus, schlimmer als die Schweinebucht und auf lange Sicht unter Umständen verheerender als der Vietnamkrieg.«

Nehmen wir an, die israelische Regierung möchte den Traum von Groß-Israel verwirklichen – und dabei den gordischen Knoten von Terror und Gegenterror durchhauen, in den sie sich täglich mehr und mehr verstrickt sieht. Dann bekäme plötzlich der Krieg gegen den Irak einen leicht verständlichen Sinn. Dann wäre auch erklärt, warum der Iran auf der Liste der »Schurkenstaaten« steht.

Syrien hält still wie Jordanien. Saudi-Arabien und die Golfstaaten kooperieren – wie wenig begeistert auch immer. Und im Vergleich zu Irak und Iran sind diese Länder in den Augen der US-Falken ohnedies nur »Peanuts«.

Bevor ich in Gedanken auch noch in den asiatischen Pazifik reise – etwa zu den vermuteten Erdölreserven der südostasiatischen Inselwelt –, will ich lieber innehalten. Obwohl US-Verteidigungsminister Rumsfeld, ein Mann der entschlossenen Tat, den wir alle sehr ernst nehmen sollten, schon vorsorglich öffentlich mitgeteilt hat: Die US-Streitkräfte könnten – wenn nötig – auch auf zwei Kriegsschauplätzen zugleich ihre Aufgaben erfüllen.

Verstehen Sie mich bitte nicht falsch: Ich gehöre nicht zu den »Antiamerikanern«. Ich bewundere den amerikanischen Geist, die unbändige Kraft, den unerschütterlichen Optimismus und die Fähigkeit, Menschen aus aller Herren Länder zu integrieren – zu Amerikanern zu machen.

Ich weiß allerdings auch, wie wenig sich die Menschen Amerikas um »die in D.C.«, also um die Bundesregierung, um die Administration in Washington kümmern und wie wenig Respekt sie vor ihr haben. Und ich weiß, dass die meisten Amerikaner ihren Medien sehr viel kritischer gegenüberstehen als wir hier in Deutschland.

Weshalb aber, so frage ich mich, erhebt kein Politiker seine Stimme und fragt in aller Deutlichkeit, was der geschätzte Partner USA eigentlich vorhat? »Freunde«, so müsste man doch eigentlich fragen, »habt ihr überhaupt gründlich zu Ende gedacht, was ihr offensichtlich anfangen wollt oder sogar schon angefangen habt? Wollt ihr wirklich überall das Sagen haben? Wollt ihr – wie früher die Römer – den Erdball beherrschen? Und wenn ihr schon eure eigenen Grundsätze von Recht und Ordnung außerhalb eures Landes nicht anwendet: Ist euch tatsächlich jeder Sinn für die Grenzen des Machbaren abhanden gekommen? Wisst ihr denn nicht, mit welchen Kräften ihr euch da anlegt?«

Nicht nur amerikanische Experten und Politiker weisen seit vielen Jahren zu Recht auf die Gefahr hin, dass sich nicht nur Staaten wie der Irak in den Besitz von biologischen, chemischen und nuklearen Waffen setzen könnten. Sehen denn Bush und seine Berater nicht, dass ihr »Krieg gegen das Böse« diesen Prozess erst recht ankurbelt?

Nehmen wir eine andere Landkarte. Eine, auf der die Verbreitung des Islam eingezeichnet ist. Diese Karte zeigt eine Region, die von Zypern bis hinein nach Sinkiang im Nordwesten Chinas reicht, also genau dem Gebiet entspricht, von dem auch bei den Pipelines für Erdöl und Erdgas die Rede war. Die Frage drängt sich doch auf: Ist das »Böse« am Islam, dass er ausgerechnet dort verbreitet ist, wo die Öl- und Gasvorkommen liegen oder wo der Bau großer Pipelines geplant ist?

George W. Bush und die Seinen reden inzwischen öfter vom »Krieg gegen das Böse« als vom »Krieg gegen den Terrorismus«. Spricht diese Formel nicht eine deutliche Sprache? Und verrät die Formel vom »Kreuzzug«, die Präsident Bush verwendet und dann zurückgenommen hat, nicht ebenso deutlich, worum es eigentlich geht? In den historischen Kreuzzügen ging es um Macht und den Reichtum einer blühenden, fremden Kultur. Die Religion musste als Propaganda herhalten – wie in jedem Krieg, in dem Menschenleben für die vermeintlich höhere Sache eingesetzt werden. Der »Krieg gegen das Böse« hat alle Merkmale eines neuen Kreuzzuges. Aber deshalb steht noch nicht fest, wer ihn am Ende gewinnen – oder wer ihn verlieren wird.

In den USA dürfen solche Fragen selbstverständlich gestellt werden, und sie werden auch in drastischer Deutlichkeit gestellt. Obwohl die kritischen Stimmen nach dem 11. September vorübergehend weniger geworden sind. Das gab es in den USA schon öfter. Von irgendeinem Tag an wird die geforderte nationale Geschlossenheit so übertrieben, dass mit ihr schnell wieder gründlich Schluss ist. Wer erinnert sich nicht an die aus den Fugen geratene Hexenjagd auf Kommunisten in der McCarthy-Ära? Ein paar Jahre später war sie vorbei. Auch da ist uns Amerika voraus.

Und wo befinden wir uns in Deutschland? Als die Obergrünen ihren Pazifisten den Einsatz deutscher Truppen auf dem Balkan erklären mussten, bemühten sie einen absolut unangemessenen Vergleich – den zwischen Auschwitz und dem Kosovo. Sie erklärten, eben wegen Auschwitz seien

Deutsche besonders aufgefordert, dem Töten von Muslimen im Kosovo entgegenzutreten. Ich kann mich nicht daran erinnern, dass das auch nur annähernd so viel Aufruhr erregte wie mein Vorwurf, die israelische Regierung betriebe »Staatsterror«, indem sie die des Terrorismus beschuldigten Palästinenser liquidiere, anstatt sie vor Gericht zu stellen. Was die israelische Opposition der Regierung Sharon täglich auf viel drastischere Weise vorwirft, durfte ich nicht öffentlich sagen.

Darf in Deutschland nur die Linke Vergleiche mit den Verbrechen der NS-Zeit anstellen? Auch dann, wenn sie offensichtlich völlig unangemessen sind?

Was ist von der in Festreden viel gepriesenen Medienvielfalt zu halten, wenn diese Vielfalt zur Einfalt wird, in der sich Nachrichten und Kommentare noch mehr vermischen als sonst? Und in der Andersdenkende mit Beschimpfungen und Vorverurteilungen öffentlich hingerichtet werden?

In den Wochen meiner Gefechte mit Vertretern des Zentralrats der Juden traf ich immer nur auf zwei Arten von Journalisten. Die einen sagten: Natürlich haben Sie Recht, Herr Möllemann, aber öffentlich *sagen* durften Sie das nicht. Die anderen meinten: Natürlich haben Sie Recht, Herr Möllemann, aber *Sie* durften das nicht sagen.

In Nordrhein-Westfalen rief Ministerpräsident Wolfgang Clement zu einer überparteilichen Aktion auf: »Für Toleranz und Weltoffenheit, gegen Fremdenfeindlichkeit und Gewalt«. Alle waren wir dabei. Doch plötzlich hieß das ganze Unterfangen »Bündnis gegen rechts«. Bei der Auftaktveranstaltung in der Staatskanzlei fragte ich, wer diesen Kampfbegriff erfunden habe. Die CDU schwieg. Jürgen Rüttgers kennt wohl die Losung nicht, die Stalin auf der Potsdamer Konferenz im Jahr 1945 ausgab: Wenn eine Regierung nicht faschistisch sei, sei sie demokratisch. Die kommunistischen Staaten sind also demokratisch, weil sie nicht faschistisch sind. Die Linken sind also Demokraten, auch wenn sie totalitär sind?

Was für Verhältnisse herrschen in Deutschland? Ist es

nicht mehr erlaubt, seine Meinung zu sagen? Darf man keine Kritik an Amerika und Israel mehr üben, ohne vorher die obligatorischen Bekenntnisrituale vollzogen zu haben?

Ich hätte nicht sagen dürfen, so lautet der einhellige veröffentlichte Vorwurf, dass Sharon und Friedman die antisemitischen Gefühle, die es bei uns leider gibt und die es zu bekämpfen gilt, durch ihr Verhalten selbst nährten. Das sei die alte antisemitische Formel, wonach die Juden selbst am Antisemitismus schuld seien.

Ich würde zu gerne wissen, ob diejenigen, die das geschrieben und gesagt haben, wirklich dieser Auffassung waren. Oder hielten sie es für opportun, in den Chor meiner Kritiker einzustimmen? Ich weiß, dass ich nur wenige ehrliche Antworten bekommen werde.

So blieb es wenigen Außenseitern vorbehalten, sich in einer anderen Richtung zu äußern. Die Zeitschrift *eigentümlich frei* zitierte in ihrer Ausgabe Nr. 25 vom Juni 2002 den »Aktionskünstler« Christoph Schlingensief:

»Mitglieder der jüdischen Gemeinde sollten sich auch mal fragen, warum sie das wirklich wollen – dass man bei ihnen immer in so einer Art und Weise differenzieren muss, dass jeder normale Umgang unmöglich wird. Vielleicht sollten wir vor jedem Gespräch erst einmal aufstehen und schwören, dass wir den Holocaust nicht leugnen, dass wir keine Antisemiten sind und jeden rassistischen und antisemitischen Akt verurteilen. Das kann man grundsätzlich erst mal verlangen, und dann machen wir das. Aber danach muss dann auch ein normales Gespräch möglich sein. Ohne einen Herrn Friedman mit seinen sechs Bodyguards.«

War diese Äußerung der Grund, weshalb der »Aktionskünstler« bald darauf vor dem Düsseldorfer Büro meiner Firma seine Anti-Möllemann-Aktion mit einem großen Medienaufgebot in Szene setzte? Als Buße?

Dieselbe Zeitschrift gab in ihrer nächsten Ausgabe im Juli 2002 den Autor und Gründer des Satiremagazin *Titanic*, Eckhard Henscheid, so wieder:

»Möllemann hat' leider fast alles zurückgenommen. Lauter Dinge, die er nicht hätte zurücknehmen müssen. Es wäre für ihn besser gewesen, diesem offenbar kein Maß mehr kennenden Fernsehkasper Friedman weiterhin standhaft Paroli zu bieten. Wenn Möllemanns Aussagen tatsächlich schon einen Klimawechsel in der BRD bewirken sollten, dann hat dieser Klimawechsel meinen Segen. Ich habe den Eindruck, dass da eine TV-öffentliche Stellung zu jeder Frechheit gebraucht wird. Zum Beispiel, um den anderen Grundwert des BRD-Geisteslebens, nämlich die geistige Freiheit, möglichst negligeabel zu halten. In dieser Frage werden Sie mich aber immer, egal wie die politische Stimmung im Lande ist, auf der Seite derer sehen, die die Sache der geistigen Freiheit vertreten. Um es zu wiederholen: Wer den Holocaust und Möllemanns dicta auf eine Ebene bringt, der hat das Recht verwirkt, noch für voll genommen zu werden. Derjenige – nicht Möllemann – ist der rein taktische, verantwortungslose Schwätzer.«

Mir geht es hier gar nicht darum, wer Recht hat, Eckhard Henscheid oder der Rest des deutschen Journalismus. Ich frage nur: Kann es wirklich sein, dass niemand außer ihm eine andere Meinung hatte?

Wie damals werden mir die Vertreter des offiziellen Deutschland entgegenhalten, dass man israelische Regierungen natürlich kritisieren dürfe, vorher aber klarstellen müsse, dass Israel das Recht hat, sich gegen den Terror der Araber auch präventiv zu wehren, und dass Selbstmordattentate gegen unschuldige Zivilisten durch nichts zu rechtfertigen sind.

Es gibt keine Äußerung von mir, in der ich dergleichen gerechtfertigt hätte. Natürlich wollte ich meine Kritik so pointiert formulieren, dass sie von den Medien auch beachtet wird. Trotzdem musste man meine Worte schon absichtlich falsch auslegen, um mir etwas Derartiges unterschieben zu können. Doch bei der Bekämpfung abweichender Meinungen scheint der Zweck ja jedes Mittel zu heiligen.

Dass mir der politische Garaus gemacht werden musste, stand schon lange vor meiner Auseinandersetzung mit Vertretern des Zentralrats der Juden fest, und lange bevor der deutsche Historiker und Publizist Michael Wolffsohn die Juden in der *Jüdischen Allgemeinen* vom 24. April 2002 dazu aufrief, einen Wahlboykott der FDP in Erwägung zu ziehen: »Die FDP strebt in jeder Koalition auf Bundesebene traditionell ins Auswärtige Amt. Ein Bundesaußenminister, hieße er Westerwelle oder Möllemann, bekäme durch ein deutsch-jüdisches ›Nein‹, besonders für Reisen in die USA, das denkbar schlechteste Empfehlungsschreiben auf seinen Weg. Trotz der gestiegenen weltpolitischen Bedeutung der BRD würde in Washington unter solchen Umständen kaum jemand einem FDP-Außenminister mehr als nur die unbedingt notwendigen Türen öffnen. Der BRD-Wirtschaft, der Möllemann und Westerwelle mit ihrem unausgewogenen pro-arabischen Kurs helfen wollen, entstünde auf dem amerikanischen Markt großer Schaden. So mancher Unternehmer bekommt, wenn er von der ›Lobby der US-Juden‹ nur hört, erst Zitter- und dann (heimlich!) Wutanfälle, jedenfalls Angst vor Exportnachteilen.«

Es war dann erneut die Zeitschrift *eigentümlich frei**, die in ihrer Juliausgabe 2002 die Beschreibung von öffentlichen Skandalen durch den bekannten Politikwissenschaftler Hans Matthias Kepplinger aus seinem Buch »*Die Kunst der Skandalierung und die Illusion der Wahrheit*« veröffentlichte:

»Alle Skandale weisen totalitäre Züge auf: Sie zielen auf die Gleichschaltung aller, weil die öffentliche Abweichung einiger den Machtanspruch der Skandalierer und ihrer Anhänger infrage stellen würde. Die großen Skandale kann man deshalb auch als demokratische Variante von Schauprozessen beobachten.«

Jeder hält sich selbst für wichtig, ich mich auch. Aber war ich wirklich so wichtig, dass jene, für die Professor

---

* Die Zeitschrift *eigentümlich frei* (www.eifrei.de) versteht sich als Stimme der individuellen und wirtschaftlichen Freiheit und strebt neue Bündnisse jenseits des nichtssagenden Links-Rechts-Schemas an.

Wolffsohn agitierte, glaubten, mich politisch ausschalten zu müssen, weil sie befürchteten, ich könnte die Außenpolitik der FDP und damit der nächsten Bundesregierung in der Nahostfrage bestimmend beeinflussen? Wolffsohn wusste doch sehr genau, wie alle anderen auch, für welche Politik ich eingetreten wäre.

Wie gesagt: Eine an der Regierung beteiligte FDP hätte sich unter meinem Einfluss in der Europäischen Union energisch für das Zustandekommen einer Konferenz für Sicherheit durch Zusammenarbeit im Nahen Osten (KSZNO) eingesetzt, also für eine Politik nach dem Vorbild der KSZE, jenes historischen Prozesses, der den Kalten Krieg nach und nach entschärfte und damit zugleich die drohende Gefahr verringerte, dass aus dem kalten ein heißer Krieg wurde.

Was sind das für Kräfte, die mich deshalb ausschalten wollen, weil sonst die »Gefahr« wachsen könnte, dass sich Europa für zwei selbstständige Staaten Israel und Palästina nicht nur mit Worten, sondern auch mit Taten einsetzen würde? Was wollen diejenigen Kräfte hier im Westen und dort im Nahen Osten selbst, wenn mein Vorschlag der Verhandlungslösung einer KSZNO ihnen so sehr in die Quere hätte kommen können?

Deutsche Regierungen haben sich oft hinter Europa versteckt, wenn ihnen ein politisches Thema zu heiß war. Hinsichtlich der Nahostpolitik aber wäre das durchaus in unserem Interesse gewesen. An der Seite der Franzosen und Griechen hätten wir eine vernünftige Politik gegenüber Israel und den arabischen und islamischen Ländern betreiben können – ohne unserer historischen Verantwortung Israel gegenüber untreu zu werden.

Der Flyer und der Springer

Die Bedeutung der Fallschirmjäger als Elite- und Spezialeinheiten ist genauso dem Wandel unterworfen wie die Militärstrategie insgesamt. Aber eines dürfte sich nie ändern: Fallschirmjäger werden dorthin geschickt, wo übliche Mittel versagen. So eine Erziehung prägt. Schon bei der Frage, wer dort freiwillig hingeht, beginnt die Auswahl. Denn nur, wer über eine eigenständige Lagebeurteilung und den selbstständigen Entschluss zum Handeln verfügt, kann nach dem Absprung, wenn er auf sich allein gestellt ist, entscheiden, was zu tun ist.

In dieser Lage habe ich mich mehrfach befunden: 1998 am Ende der Ära Kohl, 2000 im Landtagswahlkampf Nordrhein-Westfalen und spätestens zwei Monate vor der Bundestagswahl im Herbst 2002. Die Niederlage konnte greifen, wer politisches Gespür besaß. Schröder hatte dank Flutkatastrophe und Irak-Krieg das Ruder herumgerissen. Unserer Führung dagegen war es unter dem Flächenbombardement der Medien (Stichwort: »Antisemitismusstreit«) und dem Begleitbeschuss der leichten Medien-Artillerie (Stichwort: »Spaßpartei«) endgültig aus der Hand geglitten.

Damals legte ich der FDP-Führung im Präsidium meine Gegenmaßnahmen vor: Wir sollten einen Doppelbeschluss der UNO verlangen, der Israel und den Irak ultimativ und unter Androhung von – selbstverständlich völlig unterschiedlichen – Sanktionen auffordern sollte, die an sie gerichteten Resolutionen des UN-Sicherheitsrates voll einzuhalten. Von der Bundesregierung aber sollten wir verlangen, ihre erklärte Ablehnung einer Teilnahme am Irak-Krieg durch den Abzug der Spürpanzer und Besatzungen aus Kuwait unter Beweis zu stellen.

Niemand im Präsidium schien das für politisch falsch zu halten. Gleichwohl wagte sich niemand an das Thema ran. Man könnte sich ja den Mund verbrennen! Und wozu auch? Für die Regierungsmehrheit mit den Schwarzen würde es schon reichen. Wieso sollte man sich da auf Positionen festlegen, zu denen man auch nach den Wahlen hätte stehen müssen, die aber bei den Koalitionsverhandlungen vielleicht nicht durchzusetzen gewesen wären? Volle Deckung war angesagt, nicht voller Einsatz. Diese Leute dachten immer nur an die Tage und Wochen nach der Wahl – ich dachte ans Gewinnen.

Etwa 50 000 Briefe hatten mich von Mai bis Juli erreicht, darunter nur wenige, an deren Zustimmung mir nicht lag. Nein, aus der soliden Mitte der Gesellschaft kamen sie, oft mit dem Zusatz des Absenders, er gehöre der SPD, den Grünen, der CDU an oder sei ein Nichtwähler – den Zahlen nach in dieser Reihenfolge. Und sie alle sagten: Bleiben Sie bei Ihrer Haltung. Lassen Sie sich nicht einschüchtern. Setzen Sie sich in den eigenen Reihen durch. Dann wählen wir Sie. Aber nur dann.

Die Verfasser dieser Briefe waren weder Antisemiten, noch entstammten sie den extremen Rändern des Parteienspektrums. Vielmehr waren es Menschen wie du und ich. Frieden in ihrem Vorgarten wollten sie, ihrem Zuhause – und vor unserer Haustür. Kein Hass sprach aus ihren Zeilen, keine Beschimpfung, sondern einfach nur die Verzweiflung über die mutlose und verlogene Politik so vieler Politiker in allen Parteien.

Angesichts dieser Zuschriften habe ich mir meinen Einsatzauftrag selbst gegeben, ganz im Geiste der Fallschirmjäger: Mit meinem Flyer, dem Flugblatt, wollte ich den etwa 50 000 Briefschreibern und den zahllosen Besuchern meiner Veranstaltungen, all den Menschen, die repräsentativ für Millionen andere stehen, die Botschaft vermitteln: »Ich lasse mich nicht einschüchtern. Ich werde meine Stimme auch in Zukunft erheben, wo mir Gefühl und Verstand sagen, das musst du tun. Erst recht, wenn es die anderen nicht tun.

Wählt FDP, auch wenn ich mich in meiner eigenen Partei erst noch durchsetzen muss.«

Ich habe in den Wochen meines Krankseins gründlich überlegt: Hätte ich den Flyer sein lassen sollen? War es falsch, ihn nicht in den Gremien zu diskutieren?

Nein. Es war nicht falsch. Die Gremien damit zu befassen hätte zum gleichen Ergebnis geführt wie der vergebliche Vorschlag des Doppelbeschlusses. Viele meiner »Parteifreunde« in der Führung wollten in der sicheren Deckung bleiben und sich unverletzt über die Runden mogeln, seit der Krieg ausgebrochen war, der Krieg um die Macht. Denn Wahlkampf ist immer ein Krieg um Stimmen, erst recht, wenn es wie im Wahlkampf 2002 wirklich um das Thema Krieg geht. Siege kann nicht einmal der netteste Mensch herbeilächeln. Es sei denn, er säße schon erfolgreich und unangefochten auf dem Thron. Aber erobern kann ihn so niemand.

Vor allem eines gibt es im Krieg nicht: Man entwaffnet nicht den eigenen Kommandeur. Nach dem Krieg kann man ihm den Prozess machen, nicht aber mittendrin. Der rote Feldherr Schröder hat das mit seiner Justizministerin Däubler-Gmelin so gehalten, als er befahl, deren Fall erst nach der Wahl zu regeln. Und niemand in der SPD oder bei den Grünen widersprach.

Was war eigentlich schlimmer? Mein Flyer oder Däubler-Gmelins Vergleich zwischen Hitler und Bush? Der gelbe Feldherr Dr. Westerwelle gehorchte den Ex-Feldherren Gerhardt, Kinkel, Lambsdorff und Genscher aufs Wort und entwaffnete mich, seine einzige Spezialeinheit, mitten im Gefecht.

Welche Ironie: Hätte Dr. Westerwelle es wie Schröder gemacht, wäre er heute Außenminister. Warum schnitt denn die FDP in Bayern und Baden-Württemberg, also in den Ländern meiner lautesten Parteifeinde, so schlecht ab? Niemand rede mir ein, wir hätten »trotz« meines Flyers in Nordrhein-Westfalen zum ersten Mal überhaupt so viel mehr Stimmen bekommen als im Bundesdurchschnitt. Nein, ganz im Gegenteil: wegen des Flyers!

Wer den Flyer liest, versteht die veröffentlichte Entrüstung in der Sache nicht. Aber das Foto von Friedman, schallt es mir aus den Reihen meiner Kritiker entgegen, sieht ja aus wie ein Fahndungsfoto! Nun, es stammt aus dem Fundus einer Fotoagentur. Mit dem »harmlosen« Text, so wird mir vorgehalten, hätte ich an den gar nicht harmlosen »Antisemitismusstreit« erinnern wollen, um »am rechten Rand«, »im Trüben« Wähler zu fischen. Aber wer dort fischen wollte, müsste wohl etwas ganz anderes fordern, als ich es mit meinem Vorschlag einer »Konferenz für Sicherheit durch Zusammenarbeit im Nahen Osten« (KSZNO) nach dem erfolgreichen Vorbild der »Konferenz für Sicherheit und Zusammenarbeit in Europa« (KSZE) in den Siebzigerjahren getan habe.

Meine harte, aber sachlich begründete Kritik an der Politik der israelischen Regierung Sharon haben diejenigen Kräfte als »Antisemitismusstreit« deklariert, die diese Politik lieber kritiklos unterstützen. Unter Beihilfe vieler Leute aus der FDP, den anderen Parteien und der meisten Medien.

Warum habe ich mich nach den Erfahrungen mit dem »Antisemitismusstreit« trotzdem zu diesem Flugblatt entschlossen? Weil ich die drohende Niederlage der FDP wenigstens zum Teil noch abwenden wollte. Eine Niederlage, die wegen persönlicher Eifersucht, Feigheit, Dummheit und Trägheit großer Teile der Parteiführung von jedem Kundigen erwartet werden musste. Weshalb ich das Flugblatt im Alleingang gemacht habe, ist damit schon erklärt. Warum ich es selbst finanziert habe, auch.

Warum ich verbergen wollte, dass es mein eigenes Geld war? Weil einem in der Politik – nicht nur, aber vor allem von den anderen Politikern – nichts übel genommen wird als finanzielle Unabhängigkeit. Nur Politiker, die von Politik als Beruf, als einziger Einkommensquelle, abhängig sind, können von den Funktionären kommandiert werden.

Ich warte mit großem Interesse ab, wann diejenigen meiner Feinde, denen es selbstverständlich nur um Anstand und

Recht geht, endlich dafür sorgen, dass die Finanzen in allen Parteien und auf allen Ebenen mit der gleichen Gründlichkeit untersucht werden, wie das im politischen Schauprozess gegen mich geschehen ist.

Der Vorwurf eines »Vertrauensbruchs«, den Dr. Westerwelle und andere gegen mich erheben, ist durch und durch scheinheilig. Wer wegschaut, weiß nichts? Die Behauptung, ich hätte die Gremien befassen müssen, ist der Gipfel der Scheinheiligkeit. Dr. Westerwelle hat so gut wie nichts von seinem verspielten Wahlkämpfchen in irgendeinem Gremium beraten. Er hat nur ganz, ganz spät gerufen: Haltet den Dieb.

Tonbänder und Management »by Chaos«

Viele Kabinettsmitglieder erbleichten, als Klaus Kinkel das Thema zur Sprache brachte. Kinkel war zu jener Zeit noch Staatssekretär im Justizministerium und hatte zusammen mit Wolfgang Schäuble, dem Staatsminister im Bundeskanzleramt, den Einigungsvertrag mit der DDR verhandelt. Nun musste er das Bundeskabinett über »die verfluchten Bänder« unterrichten, die sich als Erbe der deutschen Teilung angefunden hatten: Zwischen 1986 und 1989 hatte die Stasi die dienstlichen und privaten Telefongespräche aller bundesdeutschen Regierungsmitglieder und wichtigen Oppositionspolitiker lückenlos abgehört und auf Tonband aufgezeichnet.

Dann aber, nach der Bundestagswahl 1990, teilte Kinkel dem Kabinett stolz mit, die Bänder seien vernichtet worden. Ich höre Hans-Dietrich Genscher noch sagen: »Hoffentlich wissen das auch die Bänder und diejenigen, die sie vorher kopiert haben.«

Später habe ich mich oft gefragt, ob es einen Zusammenhang zwischen dem Fund der Tonbänder und Genschers Rücktritt gegeben hat. Jedenfalls fing Genscher um diese Zeit an, mit dem einen oder anderen von uns über die Absicht seines Rücktritts zu reden. Doch obwohl er schon so häufig davon gesprochen hatte, traf es uns wie ein Schlag, als er seinen Rücktritt dann plötzlich – ohne jede weitere Vorwarnung – öffentlich ankündigte.

Was folgte, war eine Betriebsübergabe nach der Managementmethode »by Chaos«. Statt sofort eine Präsidiumssitzung einzuberufen und die weiteren Schritte zu ordnen, was dem üblichen Verfahren entsprochen hätte, reiste Otto Graf Lambsdorff, der damals Bundesvorsitzender der FDP war, für vier Tage nach Portugal – vier Tage, in denen eine wilde Kungelei die andere jagte.

Noch heute rätsele ich, weshalb beiden, Genscher wie Lambsdorff, die Frage der Nachfolge im Auswärtigen Amt so wenig bedeutsam zu sein schien, dass sie sich zunächst kaum darum kümmerten. Immerhin ging es ja um das Amt des Außenministers und Vizekanzlers. Oder sind wir alle einer Inszenierung aufgesessen, bei der ein anderer Stratege die Regie führte?

Ebenfalls völlig überraschend hatte uns Helmut Haussmann in der ersten Sitzung des Präsidiums nach der ersten gesamtdeutschen Bundestagswahl in Bonn mitgeteilt, dass er nicht noch einmal das Amt des Bundesministers für Wirtschaft übernehmen wolle.

Noch vor der Wahl hatte mir Hans-Dietrich Genscher bei einem Besuch in seinem Stammquartier in Berchtesgaden gesagt: »Du musst den Haussmann ablösen.« Ich hatte das als Ausdruck seines Ärgers über Haussmanns wenig glückliche Amtsführung aufgefasst, nicht als ernste Absicht, obwohl Genscher seine Äußerung damit begründete, er traue mir eine »Strategie Aufbau Ost« und eine Politik des Bürokratie- und Subventionsabbaus eher zu als Haussmann. Wer hört so etwas nicht gerne? Trotzdem entsprach der Vorschlag, ich solle von heute auf morgen vom Bildungs- und Wissenschaftsministerium ins Wirtschaftsministerium wechseln, ganz und gar nicht dem Bild, das ich von Genscher hatte. Aber war sein Vorstoß vielleicht Teil eines Plans? Genscher wusste, dass ich davon träumte, Außenminister zu werden. Ergriff er jetzt die erste Maßnahme, mich davon fernzuhalten?

Im »Langen Eugen« traten Lambsdorff und Genscher ans Fenster. Die meisten Präsidiumsmitglieder waren schon gegangen. Auch ich war im Begriff zu gehen. Da riefen die zwei mich zurück: »Herr Möllemann«, erklärte Lambsdorff, »Sie müssen das machen, Sie werden Wirtschaftsminister.« Und Genscher bekräftigte es.

Dann war Weihnachten. Und als wir Anfang 1991 in der

Die Titelseite des Flyers, über den viele sprachen, den aber nur wenige je sahen.

Die Innenseiten
des Flyers:
Kern der Aussage,
dass ich mir den
Mund nicht ver-
bieten lasse.

Israels Ministerpräsident **Ariel Sharon**
lehnt einen eigenen Palästinenser-Staat
ab. Seine Regierung schickt Panzer in
Flüchtlingslager und missachtet Entscheidungen des UNO-Sicherheitsrates.

Von diesen Attacken unbeei
auch weiterhin engagiert für
beiden Seiten gerecht wird.
Krieges im Nahen Osten geb
schnell hineingezogen werd

Unterstützen Sie Jürgen W.

Jürgen W. Möllemann setzt sich seit langem beharrlich für eine friedliche Lösung des Nahost-Konfliktes ein: Mit sicheren Grenzen für Israel und einem eigenen Staat für die Palästinenser.

Michel Friedman verteidigt das Vorgehen der Sharon-Regierung. Er versucht, Sharon-Kritiker Jürgen W. Möllemann als „anti-israelisch" und „antisemitisch" abzustempeln.

, wird sich Jürgen W. Möllemann
riedenslösung einsetzen, die
ur so kann die Gefahr eines
erden, in den auch unser Land
te.

ann mit Ihrer Stimme für die FDP!

18 FDP
Die Liberalen

- Steuern runter.

- Weniger Bürokratie.

- Mehr Arbeitsplätze im Mittelstand.

- Mehr Lehrer, kleinere Klassen,
  weniger Unterrichtsausfall.

Deshalb beide Stimmen
für die FDP

Verhindern Sie, dass Rot-Grün
mit der PDS regiert –
machen Sie die FDP stark!

Die Rückseite des Flyers.

London Economic Summit 1991

Die Autogramme der G7-Größen 1991; links oben George Bush, links unten François Mitterand.

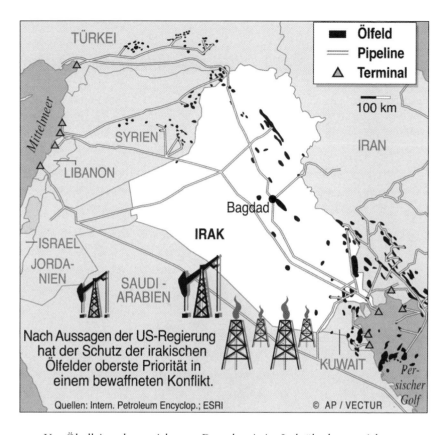

Im Kartenbild:

TÜRKEI

Ölfeld
Pipeline
△ **Terminal**

100 km

Mittelmeer

SYRIEN

LIBANON

IRAN

Bagdad

IRAK

ISRAEL

JORDA-
NIEN

SAUDI-
ARABIEN

Nach Aussagen der US-Regierung
hat der Schutz der irakischen
Ölfelder oberste Priorität in
einem bewaffneten Konflikt.

KUWAIT

Per-
sischer
Golf

Quellen: Intern. Petroleum Encyclop.; ESRI

© AP / VECTUR

Um Öl allein geht es nicht, um Demokratie im Irak überhaupt nicht.
© AP graphics

Rechts oben: Früher wollten die Mächte Zentralasien wegen der
Handelswege beherrschen, heute wegen der Pipelines und seiner
riesigen Erdöl- und Erdgasvorräte. © AP graphics
Rechts unten: »Der Irak ist der logische Ort für eine Verlagerung der
US-Stützpunkte im Nahen Osten.« Robert D. Kaplan. © GLOBUS

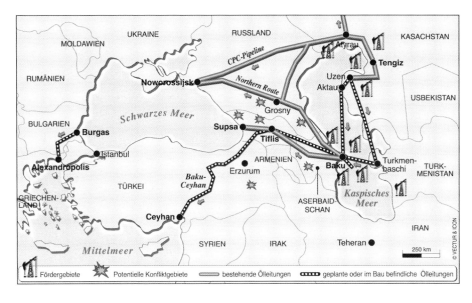

Fördergebiete   Potentielle Konfliktgebiete   bestehende Ölleitungen   geplante oder im Bau befindliche Ölleitungen

MOLDAWIEN — UKRAINE — RUSSLAND — KASACHSTAN
RUMÄNIEN
Atyrau
Tengiz
CPC-Pipeline
Noworossijsk
Northern Route
Uzen
Aktau
USBEKISTAN
Schwarzes Meer
Grosny
BULGARIEN
Burgas
Supsa
Tiflis
Istanbul
Turkmen-
Alexandropolis
Baku-
ARMENIEN
Baku
baschi
TÜRKEI
Ceyhan
Erzurum
Kaspisches
Meer
TURK-
MENISTAN
GRIECHEN-
LAND
Ceyhan
ASERBAID-
SCHAN
IRAN
SYRIEN   IRAK
Teheran
Mittelmeer
250 km

© VECTOR & ICON

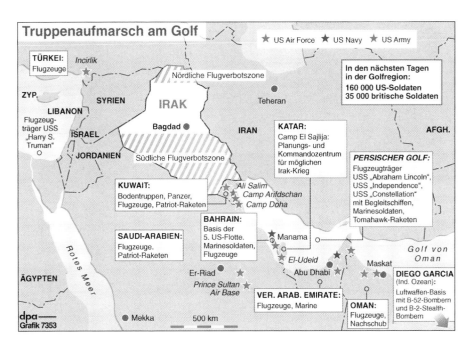

Truppenaufmarsch am Golf

★ US Air Force   ★ US Navy   ★ US Army

TÜRKEI: Flugzeuge
Incirlik

ZYP.

LIBANON
Flugzeug-
träger USS
„Harry S.
Truman"

ISRAEL

JORDANIEN

SYRIEN

IRAK
Bagdad

Nördliche Flugverbotszone

Südliche Flugverbotszone

Teheran

IRAN

AFGH.

In den nächsten Tagen
in der Golfregion:
**160 000 US-Soldaten
35 000 britische Soldaten**

KATAR:
Camp El Sajlija:
Planungs- und
Kommandozentrum
für mögliches
Irak-Krieg

PERSISCHER GOLF:
Flugzeugträger
USS „Abraham Lincoln",
USS „Independence",
USS „Constellation"
mit Begleitschiffen,
Marinesoldaten,
Tomahawk-Raketen

KUWAIT:
Bodentruppen, Panzer,
Flugzeuge, Patriot-Raketen

Ali Salim
Camp Arifdschan
Camp Doha

BAHRAIN:
Basis der
5. US-Flotte.
Marinesoldaten,
Flugzeuge

Manama

SAUDI-ARABIEN:
Flugzeuge.
Patriot-Raketen

El-Udeid

Golf von
Oman

Er-Riad
Prince Sultan
Air Base

Abu Dhabi

Maskat

DIEGO GARCIA
(Ind. Ozean):
Luftwaffen-Basis
mit B-52-Bombern
und B-2-Stealth-
Bombern

ÄGYPTEN

Rotes Meer

Mekka   500 km

VER. ARAB. EMIRATE:
Flugzeuge, Marine

OMAN:
Flugzeuge,
Nachschub

dpa
Grafik 7353

Plakate im Landtagswahlkampf 2000. Unkonventionell: ja – Spaß statt Politik: nein. © Agentur Heimat

Das Dreamteam, das keines werden durfte. © Foto: Ossenbrink

Scharons Politik im Nahen Osten

dimap

Die Politik des israelischen Ministerpräsidenten Ariel Scharon im Nahen Osten wird unterschiedlich beurteilt. Was meinen Sie, halten Sie alles in allem die Politik Ariel Scharons den Palästinensern gegenüber für richtig oder für falsch?

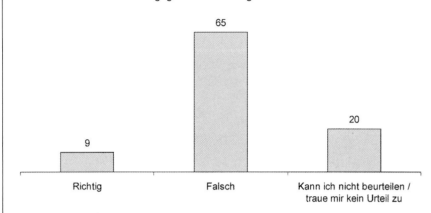

Weiß nicht/keine Angaben: 6
Mai 2002

Angaben in Prozent
Grundgesamtheit: Wahlberechtigte Bevölkerung in Deutschland

Möllemanns Kritik an der Politik Scharons

dimap

Und wie sieht es mit der Kritik des FDP-Politikers Jürgen W. Möllemann an Scharons Politik aus? Halten Sie dessen Kritik für richtig oder für falsch?

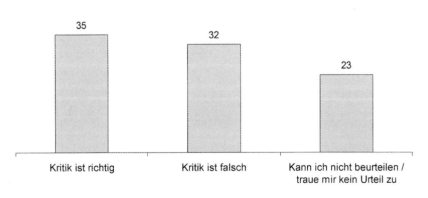

Weiß nicht/keine Angaben: 10
Mai 2002

Angaben in Prozent
Grundgesamtheit: Wahlberechtigte Bevölkerung in Deutschland

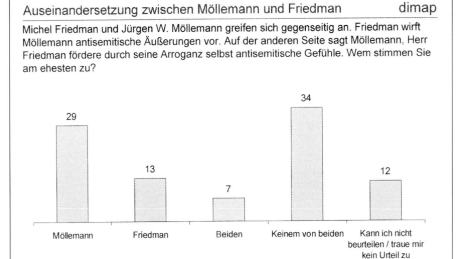

Auseinandersetzung zwischen Möllemann und Friedman   dimap

Michel Friedman und Jürgen W. Möllemann greifen sich gegenseitig an. Friedman wirft Möllemann antisemitische Äußerungen vor. Auf der anderen Seite sagt Möllemann, Herr Friedman fördere durch seine Arroganz selbst antisemitische Gefühle. Wem stimmen Sie am ehesten zu?

Möllemann	Friedman	Beiden	Keinem von beiden	Kann ich nicht beurteilen / traue mir kein Urteil zu
29	13	7	34	12

Weiß nicht/keine Angaben: 5
Mai 2002

Angaben in Prozent
Grundgesamtheit: Wahlberechtigte Bevölkerung in Deutschland

Auch das las sich in den Medien ganz konform gegen mich. © dimap

Linke Seite: Die Befragten sahen es unterschiedlich, in fast alle Medien gab es nur meine totale Verurteilung. © dimap

Sollte die Justizministerin Herta Däubler-Gmelin wegen ihres Vergleichs der Politik des US-Präsidenten Bush mit den Methoden Adolf Hitlers von ihrem Amt zurücktreten?

Facts: 19.09.2002

Bundesjustizministerin Herta Däubler-Gmelin hat für einen Vergleich der Methoden von US-Präsident George W. Bush und Adolf Hitler harte Kritik der Oppositionsparteien erhalten. Die FDP-Spitze und der CSU-Landsgruppenchef Michael Glos forderten Bundeskanzler Gerhard Schröder auf, die SPD-Politikerin sofort zu entlassen.

36% der Deutschen sind der Meinung, dass Herta Däubler-Gmelin deswegen von ihrem Amt zurücktreten sollte.

53% der Bundesbürger sind nicht dieser Meinung.

TNS EMNID
Overnight

Figures:

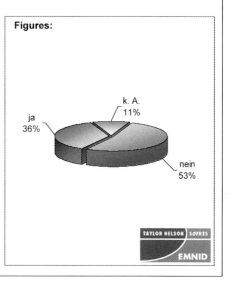

Nur die Mitgliedschaft in der SPD rettete die Politikerin vor dem Etikett Rechtspopulistin. © TNS EMNID

Wird die FDP durch die neuerliche Kritik Jürgen Möllemanns an Israel und am Vizepräsidenten des Zentralrats der Juden in Deutschland, Michel Friedman, eher Wählerstimmen verlieren, gewinnen oder hat dies keine Auswirkungen?

Facts: **19.09.2002**

Der FDP-Vizechef Jürgen Möllemann hat in einer Postwurfsendung die israelische Regierung attackiert und sich gegen eine Kritik seitens des Vizepräsidenten des Zentralrates der Juden in Deutschland , Michel Friedman, verwahrt.

Für 44% der Deutschen wird dies einen Stimmenverlust für die FDP bei der kommenden Bundestagswahl zur Folge haben. 16% der Befragten sind der Meinung, dass die FDP dadurch Stimmen gewinnen wird.

37% der Bundesbürger meinen, dass dies keinerlei Auswirkungen auf die Wählerstimmen für die FDP hat.

TNS EMNID
Overnight

Figures:

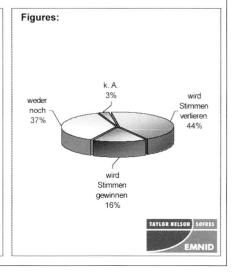

TAYLOR NELSON SOFRES
EMNID

Die zeitnahe Umfrage sagt mehr als nachträglich bestellte Analysen.
© TNS EMNID

**Guido Westerwelle :
Prozac für die Massen?**

&

Stärke	Schwäche
Optimismus.	**Opportunismus.**

Herr Westerwelle verströmt
Zuversicht und Glauben an eine
bessere Zukunft. Das ist schön.

Überwiegend herrscht der
Eindruck vor, dass Herr
Westerwelle für einen guten
Auftritt alle Vernunft fahren lässt.
Das ist etwas peinlich.

Die zugrunde liegende Befragung wurde vor der Bundestagswahl 2002
– vor der Elbflut – abgeschlossen. © &EQUITY, Hamburg, 2002,
www.equity.de

Jürgen Möllemann:
Gefährliches Stehaufmännchen.

&

Stärke	Schwäche
Kämpfer.	**Killer.**

Herr Möllemann sagt, was er denkt, ist risikofreudig und steht auch nach Rückschlägen immer wieder auf. Das imponiert.

Herr Möllemann scheint in den Augen der Teilnehmer allerdings der Waffenschein für seine Kämpfernatur zu fehlen. Sein Aggressionspotential wirkt bedrohlich.

Stehaufmann ist mir sympathischer – und ich habe einen Waffenschein für mutige Politik. © &EQUITY, Hamburg, 2002, www.equity.de

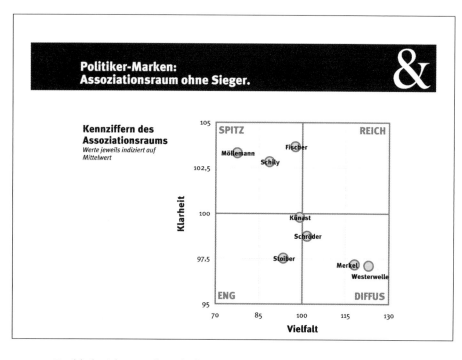

**Politiker-Marken:
Assoziationsraum ohne Sieger.**

&

**Kennziffern des
Assoziationsraums**
*Werte jeweils indiziert auf
Mittelwert*

Klarheit

SPITZ

REICH

Möllemann
Fischer
Schily

Künast
Schröder
Stoiber
Merkel
Westerwelle

ENG

DIFFUS

Vielfalt

105
102,5
100
97,5
95

70   85   100   115   130

Da bleibe ich gerne bei Klarheit, gerade wenn sie spitz sein muss. Einer
muss es ja tun. © &EQUITY, Hamburg, 2002, www.equity.de

Bundestagsfraktion zusammenkamen, gab es neue Kandidaten. Nun ließ Otto Graf Lambsdorff – auch öffentlich – vernehmen, ich sei der Wirtschaft nicht zu vermitteln. Ich solle stattdessen den Vorsitz der Bundestagsfraktion von Hermann Otto Solms übernehmen, und der solle Wirtschaftsminister werden. Als Solms ablehnte, schlug Lambsdorff Günther Rexrodt und Walter Hirche als Kandidaten vor. Erst nach einer Kampfabstimmung gegen Rexrodt in der Bundestagsfraktion wurde ich Bundesminister für Wirtschaft. Begründete das Rexrodts Feindschaft mir gegenüber, die ich erst nach der Bundestagswahl 2002 kennen lernte?

1988 hatte ich für Lambsdorffs Wahl zum Bundesvorsitzenden die Mehrheit beschafft. Sonst wäre Irmgard Schwaetzer Bundesvorsitzende geworden. Vielleicht hätte die FDP die Chance, nach der Wiedervereinigung einen Sprung zur größeren liberalen Partei zu machen, unter ihrer Führung nicht verspielt. Lambsdorff jedenfalls tat es. In seiner Arroganz und Ignoranz dem Osten gegenüber erklärte er: »Wir lassen uns von denen doch nicht majorisieren.«

Jetzt, nach Genschers Rücktrittsankündigung, wollte Irmgard Schwaetzer Außenministerin werden. Ich versprach, sie zu unterstützen. Im Gegenzug wollte sie sich dafür stark machen, dass ich das Amt des Vizekanzlers bekam. Mir war klar, dass ich so kurz nach meinem Antritt als Wirtschaftsminister kaum den Wunsch äußern konnte, Außenminister zu werden. Aber ich hatte mir damals ohnehin ein anderes Ziel gesetzt, das mir wichtiger war: Ich wollte Bundesvorsitzender werden. Das Amt des Vizekanzlers war dafür ein geeignetes Signal. Nach mehreren Gesprächen war Lambsdorff denn auch bereit, mich zusammen mit Genscher bei der Wahl zum Bundesvorsitzenden zu unterstützen.

Nachdem Lambsdorff aus Portugal zurückgekehrt war, beschloss das Präsidium: Schwaetzer wird Außenministerin, Möllemann wird Vizekanzler. Das war am Montag. Dienstags darauf sollte der Beschluss in der Bundestagsfraktion bestätigt werden. Da rief mich Irmgard Schwaetzer an. Lambsdorff wolle nun doch, erklärte sie mir, dass sie auch Vizekanzlerin werde, denn ein Vizekanzler Möllemann sei ein Präjudiz für mich als Parteichef. Also wieder eine Kehrtwendung von Lambsdorff. Geschah sie freiwillig? Ich wurde hellhörig. Wer spielte da mit wem was für ein Spiel? Ob unser beider Vereinbarung noch immer gelte, fragte ich Frau Schwaetzer. Sie lavierte.

Das – vermeintliche? – Chaos nahm seinen Lauf. Inzwischen war Klaus Kinkel von seinem Landesverband aufgefordert worden, gegen Schwaetzer zu kandidieren. Er zierte sich kurz, kam dann aber zu mir, bekundete sein Interesse und sicherte mir die Rolle des Vizekanzlers zu. Ich informierte die FDP-Abgeordneten von Nordrhein-Westfalen.

In der Bundestagsfraktion schlug Lambsdorff Irmgard Schwaetzer vor, die Landesgruppe Baden-Württemberg dagegen stellte sich hinter Klaus Kinkel. Auf Antrag »aus der Mitte der Fraktion« stimmte man darüber ab, mich als Vizekanzler vorzuschlagen. Ich erhielt die Mehrheit der Stimmen. Am Anfang war Genscher gemeinsam mit Lambsdorff für Schwaetzer gewesen. Nun zeichnete sich ein anderer Ausgang ab: Genscher ließ Lambsdorff allein und unterstützte Kinkel, der dann mit deutlicher Mehrheit gewählt wurde.

Lambsdorff hatte sich selbst ausgetrickst und damit zugleich auch Irmgard Schwaetzer. Dass Solms und Lambsdorff die Hoffnung gehabt haben sollen, ich würde mich in der Rolle des Vizekanzler lächerlich machen, ist eine hübsche, aber nachträglich erfundene Legende.

Fort mit dem Zwang

Was müssen wir nicht alles zahlen? Wir zahlen Steuern, Abgaben und Gebühren. So wie wir Kirchensteuer zahlen, zahlen wir auch eine Rentensteuer und eine Parteiensteuer. Nein, wir müssen nicht nur Beiträge an die Rentenversicherung entrichten, sondern auch noch Rentensteuer. Diese Rentensteuer nennt eine verlogene Politik seit einiger Zeit Ökosteuer.

Auch vor der Ökosteuer wurde die staatliche Rentenversicherung schon längst auch durch Zuschüsse aus den allgemeinen Steuereinnahmen finanziert. Nun nennt man die zusätzlichen Steuermittel, die ins marode Rentensystem gestopft werden, Ökosteuer, damit man scheinheilig behaupten kann, die Rentenbeiträge seien stabil.

Parteiensteuer? Mancher wird sagen, davon habe er noch nie gehört. Aber wie soll man es sonst nennen? Jährlich erhalten die Parteien für jede Wählerstimme bei der Bundestagswahl acht Cent als »Wahlkampfkostenerstattung« – von dem Geld der Steuerzahler, woher sonst. Was täten die Parteien, würden ihnen die Wahlberechtigten eines Tages die rote Karte zeigen und das Geld verweigern, indem sie nicht zur Wahl gehen?

Unternehmer, selbst kleinste Betriebe, müssen Mitglieder der verschiedenen Kammern von Industrie, Handel und Handwerk werden und hohe Beiträge zahlen, egal ob sie deren Service in Anspruch nehmen wollen oder nicht. Die Formulare, die Unternehmen für alle möglichen Behörden ausfüllen müssen, kosten sie immer mehr Geld. Das ist nichts anderes als eine Bürokratiesteuer. Und auch Wehrdienst- und Zivildienstleistende zahlen durch ihren Einsatz indirekt Steuern. Die Liste, wozu der Staat die Menschen zwingt, ist lang und wird immer noch länger.

Man glaube ja nicht, da würde sich irgendwo Vernunft breit machen. Der inzwischen abgewählte Ministerpräsident von Niedersachsen, Sigmund Gabriel (SPD), nennt sein Buch: »*Mehr Politik wagen*«. Ja, was heißt das denn? Nichts anderes als noch mehr Zwang, noch mehr Bürokratie, noch mehr Geld von den Bürgern. Warum schlagen Gabriel und Müntefering nicht gleich vor, dass die Arbeitgeber unsere Gehälter diekt an den Staat abführen – und uns dann zuteilen, was wir an Essen, Trinken, Kleidung und so weiter benötigen? Ach ja, und für die Braven unter uns gibt es ein bisschen Taschengeld extra.

Schaffen wir alle Zwänge ab, die nicht oder nicht mehr einsichtig sind. Wir werden unglaublich viel Geld und Leerlauf in den Bürokratien sparen, die sich mehr mit sich selbst als mit ihren eigentlichen Aufgaben beschäftigen. Viele Untersuchungen haben immer wieder gezeigt: Über die Hälfte ihrer Zeit drehen sich die meisten Tintenburgen um sich selbst.

Schaffen wir diese Zwänge ab. Und wir werden den Einfallsreichtum und die Initiative – und die Freude – vieler Menschen wecken, die mit dem Alltag in diesen Bürokratien selbst am wenigsten einverstanden sind. Es kann auf die Dauer für uns alle nicht gut gehen, wenn wir weiterhin mehr ausgeben, als wir einnehmen. Das geht in keinem privaten Haushalt gut – erst recht in keinem Staatshaushalt. Die, die in der produzierenden und dienstleistenden Wirtschaft für das sorgen, was wir Wirtschaftswachstum nennen, müssen mehr sein als jene, die in Staatsdiensten stehen und vom Staat finanziert werden. Das sagt über den Fleiß und das Können der Menschen hier und dort gar nichts aus. Aber nur wenn deutlich mehr eingenommen als ausgegeben wird, bleibt ein Haushalt auf die Dauer stabil.

Ich bin auch dafür, die Parteienfinanzierung aus Steuern ganz abzuschaffen. Politiker und Parteien sollen sich selbst finanzieren, ohne Beschränkungen, aber mit der Auflage der öffentlichen Rechnungslegung.

Die Kammern können und müssen sich als Service-Unternehmen so attraktiv machen, dass sie keinen Mangel an freiwilligen Mitgliedern haben. Oder sie laufen Gefahr, überflüssig zu werden.

»Die Gewerkschaften wollen Gleichheit – und produzieren immer mehr Arbeitslosigkeit.« Der Satz stand am 8. Mai 2002 in der *ZEIT*, nicht in *Capital*.

Die Gewerkschaften blicken auf eine große Vergangenheit zurück. Heute aber hört man von ihnen nur, wenn sie im jährlichen Tarifritual mit den Verbänden der Wirtschaft streiten oder mit Streik drohen. Politik und Staat halten ihre Hand über die Tarifhoheit. Das widerspricht genau dem, wofür sich Gewerkschaften immer aussprechen, der Gleichheit. Die Arbeitgeberverbände tragen die gleiche Schuld.

Warum dürfen die Tarifpartner verbindliche Verträge auch für die Mehrheit der Betriebsangehörigen abschließen, die der Gewerkschaft gar nicht angehören? Gewerkschaften – dafür trete ich ein – sollen nur für ihre Mitglieder handeln dürfen. Für eine ganze Belegschaft darf nach dem klassischen Prinzip der Demokratie nur die Mehrheit direkt oder der von ihr gewählte Betriebsrat indirekt Tarifverträge, Betriebsvereinbarungen oder andere Regelungen im Betrieb schließen.

In den letzten fünfzehn Jahren wurden alle Tariferhöhungen von den Preissteigerungen wieder aufgefressen. Fünfzehn Jahre Tariferhöhungen haben die Kaufkraft der Arbeitnehmer nicht verbessert. Heute kommt mir der Tarifstreit vor wie ein lautstarker Hahnenkampf zwischen den Gewerkschaften selbst, die verhindern wollen, dass ihnen noch mehr Mitglieder weglaufen.

Das werden die Mitglieder trotzdem tun, so wie auch immer mehr Unternehmen aus ihren Verbänden austreten. Übrigens sollten diese Verbände besser auch Gewerkschaften heißen, damit man das selbstsüchtige Spiel der Funktionäre beider Seiten besser durchschaut. Ein Drittel aller Bundestagsabgeordneten und zwei Drittel der SPD-Abgeordneten gehören einer Gewerkschaft an. Die kümmern sich wenig um die Interessen der Arbeiter und Angestellten, umso mehr aber um die Belange der Funktionäre.

Viele dieser ungerechten Rechte haben die Gewerkschaften vom Staat auf dem Höhepunkt des Ersten Weltkrieges erhalten: als Preis für ihre willige Hilfe bei der totalen Mobilmachung für den Krieg. Und diesen Preis haben sie nie wieder hergegeben.

Die Kirchensteuer gibt es erst seit dem so genannten Reichskonkordat, das Hitlers Regime mit dem Vatikan schloss: ein Bestechungsgeschenk der Nazis! Jetzt wäre es an der Zeit, dass die Kirchen ihre Beiträge wieder selbst einnehmen. Wenn sie ihren Gläubigen endlich mehr Aufmerksamkeit schenken als ihren glaubensfernen Tätigkeiten, werden sie dabei sehr erfolgreich sein. Kirchen anderswo beweisen das.

Schulen und Krankenhäuser werden »öffentliche« Einrichtungen genannt. Wie selbstverständlich wachsen wir damit auf, dass alles, was »öffentlich« heißt, vom Staat betrieben und vom Steuerzahler finanziert wird. Seit endlos langer Zeit führen Politiker eine völlig unfruchtbare Debatte über »staatlich« oder »privat«.

Alles, was der Staat macht, gilt von vornherein als »sozial«, das Private als »unsozial«. Wie töricht! Sollten wir nicht danach urteilen, was den Menschen wirklich nutzt?

Jetzt zahlen wir Steuern. Die Politik beschließt, wie viel dieser Einnahmen für welche Aufgabe ausgegeben wird. Die zuständige Staatsbürokratie entscheidet in langwierigen und zeitraubenden Verfahren, welche Krankenhäuser gebaut werden sollen, wie sie ausgestattet werden und wie sie zu führen sind. Für Schulen und Hochschulen tut das die nicht weniger schwerfällige Kultusbürokratie.

Von den Steuermitteln, die für Krankenhäuser und Schulen bereitgestellt sind, müssten wir nur einmal die horrenden Kosten der Bürokratie abziehen, um zu ermitteln, wie viel für die eigentlichen Aufgaben übrig bleibt. Die erste Forderung an die Politik lautet also: Gebt uns darüber übersichtlich und leicht verständlich jedes Jahr genaue Auskunft. Ich bin überzeugt, dass der Vorschlag, es ganz anders zu machen, dann sehr bald auf viel Zustimmung stoßen wird.

Geben wir allen Menschen in Deutschland Gutscheine für

die grundlegenden öffentlichen Dienste: für Kinderbetreuung, Schule, Lehre, Hochschule, Ärzte, Krankenhäuser, Pflege. Überlassen wir es den mündigen Menschen, sich für diese Gutscheine die Dienstleistungen dort zu holen, wo sie es wollen. Das sollte doch zur Solidarität aller mit allen gehören. Was aber über die grundlegenden Dienste hinausgeht, müssen alle selber leisten. Sonst hört diese Talfahrt nie auf: Immer weniger zahlen für immer mehr, die dafür immer weniger kriegen.

Setzen wir die gewohnten staatlichen Einrichtungen dem edlen – weil der Allgemeinheit nützlichen – Wettbewerb mit privaten, kommerziellen Anbietern um die bessere Lösung aus. Geben wir den staatlichen Einrichtungen die Freiheit, sich selbst so zu organisieren, dass sie mit den privaten konkurrieren können.

Bauen wir die Kultus- und Sozialbürokratien zu effektiven Agenturen um, die – ähnlich wie der TÜV – die Qualität und Redlichkeit der Dienstleister regelmäßig prüfen und öffentlich beurteilen. Damit senken wir die immensen Kosten dieser Ämter und Behörden auf einen Bruchteil.

Die Gemeinschaft der Steuerzahler finanziert die öffentlichen Dienstleistungen für alle, die sie brauchen, selbst. Daher ist es nur gerecht und vernünftig, dem Bürger seine Gutscheine für die Inanspruchnahme der öffentlichen Dienste zur freien Verfügung zu geben – und nicht den Bürokratien die Macht.

Angeheitert und speiübel

Rainer Brüderle sah mit Argusaugen auf alles, was Dr. Westerwelle im Hinblick auf Hermann Otto Solms und Günther Rexrodt sagte und tat. Schließlich hatte Dr. Westerwelle ihm die erste Anwartschaft auf das Amt des Bundesministers für Wirtschaft zugestanden. Natürlich nur unter vier Augen und Ohren und mit seiner rituellen Formel: »Aber das darf sonst niemand erfahren« – wie das bei Dr. Westerwelle so üblich ist.

Mir gegenüber – und auch öffentlich – sprach Dr. Westerwelle von der »herausgehobenen Rolle«, die er mir zugedacht hätte. So baten Brüderle und ich ihn, Klarheit unter den Beteiligten zu schaffen. Er lud zu einem Abendessen: uns beide, Walter Döring, Wolfgang Gerhardt und Cornelia Pieper. Es wurde eine denkwürdig merkwürdige Runde.

Zunächst einmal mussten wir lange warten, denn die Generalsekretärin verspätete sich. Als sie schließlich da war, entzog sie sich albern und kichernd jeder vernünftigen Unterhaltung, weil sie angeheitert tat oder es tatsächlich war. Der Gastgeber legte zunächst ausführlich dar, die hier Versammelten seien »die sechs, auf die es ankommt«. Dann aber entschuldigte sich Dr. Westerwelle, weil ihm schlecht sei. Er stand auf, kam lange nicht zurück, musste in die frische Luft hinaus und bedauerte schließlich, ganz gehen zu müssen.

Später fragten sich Brüderle und ich, ob wir Zeugen einer Inszenierung geworden waren. Jedenfalls wirkte das Ganze so. Zu einer Wiederholung oder Fortsetzung der Runde kam es nicht. Geklärt wurde nichts. Stattdessen bastelte Dr. Westerwelle so lange an einem »Wahlkampfteam« aus Mitgliedern und ständigen Gästen des Präsidiums herum, bis dieses einem »Who is Who« der FDP-Führung glich.

Die Personaldecke der FDP in den Ländern war (und ist) einfach zu dünn. Hätte Dr. Westerwelle den Mut gehabt, das mit einem ganz kleinen Team – professionell personalisiert – zu überspielen, wären wir in die Nähe der 18 Prozent gekommen. Das traute er sich der Eifersucht der anderen wegen nicht. Gleichzeitig schob er die anderen auch gerne vor, um ganz allein das Sagen zu haben.

Das »Dreamteam« aus Möllemann und Dr. Westerwelle, sagte er mir, ginge wegen Gerhardt nicht. Dem hatte er bei seinem nicht sehr freiwilligen Verzicht auf eine weitere Amtszeit als Parteivorsitzender versprochen, sie beide würden die Partei als »Tandem« führen. Nun ließ Dr. Westerwelle Gerhardt wissen, das ginge meinetwegen nicht.

Der scheinbare Friede in der Partei und seine tief sitzende Angst vor anderen Göttern neben ihm waren ihm wichtiger als der Griff nach dem großen Sieg. Als beide Seiten es aufgegeben hatten, Klarheit zu schaffen, weil sie es schlicht und einfach leid waren, von ihm hingehalten zu werden, war er ganz froh, tun und lassen zu können, was er wollte – wenn er denn überhaupt etwas wollte.

So hielt er es auch mit den hauptamtlichen Mitarbeitern des Thomas-Dehler-Hauses, der Bundesgeschäftsstelle. Dr. Westerwelle wusste, dass er die Wahlkampfleitung seinem Bundesgeschäftsführer nicht überlassen durfte. Nicht etwa nur mir gegenüber beklagte er immer wieder, wie ausgebrannt der an Jahren noch gar nicht so alte Funktionär sei – übrigens der einzige wirkliche Bewunderer von Jörg Haider an der Spitze der FDP. Lange Zeit wiederholte er – sicher nicht nur mir gegenüber – genüsslich die Formulierung, die Fritz Goergen, der frühere Bundesgeschäftsführer, seinem zweiten Nachfolger Beerfeltz an den Kopf geworfen hatte: Der sei »funktionärisch«.

Immer wieder versprach Dr. Westerwelle nicht nur mir, seinen Bundesgeschäftsführer anderswo unterzubringen. Und immer wieder bedauerte er, dass es wieder nicht geklappt habe. Schließlich ließ er ihm auch noch die »funktionärische« Struktur eines »Team 18/2002« durchgehen, ein Verfahren, das hoffnungslos veralteten Managementlehren entsprungen sein musste. Dr. Westerwelle bemerkte das sehr wohl und ging bald nicht mehr hin. Einziges »Ergebnis« des bürokratischen Ungetüms war denn auch ein zeitverschwenderischer Sitzungsmarathon und die rituell dazugehörende Orgie von Protokollen und Beschlusskontrollen. Die Sitzungen des Kernteams aus rund 20 Teilnehmern fraßen nicht weniger als vier Stunden wöchentlich, die der Spezialteams nicht weniger. Da hatte jemand das amerikanische Kampagnenvorbild des »War Room« völlig missverstanden.

Die von mir vorgeschlagene Agentur stieß auf Ablehnung, weil ich mit ihr den Wahlkampf in Nordrhein-Westfalen gewonnen hatte. Die gegen mein Votum ausgewählte Werbeagentur charakterisierte Dr. Westerwelle wenige Wochen vor der Wahl selbst so: »Wir haben gar keine Agentur.« Einen Wahlkampfleiter hatten wir auch nicht. Den gab es nur als Papiertiger. Denn das war der Bundesvorsitzende selbst. Der dafür natürlich nie regelmäßig und lange genug in Berlin sein konnte.

Und das »Wahlkampfteam« der Spitzenpolitiker und meine »herausgehobene Rolle«? Einer für alle und keiner für einen.

Der Wortbruch

Nein, sehr klar wurde er nie, sobald es um Ernstes ging. Von einer Nachbarinsel aus besuchte er uns in unserem Haus auf Gran Canaria. Meine Frau Carola hatte Tapas vorbereitet und den Schampus kaltgestellt.

Dr. Westerwelle erschien in Begleitung. Die Plauderstunde war ausgesprochen nett – und außerordentlich unverbindlich.

Nein, er hat mir nie versprochen, dass es einen Kanzlerkandidaten der FDP geben wird. Er versprach mir nur, dass ich der Kanzlerkandidat werden würde, wenn wir einen aufstellen sollten. Aber er zögerte, ob die FDP das tun sollte. Ob das innerhalb und außerhalb der Partei nicht doch ein Zacken zu viel sein könnte. Darüber dachte er in unseren Gesprächen immer wieder laut nach.

Mein Argument, dass ein eigener Kanzlerkandidat, dessen Bild sich den Wählern einprägt, für die Strategie der Eigenständigkeit von entscheidender Bedeutung sei, leuchtete ihm ein. Vor allem beeindruckte ihn die Auskunft von Experten, wonach es nicht Worte, sondern vor allem Bilder sind, die die Kommunikation zwischen Menschen bestimmen.

Aber die wahrscheinlichen Reaktionen drinnen und draußen, wandte er ein, müsse man sehr gründlich bedenken. Doch wenn überhaupt ein Kanzlerkandidat, dann müsse ich das machen. Schon deshalb, weil man ihm als dem jungen und in den Regierungsgeschäften noch unerfahrenen Politiker das wohl nicht zutrauen würde.

Schon damals kam mir der Gedanke: Junger Freund, du spielst mir dein Zögern hier nur vor, um Zeit zu gewinnen und mich von direkteren Aktionen – etwa einer Mitgliederbefragung – abzuhalten. Dabei hätte er das gar nicht tun müssen, denn jemanden, den ich selbst für den Posten des Bundesvorsitzenden vorschlug, durfte ich nicht gleichzeitig kritisieren.

Der Bundesparteitag in Düsseldorf im Mai 2001 hätte die »Strategie 18« einschließlich der Aufstellung eines Kanzlerkandidaten beschlossen, wenn Dr. Westerwelle das nicht polemisch und gegen sein Versprechen torpediert hätte. Zu Beginn des Parteitages hatte er mir noch einmal versichert, er werde zwar seine Bedenken aussprechen, die Delegierten dann aber ausdrücklich bitten, diese Frage selbst zu entscheiden.

Ich hatte mich nicht um die Wahl zum stellvertretenden Bundesvorsitzenden beworben. Dr. Westerwelle hatte mich wiederholt öffentlich darum gebeten, mit der Begründung, er wolle mir »eine herausgehobene Rolle« zuschreiben.

Natürlich war mir klar, dass das Angebot einen Haken haben konnte. Vor meiner Wahl hatte ich die Delegierten daher aufgefordert, mich nur dann zum Vize zu wählen, wenn sie akzeptierten, dass ich die »Strategie 18« ohne jeden Abstrich, also samt dem eigenen Kanzlerkandidaten, wolle. Die Mehrheit dafür wäre mehr als ausreichend gewesen. Das zeigte die deutliche Mehrheit, mit der ich zum stellvertretenden Bundesvorsitzenden gewählt wurde – und die schwache Mehrheit meines lautesten Gegners Walter Döring bei seiner Wahl direkt danach.

Dr. Westerwelle verfolgte das alles mit Schrecken; er musste sein Wort mir gegenüber brechen, wollte er es meinen Feinden gegenüber halten.

Der Düsseldorfer Bundesparteitag hat die Debatte über die richtige Strategie – die »Strategie 18« der neuen FDP oder die alte Strategie der Funktions- und Koalitionspartei – leider nicht geführt. Das sollte sich später schwer rächen. Vier Fünftel der Delegierten wollten Dr. Westerwelle und mir zugleich jubelnd folgen, aber diskutieren wollten sie nicht.

Der Tag in diesem Saal war ein Tag der Emotionen. Die Veranstaltung glich einem kollektiven seelischen Besäufnis.

Ich spürte das, legte mein Manuskript zur Seite und sprach frei, um die Delegierten für die komplette »Strategie 18« zu gewinnen. Das gelang mir besser als je zuvor.

Doch auch Dr. Westerwelle legte sich ins Zeug. Allerdings führte er keine Argumente gegen den Kanzlerkandidaten als das »sprechende Bild« der »Strategie 18« an, sondern schrie sich mit den polemischen Worten an die Macht: »Auf jedem Schiff, das dampft und segelt, ist einer, der die Sache regelt. Und das bin ich.«

Mit wachsendem Entsetzen hatten er, Gerhardt, Kinkel und Solms verfolgt, wie die von ihnen gegen mich ins Gefecht geschickte Ruth Wagner aus Hessen ausgebuht und niedergebrüllt wurde. Ihre Argumentation war tatsächlich nicht sehr überzeugend, aber nie zuvor hatte ich erlebt, dass jemand auf einem FDP-Parteitag nicht ausreden durfte.

Hätte Dr. Westerwelle die angekündigte Aussprache der Delegierten jetzt noch zugelassen, wäre es um ihn geschehen gewesen. Folglich durfte er überhaupt niemanden mehr zu Wort kommen lassen. Für so etwas wie die viel beschworene innerparteiliche Demokratie war jetzt nicht der geringste Platz. Denn der Parteitag hätte die »Strategie 18« samt Kanzlerkandidat mit überwältigender Mehrheit beschlossen.

Anschließend hätte Dr. Westerwelle nur noch die Notbremse ziehen und sich selbst als Kanzlerkandidaten vorschlagen können, da die Delegierten sonst zweifellos mich dazu gemacht hätten, wahrscheinlich unter dem tosenden Beifall des Parteitages. Deshalb ging er entgegen seinem Versprechen gleich nach Ruth Wagner ans Rednerpult und mobilisierte den gefühlstrunkenen Parteitag nun seinerseits.

Die Abstimmung über die Frage des eigenen Kanzlerkandidaten der FDP gewann Dr. Westerwelle ungefähr mit der gleichen Mehrheit der Delegierten, die mich kurz vorher zu seinem Vize gewählt hatten, trotz meiner unmissverständlichen Bedingung, sie sollten das nur tun, wenn sie akzeptierten, dass ich die »Strategie 18« ohne jeden Abstrich, also samt dem eigenen Kanzlerkandidaten, wolle.

Damals hätte ich meinem ersten Impuls folgen und das

eben erst erworbene Amt des stellvertretenden Bundesvorsitzenden wieder zurückgeben müssen. Ich hätte mich auf meinen Landesverband konzentrieren und dort die neue Strategie eben langsamer verwirklichen sollen. Aber ich wollte die politischen Freunde zu Hause nicht enttäuschen. So machte ich weiter gute Miene zu dem Spiel, das Dr. Westerwelle mit mir trieb und das andere mit ihm trieben. Denn wenn ihn niemand treibt, treibt er nichts.

Allen hat er versprochen, was sie wollten, immer hinter geschlossenen Türen, immer mit der Maßgabe, dass es niemand sonst wissen darf. Gehalten hat er am Ende nichts. Jetzt aber halten auch die anderen nicht mehr, was sie ihm versprochen haben. Anders als zwischen den anderen und mir gilt hier nicht: Einer für alle und keiner für einen. Zwischen Dr. Westerwelle und den anderen gilt vielmehr: Er für keinen und keiner für ihn.

Hier das Manuskript meiner nicht gehaltenen Rede:

Liebe Parteifreundinnen und -freunde:
Dieser Bundesparteitag hat zwei Aufgaben. Die erste, eine neue Führung zu wählen, haben wir erfüllt. Die zweite ist nicht weniger, als über die Strategie der FDP zu entscheiden: Also, das Ziel zu benennen und den Weg zu diesem Ziel zu definieren.
Der vorliegende Antrag des Landesverbandes Nordrhein-Westfalen zur Strategie 18 wurde von unserem Landesparteitag am 1. April mit 390 Ja-Stimmen von 400 beschlossen. Der Antrag 26 von Hessen enthielt die Ablehnung der »Strategie 18« in jedem Punkt. Das formulierte er klar und unmissverständlich. Nun liegt uns ein neuer Antrag von Hessen vor. Er formuliert die Ablehnung der »Strategie 18« unklar und missverständlich.
Den Teil »I. Thematische Schwerpunkte« des Antrags Hessen mit der Nummer 26 NEU übernehmen wir gerne: Er formuliert politische Positionen, die als Vorgabe für das Wahlprogramm 2000 in der FDP allgemein anerkannt sind.

Im einleitenden Teil des Antrags Hessen sind vier Fünftel wortgleich und das restliche Fünftel sinngleich mit unserem Antrag 25.

Im Teil »II. Die strategischen Ziele der FDP« ist der Punkt 1. zur Hälfte wortgleich und zur Hälfte sinngleich mit unserem Antrag 25.

Der Punkt 4. ist komplett wortgleich, in den Punkten 3. und 4. ist je ein Satz wortgleich.

Der ursprüngliche Antrag Hessen hat alle drei essenziellen Teile der »Strategie 18« abgelehnt. Der neue Antrag erweckt den Eindruck, als würde er nur noch einen – die Aufstellung eines Kanzlerkandidaten – nicht wollen.

Wer genau hinschaut, wird lesen, dass Hessen das klare Ziel 18 Prozent in die unklare Formulierung »zweistellig« verpackt.

Wer genau hinschaut, erkennt, dass Hessen die klare Vorgabe ohne Koalitionsfestlegung mit der unklaren Formulierung verhüllt: »Die FDP braucht keine Koalitionsfestlegung.«

Brauchen wir keine Koalitionsfestlegung oder treffen wir keine?

Ohne glasklare Klarheit werden wir kein neues Vertrauen bei allen im Volk gewinnen. Sagen wir genau, was wir wollen. Entfernen wir alle Unklarheiten und Winkelzüge. Fangen wir damit an, indem wir auch unter uns Tacheles reden.

Ich sehe nur noch zwei von ursprünglich drei Positionen im Raum, über die wir offen und nicht versteckt reden müssen, wenn wir die richtige Entscheidung für eine FDP mit politisch relevanter Zukunft treffen wollen.

Quer durch alle Landesverbände gibt es die Delegierten, welche für die ganze »Strategie 18« sind. Dann gibt es jene, die sie komplett ablehnen. So weit, so einfach.

Es gibt aber auch Delegierte, die einen strategischen Kurswechsel durchaus wollen, sich aber besorgt fragen, ob die in unserem Antrag 25 formulierte »Strategie 18« nicht ein paar Nummern zu groß ausfällt. Viele dieser Delegier-

ten sind bereit, ihr Herz über die Hürde zu werfen, nach-
dem unser neuer Bundesvorsitzender Guido Westerwelle
die »Strategie 18« zum eigenen Ziel erklärt hat.

Wer unsere Partei kennt, weiß, dass wir eine stattliche
Mehrheit für den Antrag 25 NRW schon jetzt vor Beginn
der Debatte erwarten dürften, wenn es nicht frei nach
Hamlet hieße: Kanzlerkandidat oder nicht, das ist hier die
Frage.

Wer von uns hat es nicht schon oft gesagt: Die FDP hat das
modernste Programm von allen Parteien? Aber nicht alle
haben gefragt: Warum sind dann unsere Wahlergebnisse so
schlecht?

Dabei steht die Antwort doch außer Zweifel:

1. *Weil wir es nicht geschafft haben, die große Zahl von*
   Menschen mit unseren richtigen politischen Lösungen
   ihrer Probleme bekannt zu machen.
2. *Weil bei der Funktionspartei FDP nicht die eigenen*
   Ziele, sondern immer nur die Abweichung vom Koali-
   tionspartner kommunizierbar ist.
3. *Weil die Funktionspartei FDP die Gegner der jeweili-*
   gen Koalition als mögliche Wähler selbst ausschließt.

Eine FDP, die sich anschickt, Partei für das ganze Volk zu
werden, darf das nicht tun, indem sie so wird wie die Volks-
parteien CDU und SPD. Sie bliebe auch ohne Erfolg, würde
sie allen alles versprechen. Vielmehr muss die neue FDP den
Menschen in allen Teilen des Volkes Mut machen, ihren Weg
aus eigener Kraft zu gehen. Sie muss ihnen versprechen, sie
dabei gegen die großen Risiken des Lebens durch kluge
soziale Lösungen neuer Art zu sichern. Und sie muss ihnen
versprechen, die Hemmnisse der alten Politik aus dem Weg
zu räumen. Das sind Stichworte zum Inhalt der Botschaft.
Aber wie gewinnen wir bei sehr vielen Menschen erst ein-
mal genügend Aufmerksamkeit, damit sie von unseren
Botschaften überhaupt erfahren?
Wie soll das Volk denn merken, dass wir nicht mehr der

bloße Mehrheitsbeschaffer, das Zünglein an der Waage, die Partei der Bourgeois, die Partei der höher Gebildeten, die Partei der »Besserverdienenden« sind?

Indem wir das hier beschließen und Guido Westerwelle das bei Christiansen, Illner und Böhme mitteilt?

Freunde, das reicht für Wahlergebnisse neuer Qualität hinten und vorn nicht aus.

Solche Botschaften erreichen keine Masse.

Ergreifend einfache Bilder, Bilder von großer Symbolkraft sind der Schlüssel zur wirksamen Kommunikation mit Massen.

Wollten wir alles aufschreiben, was die FDP als Partei für das ganze Volk ausmacht, ist eine Seite schnell voll.

Wollten wir das den Menschen erklären, müssten sie schon fünf Minuten zuhören.

Massenmedien, die uns das gestatten, gibt es nicht.

Aber wir haben ein einziges Wort, ein Bild, in dem diese vielen sachlichen, langweilig nüchternen Zeilen und Worte stecken.

Das Bild Kanzlerkandidat verstehen jedermann und jedefrau instinktiv.

Und dieses Bild setzt sich in den Köpfen und Bäuchen fest.

Spitzenkandidat ist ein Wort aus der Politikersprache, die auch Journalisten verstehen, die täglich mit Politikern zu tun haben.

Aber was sagt das Wort dem Volk? Nichts. Da hört doch keiner hin.

Der alte Antrag 26 von Hessen hilft bei der Wahrheitsfindung.

Dort hieß es:

»Die F.D.P. hat bisher den jeweiligen Bundesvorsitzenden zum Spitzenkandidaten bei der Bundestagswahl erklärt. Dies sollte auch 2002 so geschehen. Einen eigenen Kanzlerkandidaten lehnt die F.D.P. ab.«

Ja, der alte Antrag 26 von Hessen war wirklich stringent: Bliebe die FDP bei ihrer alten Strategie, bräuchte sie auch kein neues Bild.

*Ich weiß, es ist schwer, für Altgediente und von ihnen An-
gelernte in unserer und allen Parteien, zu erkennen und zu
akzeptieren: Wir Politiker und Verbandsfunktionäre sprechen eine Sprache, die die Menschen in allen Schichten des
Volkes nicht verstehen. Die Menschen hören und schauen
deshalb immer weniger hin, wenn wir auftreten. Das erklärt Politikverdrossenheit mehr als die Analysen von Wissenschaftlern.*

*Das müssen wir ändern. Wir müssen lernen, professionell
zu kommunizieren.*

*Deshalb müssen wir in der Sprache und den Bildern des
Volkes sprechen.*

*Das war der Schlüssel zu unserem Erfolg in Nordrhein-
Westfalen 2000.*

Werfen wir ihn heute nicht weg.

*Weil das strategische Bild Kanzlerkandidat darüber ent-
scheidet, ob wir die FDP für das ganze Volk wirkungsvoll
kommunizieren können, müssen wir die strategische von
der Personenfrage trennen.*

*Deshalb sollten Sie für die ganze Strategie 18 auch dann
stimmen, wenn Sie mich nicht ausstehen können.*

*Was ich tun kann, um das zu erleichtern, habe ich getan.
Ich wiederhole es gern:*

1. *Der Kanzlerkandidat soll auf Vorschlag des Bundesvorsitzenden nominiert werden.*
2. *Will Guido Westerwelle die Aufgabe Kanzlerkandidat
   selbst schultern, hat er meine volle Unterstützung.*

*Würden Sie den Antrag 25 NRW ohne die strategische
Bildbotschaft Kanzlerkandidat beschließen, hätte sich die
FDP für einen »dritten Weg« entschieden:*

- *für einen Weg irgendwo im Niemandsland zwischen der
  alten Strategie und der »Strategie 18«.*
- *für einen Kurs, der die Nachteile der alten Strategie mit
  den Risiken der neuen kombinierte.*

*Es hilft nicht, die Augen vor der alten Weisheit zu ver-
schließen: In Gefahr und großer Not führt der Mittelweg
zum Tod.*

Die Zukunft gehört den Mutigen.
Die ARD hat uns gestern Abend Zahlen aus einer aktuellen Umfrage geschenkt. 36 Prozent der Befragten halten es für eine gute Idee, einen eigenen FDP-Kanzlerkandidaten aufzustellen. Liebe Freundinnen und Freunde: Das sind doppelt so viele, wie wir für unser Ziel von 18 Prozent im nächsten Jahr brauchen.
Schlagen wir den Weg der Mutigen ein – mit der ganzen »Strategie 18«.
Denn: »Es hat noch niemand etwas Ordentliches geleistet, der nicht etwas Außerordentliches leisten wollte.«
Ich bitte um Ihre Stimmen für den Antrag 25 des Landesverbandes Nordrhein-Westfalen.

Jedem Kind seine Chance

Gertrud Höhler schrieb uns Politikern vor einiger Zeit ins Stammbuch, dass wir uns gegen unsere Kinder und damit gleichzeitig auch gegen unsere Zukunft versündigen: Wir vernachlässigten die Würde der jungen Menschen, ihre Grundrechte auf Entfaltung, Lebenslust und Selbstvertrauen mit ihrem »noch heilen Urvertrauen, mit ihrem Liebesverlangen, ihrem unbändigen Glauben an erwachsene Beschützer, ihrem unersättlichen Lebenswillen«.

Die wirtschaftliche Stärke Deutschlands in den nächsten Jahrzehnten werde davon abhängen, ob wir die Kraft fänden, »das Zukunftsbündnis zwischen Erwachsenen und Kindern in den Mittelpunkt« einer neuen Regierungspolitik zu stellen: »Um diesen Mittelpunkt herum organisieren wir Arbeit und Freizeit.«

Dieser Satz eignet sich meiner Meinung nach zum programmatischen Leitgedanken einer modernen liberalen Familien-, Gesellschafts- und Sozialpolitik. Deshalb empfahl ich der FDP im Juli 2002, eine solche Politik zur nächsten zentralen Aufgabe zu machen, um der Partei einen neuen Rang in der deutschen Parteienlandschaft zu erobern.

Denn jeder Liberale muss Frau Höhler zustimmen, wenn sie schreibt: »Soziale Gerechtigkeit muss an den Bedürfnissen derer gemessen werden, denen sie dienen soll. Gerechtigkeit muss jedem seine Chance geben, nicht aber allen dieselbe.« Allen dieselbe Chance heißt nämlich in Wahrheit, dass die meisten keine Chance erhalten, die ihren ganz persönlichen Anlagen, Neigungen und ihrem Vermögen – im doppelten Sinne des Wortes – entspricht. Genau das verhindern seit Jahrzehnten die genormten Vorschriften für den

Unterricht und die ständig schlechter werdenden Arbeitsbedingungen für Lehrer.

Alle Menschen sind verschieden. Dieser scheinbar banalen Tatsache muss Rechnung getragen werden: durch neue Wege in Vorschulen, Schulen und Hochschulen, durch eine völlig neue Qualität der Ausbildung, durch bessere Bezahlung und Arbeitsbedingungen der Pädagogen. Jedem Kind von Anfang an seinen persönlichen Förderplan: Das muss Ziel der inneren Umgestaltung unserer Bildungspolitik werden.

Die seit Jahrzehnten fruchtlose Organisationsdebatte muss und kann hinter diese neue pädagogische Philosophie zurücktreten. Für ihre Verwirklichung muss das notwendige Geld her, indem Bildung, Ausbildung und Weiterbildung Vorrang vor allen anderen Ausgaben bekommen und behalten. Denn kaum etwas ist wichtiger als das.

In den skandinavischen und angelsächsischen Ländern finden sich überaus geglückte Vorbilder einer überzeugenden Bildungspolitik. Wir müssen das Rad also nicht neu erfinden, brauchen keine neuen Kommissionen, die sich dann jahrelang mit sich selbst beschäftigen. Wir brauchen schon gar keine »Modellversuche« – denn so nennt die Kultusbürokratie in Wahrheit das, was sie nicht entscheiden, sondern aufschieben möchte.

Gut nachzumachen, was uns andere gut vormachen, wäre schon ein großer Erfolg. Damit würden wir dem beeindruckenden Plädoyer von Gertrud Höhler aber nur zum Teil gerecht. Das »Zukunftsbündnis zwischen Erwachsenen und Kindern« verlangt mehr.

Wir können und wollen den Menschen nicht vorschreiben, eine Ehe, in der sich die Partner nicht mehr verstehen, allein der Kinder wegen weiterzuführen. Wir wissen, dass die Kinder von Alleinerziehenden weder schlechter in der Schule abschneiden noch weniger glücklich sein müssen. Aber wir wissen auch, dass es an Angeboten fehlt, Kinder und Karriere zu verbinden. Hier wäre ein Bildungsgutschein vonnöten, der es den Eltern ermöglicht, selbst zu entscheiden, in welchen Kindergarten und auf welche Schule ihre

Kinder gehen. Da darf es für Liberale keinen Platz geben für neue Zwangsvorschriften wie frühere »Einschulung« – ein schreckliches Bürokratenwort – oder die Pflicht zur gar noch amtlich zugeteilten Ganztagsschule. Der Bildungsgutschein macht den Weg frei für alle Bildungsangebote, staatliche wie private, die den wenigen, grundlegenden Bildungsstandards entsprechen, auf die sich die politische Vorgabe klugerweise konzentrieren und beschränken sollte. Auch dafür gibt es gelungene Vorbilder andernorts.

Aber das ist noch immer nicht alles. Unsere Arbeitswelt wandelt sich. Die Spatzen pfeifen es längst von allen Dächern. Der Bundeswirtschaftsminister Müller sagte kurz vor seinem Abgang der guten, alten Industrie-Arbeitswelt ade. Herr Hartz sprach – wenn auch im falschen Zusammenhang – von der Ich-AG. Nicht innerhalb der nächsten Regierungsperiode, aber noch in diesem Jahrzehnt werden viele Menschen ganz oder doch teilweise zu Hause oder in ihrer näheren Umgebung arbeiten. Und immer mehr werden die Freiheit haben, ihre Zeit selbst einzuteilen.

Wenn sich die unerbittlich strengen Trennungsmuster von Arbeitszeit, Freizeit und Zuhause aufzulösen beginnen, ist die Stunde für die Familie da, die Stunde einer Erneuerung und Wiederbelebung des Nachbarschaftlichen, die Zeit für neue Formen von »Zusammengehören und Dazugehören« (Ralf Dahrendorf).

Frau Höhler fragt: »Wäre das in diesem Lande noch eine verkäufliche Botschaft von Politikern?« Ja und nochmals ja. Packen wir es einfach an.

Freie Schulen braucht das Land

Unsere Weltkarten zeigen immer Europa im Mittelpunkt. Wer weiß, dass überall in der Welt der eigene Kontinent den Mittelpunkt der Weltkarte bildet? In jeder deutschen Schule und Vorschule sollten an der Wand die verschiedenen Weltkarten hängen, mit den verschiedenen Ländern der Welt im Mittelpunkt. Mit diesen sprechenden Bildern könnten Lehrer ihren Schülern sehr anschaulich erklären, wie verschieden die Welt ist. Je nachdem, aus welchem Blickwinkel man auf sie schaut.

Im Mittelalter gab es die »scholastische« Lehrpraxis. Wir sollten sie wieder einführen. Der Lehrer musste sich jeder Frage seiner Schüler stellen und sie nach strengen Regeln beantworten. Als Erstes hatte er Gründe anzuführen, die für die Annahme oder Behauptung sprachen, die in der Frage steckte. Und zwar so, dass der Frager damit einverstanden war. Dann hatte er die Gründe für die Gegenposition zu nennen. Die eigene Antwort, das eigene Urteil in der Sache, kam erst im dritten Schritt. Diese Art von Disput hätten wir alle lernen sollen. Bringen wir sie unseren Kindern und Enkeln bei. Empfehlen wir sie den neuen Lehrern in neuen, freien Schulen!

In den Schulen der Amerikaner und Briten lernen die Kinder zweierlei: Wie schreibe ich einen Essay, und wie halte ich eine Rede? Ein Essay ist eine Abhandlung, die eine literarische oder wissenschaftliche Frage in knapper und anspruchsvoller Form behandelt und dabei allgemein verständlich bleibt. Eine Rede dient dazu, die Zuhörer mit Wissen und Witz rhetorisch zu beeindrucken, zu fesseln und zu unterhalten. Über beide Künste zu verfügen verschafft Amerikanern und Briten einen unglaublichen Wettbewerbsvorteil gegenüber Kindern anderer Länder. Sicher schreiben und gewandt auftreten zu können ist neben allem Sach- und Fachwissen von immenser Bedeutung. Schenken wir auch diese Fähigkeiten unseren Kindern!

Die Bürgerinitiative gegen eine neue Gesamtschule in Münster war äußerst erfolgreich. Der Landesinnenminister indessen wollte die Initiative verbieten, weil sie verfassungswidrig sei. Vor Gericht musste der für das Recht im Lande zuständige Minister lernen, dass Erziehung die Sache der Eltern ist und nicht die seine. Eigentlich hätte das einen Rücktritt verlangt. Aber den gab es natürlich nicht.

Die meisten ihrer Verfechter haben die Gesamtschule in Deutschland von Anfang an als den missionarischen Hort missverstanden, der die Jugend zu einer antikapitalistischen Haltung erziehen sollte. Statt kultureller, fachlicher und sozialer Vorbereitung auf das weitere Leben stand die »richtige« Gesinnung im Vordergrund.

Es ist Zeit, die fruchtlose Debatte um die richtige Form der Schule und ihre Organisation zu beenden. Geben wir den Schulen die Freiheit, im Zusammenwirken mit Eltern, Schülern, Schulträgern und Gemeinden selbst zu entscheiden, welche Schule und welche Art von Unterricht sie wollen. Geben wir jedem Kind seinen steuerfinanzierten Bildungsgutschein. Den können die Eltern mit ihren Kindern dann dort einlösen, wohin sie ihre Kinder schicken wollen.

Das wird zum Wettbewerb zwischen ganz verschiedenen Schulen (Kindertagesstätten, Kindergärten) und zu Ergebnissen führen, die eine abgehobene Kultusbürokratie unter dem Einfluss von parteiischen Politikern nie erzielen kann. Und ganz nebenbei wird auch der Staatsapparat schlanker. Stecken wir unsere Steuern in die gute Ausbildung unserer Jugend statt in verstaubte Amtsstuben.

Die Stadt Offenbach hat den Betrieb und die Sanierung von 88 öffentlichen Schulen ausgeschrieben. Das wird gut für den Haushalt der Stadt: Die Kosten für Bauten, Technik und Unterhalt werden 30 Prozent niedriger, und die betriebstechnische Qualität wird besser sein. Die Lehrer können sich aufs Unterrichten konzentrieren. Und es öffnet sich ein neuer Markt für private Gebäude-Dienstleistungen, der Arbeit schafft.

In freien Schulen werden Lehrer eher Trainer sein. Sie werden die Interessen der Kinder herausfinden, ihre Stärken fördern und jedes einzelne Kind durch Fordern darin fördern, die eigenen Schwächen zu überwinden. Das lebenslange Lernen zu lernen ist die Aufgabe jeder zukünftigen Ausbildung. Sie sollte von Anfang an »dual« sein, also Praxis und Theorie klug miteinander verbinden, auf allen Ebenen, gerade auch an den Hochschulen. Eine neue Aus- und Fortbildung der Lehrer muss dafür sorgen, dass sie ihren anspruchsvolleren, aber auch großartigeren Aufgaben gewachsen sind.

Sein oder tun

Es gibt zwei Arten von Politikern: Die einen wollen etwas tun. Die anderen wollen etwas sein.

Ich wollte 2001 und 2002 meinen besonderen Beitrag leisten, um die FDP zu einer Volkspartei zu machen, die eines fernen Tages auch einmal den Bundeskanzler stellen könnte. Denn nur wer ähnlich groß ist wie CDU und SPD, hat die Macht, seine Politik in der Sache durchzusetzen. Einem kleineren Koalitionspartner kann das nie gelingen. Dass der erste Kanzler der FDP nicht Möllemann heißen würde, war mir natürlich völlig klar. Aber ich wollte gerne dafür kämpfen, einem Kandidaten den Weg zu bereiten. Einer muss ja das tun, was noch nie getan wurde. Sonst geschieht es nie.

Heute ist mir klar: Angesichts meiner unzähligen ergebnislosen Gespräche mit Dr. Westerwelle hätte ich viel früher merken müssen, dass er an meine Idee vom »Projekt 18« nie geglaubt hat. Und seine Berater im Parteipräsidium wie in der Bundesgeschäftsstelle schon gar nicht. Nein, Dr. Westerwelle wollte sich nur von der Woge tragen lassen, die ich erzeugt hatte. Deshalb hielt er mich in der Frage eines FDP-Kanzlerkandidaten hin. Vor dem Parteitag, der darüber im Mai 2001 zu entscheiden hatte, bat er mich öffentlich, für das Amt eines der drei stellvertretenden Bundesvorsitzenden zu kandidieren, weil er mir »eine herausgehobene Rolle« zugedacht habe. Dass das eine List war, wurde mir nur allzu bald deutlich.

Am 23. April stand ein entscheidendes Telefonat mit Dr. Westerwelle an. Fritz Goergen, mit dem ich die »Strategie 18« entwickelt hatte, schrieb mir dafür eine Notiz mit folgender Empfehlung:

» – Als einer im Team wie alle wirst Du nur der herausgehobene Sündenbock fürs vorhersehbare Scheitern,

- also: strategischer Rückzug nach Gallien (Nordrhein-
  Westfalen) und
- neues Operationsziel: völlig neue Wege ins Stadttor (in die
  Landesregierung).«

Ich bin also keineswegs blind in die Falle gelaufen, die
Dr. Westerwelle mir mit seinem Vorschlag gemacht hatte,
sondern leider sehenden Auges.

Um im Führungsteam dabei zu sein, hätte es ausgereicht,
dem Präsidium wie bisher als einfaches Mitglied anzugehören. Wenn ich mich dennoch bereit erklärte, als stellvertretender Bundesvorsitzender zu kandidieren, dann nur, weil
ich Dr. Westerwelles Einladung nicht ausschlagen wollte.
Der eigene Landesverband hätte das als eine Art gekränkter
Eitelkeit missverstanden. Die üblichen Parteifeinde hätten
dafür schon gesorgt.

Ohne den eigenen Kanzlerkandidaten war die »Strategie
18 %« nicht komplett. Das hieß nicht von vornherein, dass
nur ich als Kanzlerkandidat infrage kam. Es war zwar allgemein bekannt, dass ich mir diese Rolle am ehesten zutraute.
Wenn aber der neue Bundesvorsitzende sie selbst schultern
wollte, wollte ich ihm dabei so tatkräftig helfen, wie ich das
in meiner Eigenschaft als Landesvorsitzender und Frak-
tionsvorsitzender im Landtag nur tun konnte.

Was ein Spitzenkandidat ist, wissen Politiker, Journalisten
und Parteifunktionäre. Was ein Kanzlerkandidat ist, versteht
hingegen jeder. Dieses Bild sagt jedem sofort, nachhaltig und
wirkungsvoll: Die sind keine Lagerpartei, keine Funktionspartei und keine Mehrheitsbeschaffer für andere. Die sind
eigenständig. Die sind selbstbewusst. Die treten auf gleicher
Augenhöhe mit den Volksparteien an.

Ein Landespolitiker oder ein stellvertretender Bundesvorsitzender hat nun einmal nicht das Kampfgewicht eines
Kanzlerkandidaten, weder bei den Medien noch bei den
Wählern, noch bei den Mächtigen in Gesellschaft und Wirtschaft. So sind die Spielregeln der Politik – und so müssen sie
wohl auch sein.

Es passt so gar nicht zu dem Bild, das immer wieder von

mir gezeichnet wurde, aber wahr ist es trotzdem: Der Einsatz für meine politische Heimat war mir wichtiger als meine politische Karriere auf Bundesebene. Mir schwante, was es bedeuten würde, nach Rainer Brüderle und vor Walter Döring zum stellvertretenden Bundesvorsitzenden gewählt zu werden. Aber ich wollte es mit dem Team probieren. Dass es Dr. Westerwelle mit einem Team nie ernst war, begriff ich erst später.

Er wollte die Voraussetzungen schaffen, um tun und lassen zu können, was er wollte. Damit hätte ich auch leben können. Wenn er wenigstens in der Sache ernsthafte Politik gemacht hätte. Die 18 Prozent aber verstand er von Anfang an nur als PR-Symbol, das den Anspruch auf ein zweistelliges Wahlergebnis signalisierte. Und er glaubte, ein solches Ergebnis bei Christiansen, Illner und in seinem »Guidomobil« herbeilächeln zu können. Für ihn ist schon immer alles nur Marketing gewesen, Marketing in eigener Sache. Inhalte interessieren ihn nicht.

Bis zur Entscheidung über den eigenen Kanzlerkandidaten im Mai 2001 hatten er und seine Büchsenspanner die Medien regelmäßig wissen lassen: Nach der von Möllemann so strapazierten »Marketingfrage« würde die FDP endlich zu den politischen Inhalten kommen. Darauf wartete Deutschland dann bis zum 23. September 2002 vergeblich.

Jetzt, nach der verlorenen Bundestagswahl, spricht Dr. Westerwelle wieder von der »Bürgerpartei« statt von einer Partei »für das ganze Volk«. Ich wollte damals etwas tun. Notfalls allein. Dr. Westerwelle wollte etwas sein. Das ist er jetzt auch: ein leiser Vorsitzender der leisen Oppositionspartei.

Eine FDP für das ganze Volk

Von Jürgen W. Möllemann
Frankfurter Allgemeine Zeitung, 3. Juli 2000

Bei der Bundestagswahl 2002 wird mehr entschieden als ihr Ausgang: Wer in der neuen Parteienstruktur von 2002 an in welcher »Klasse« antritt. Die Grünen haben diese

Frage für sich entschieden. Ihre »Vision« und ihr Mut reicht nur für die zweite Bundesliga: CDU und SPD sind ihnen als Gegner zu groß. In der so genannten dritten Kraft endet ihre Phantasie. Dabei sein um jeden Preis, auf dieses Kümmer-Dasein ist geschrumpft, was als Alternative zu den etablierten Parteien angetreten war. Die Grünen sehen alt aus.

Will die FDP nicht so alt aussehen wie die Grünen, muss sie nach den Siegen von Kiel und Düsseldorf das »Projekt 18« verwirklichen. Weil sie sich sonst wieder bei 1,8% wie 1999 findet. 18% bei der Bundestagswahl 2002 sind nicht weniger möglich als 9,8% bei der NRW-Landtagswahl 2000: Aber natürlich nur mit einem ebenso zugespitzten Programm, einer ebenso glasklaren Strategie, einer ebenso kreativen Kampagne und einem ebenso professionellen Management. Und nicht zuletzt: Mit einem Wählermagneten als Kanzlerkandidat der FDP.

Die Strategie des »Projekts 18« kann nur heißen: Die FDP tritt an um den Einzug in die erste Bundesliga, in die Liga der Volksparteien. In die erste Liga zieht die FDP nur ein, wenn sie selbst Volkspartei wird.

Bürgerpartei sei der bessere Name, lautet ein Einwand. Jede(r) weiß, was eine Volkspartei ist: Erstens eine Partei für das (ganze) Volk, zweitens einflussreich und groß. Was ist eine Bürgerpartei?

Dann gibt es Leute, die sagen, eine FDP, die 20% oder mehr hätte, wäre keine liberale Partei mehr. War die LDP vor der Gleichschaltung keine liberale Partei? Agierte die FDP seit Walter Scheel, Hans-Dietrich Genscher und Nachfolgern – schon durch die Wahl von Ressorts wie Außen, Innen, (Land-)Wirtschaft – je anders als eine Volkspartei? Agiert die FDP im Bundestag nicht wie eine Volkspartei? Mit eigenen Positionen zu allen Fragen – statt zu Nischen-Themen? Ist es da nicht Zeit, auch Ergebnis-Größen von Volksparteien anzustreben?

Ist das neue Grundsatz-Programm der FDP – die Wiesbadener Leitlinien – das Programm einer Nischenpartei?

Nein, es bietet mehr inhaltliche Breite, Reichweite und Modernität als die von CDU und SPD. Sicher, der eine oder andere Teil blieb zu sehr in der Tagespolitik hängen. Das können und müssen wir vor 2002 ändern. Der letzte Parteitag hat da mit der Sozial-Politik einen guten Anfang gemacht.

Gerhard Schröder macht aus der alten SPD eine »liberale« Partei im amerikanischen Sinne – also eine, die dem Markt mehr Raum lässt, ohne der Umverteilung abzuschwören. Die CDU wird spät entscheiden, wie viel Platz das (wirklich) Konservative haben darf. Je nachdem wird sie ihre Umverteilungspolitik mehr »konservativ« oder mehr »christlich« begründen.

Für eine FDP, die erst zweitens oder drittens auf den Staat setzt und vorher auf die Optimisten in allen Volksschichten, ist viel Platz. Es sind die Jungen und die potentiellen Nichtwähler, die 18 Prozent FDP möglich machen. Wähler sind in Nordrhein-Westfalen auch von CDU und SPD zur FDP gekommen. Aber die große strategische Reserve sind die Jungen und jene, die jetzt oder schon lange nicht mehr wählen wollen. Die ersten erreichen wir im Internet, die zweiten in den alten Massenmedien: Mit einer Kampagnenstrategie, die unsere politischen Botschaften als Bilder inszeniert – in Wortbildern und Bildworten.

Das einzige, was zur Volkspartei und entsprechenden Wahlergebnissen fehlt, ist unser Mut, eine Volkspartei zu sein und entsprechende Wahlerfolge erzielen zu wollen. Andere Ratschläge von Experten und Journalisten, die dem CDU-SPD-Kartell anhängen, sind eine interessante Bestätigung der guten Aussichten des »Projekts 18«.

Wir haben nur das Kümmer-Dasein des Auch-ein-Bisschen-dabei-Seins zu verlieren – und alles zu gewinnen. Mein Aufruf zum »Projekt 18« hat vor kurzem auf dem FDP-Bundesparteitag viel Zustimmung gefunden. Täglich melden sich parteilose Mitbürger, Mitglieder anderer Parteien, junge Leute, die 2002 zum ersten Mal zur Wahl gehen dürfen, FDP-Verbände und alle möglichen Initiativen für das »Projekt 18«. Das virtuelle Netzwerk, die »Werkstatt 18«, wächst. Ich werbe um alle, die einen Beitrag leisten können. Um die Optimisten im Lande, um jene, die anpacken statt zu klagen: außerhalb und innerhalb der FDP.

Eine Konferenz für Nahost

Deutschland und die EU müssen dem Frieden in Nahost neue Impulse geben, schon vor dem bevorstehenden Krieg gegen den Irak und danach erst recht. Denn der Nahe und Mittlere Osten ist nicht nur im wahrsten Sinne des Wortes ein Pulverfass. Er steht als negatives Symbol zwischen Amerika, Europa und Asien, zwischen Christentum, Judentum und Islam, zwischen Aufklärung und Fundamentalismus.

Seit einem halben Jahrhundert hat diese Region keinen Frieden mehr erlebt, und der Krieg ist in ganz unterschiedlichen Konstellationen praktisch jederzeit denkbar. Besondere Bedeutung für eine dauerhafte Befriedung der Region hat der Konflikt zwischen Israel und Palästina. Ein tragfähiges Friedenskonzept für den Nahen und Mittleren Osten braucht als unabdingbare Voraussetzung die gegenseitige Anerkennung der beiden Staaten. Ohne eine Regelung für Palästina gibt es keine Friedensregelung für den Nahen Osten insgesamt.

Der Umkehrschluss gilt jedoch leider ebenfalls: Ohne die Bemühung um ein solides Friedenskonzept scheinen allein auf Israel und Palästina bezogene Vermittlungs- und Schlichtungsversuche erfolglos zu bleiben. Zwar gab es immer wieder Hoffnung und Phasen der Annäherung. Letztlich dominiert jedoch das Schema von militärischer Aktion und Reaktion das israelisch-palästinensische Verhältnis. Und allzu oft steckt hinter diesem Schema eine Eskalationsstrategie verschiedener Akteure auf beiden Seiten.

Der Nahe und Mittlere Osten braucht ein supranationales Friedenskonzept. Nur auf diese Weise kann die Region aus dem Teufelskreis von Misstrauen, Ablehnung und Aggression herauskommen: Und herauskommen heißt nicht, herausgeführt werden. Keine Macht, auch nicht die einzige Weltmacht USA, könnte am Reißbrett eine neue Weltordnung entwerfen, die den Nationen und Völkern ohne deren eigenes Zutun Frieden bringt.

Ein Friedenskonzept macht nur Sinn, wenn alle Länder dieser Region beteiligt sind und wenn sie selbst wesentlichen Gestaltungsraum bekommen. Natürlich braucht dieses Konzept Impulse von außen, unter Umständen auch Moderation. Aber die seit Jahren praktizierten Feuerwehreinsätze der USA und der Europäer, die immer dann erfolgten, wenn das Pulverfass wieder einmal zu explodieren drohte, müssen als gescheitert angesehen werden.

Eine deutsche Nahostpolitik, die diesen Namen verdienen würde, existiert seit Jahren nicht mehr. Eine Vision für eine europäische Rolle bei der Gestaltung einer friedlicheren Zukunft für den Nahen Osten? Fehlanzeige. Nach dem Ende der Amtszeit Hans-Dietrich Genschers als Außenminister wurde das Feld vollständig anderen Akteuren überlassen. Außenminister Klaus Kinkel hat die FDP in dieser Frage abgemeldet. Und auch die rot-grünen Bundesregierungen verfolgen keine kontinuierlichen europäischen und deutschen Interessen in der Nahostregion mehr.

Diese Interessen sind aber höchst bedeutend. Mehr noch als den USA muss den Staaten der Europäischen Union an Stabilität und Sicherheit im Nahen und Mittleren Osten gelegen sein. Denn wir Europäer leben doch geografisch, kulturell und historisch in Nachbarschaft mit den Staaten des südlichen und östlichen Mittelmeerraums. Jede krisenhafte Zuspitzung vor unserer Haustür, jede weitere Eskalation der Gewalt hätte unmittelbare Auswirkungen auf uns alle.

An erster Stelle steht die sicherheitspolitische Dimension. Noch immer sind in der Region Massenvernichtungswaffen und Trägersysteme vorhanden. Welche verheerenden Folgen deren Einsatz – sei er auch »nur« lokal – für Europa und seine Bürger hätte, liegt auf der Hand. Dabei muss man nicht gleich mit dem Schlimmsten rechnen. Die Konsequenzen eines bewaffneten Konflikts oder einer schweren Wirtschaftskrise in der Region wären schlimm genug.

Wohin würden sich die Flüchtlingsströme dann wenden? In keine andere Richtung als während der Kriege im ehemaligen Jugoslawien: Westeuropa wäre wieder das bevorzugte Ziel. Seit die Binnengrenzen in der Europäischen Union aufgehoben sind, ist die Bundesrepublik Deutschland unter dem Gesichtspunkt der Einwanderung ein Mittelmeerland.

Die Region birgt aber nicht nur große Risiken, sondern auch große Chancen. Von einem wirtschaftlichen Aufschwung der Staaten des Nahen und Mittleren Ostens und einer Ausweitung des Handelsvolumens würden gerade wir in der Europäischen Union erheblich profitieren. Das wirtschaftliche Potenzial des Nahen und Mittleren Ostens ist – nicht nur, aber auch aufgrund des Faktors Öl – beträchtlich und wird bisher nur äußerst unzureichend genutzt.

Die 2010 angestrebte Errichtung einer Freihandelszone zwischen der Europäischen Union und den Mittelmeer-Anrainerstaaten, die ihr nicht angehören, ist ein wichtiger Schritt in die richtige Richtung. Wirkliche Aussicht auf Erfolg hat dieses Konzept aber nur dann, wenn es politisch flankiert wird. Eine Freihandelszone unter Einschluss von Staaten, die sich untereinander im Quasi-Kriegszustand befinden, wird nicht funktionieren.

All dies macht eine gestaltende Rolle der Europäischen Union und ihrer Mitgliedstaaten im Bemühen um Sicherheit, Stabilität und wirtschaftliche Prosperität im Nahen Osten erforderlich. Das bedeutet nicht, dass die EU-Staaten versuchen sollten, Lösungen ohne oder gar gegen die USA zu verfolgen. Das wäre weder realistisch noch wünschenswert. Die USA bleiben Europas stärkster und wichtigster Partner; die Pflege des transatlantischen Verhältnisses muss – erst recht aus deutscher Sicht – auf Dauer außenpolitische Priorität genießen. Soll aber die europäische Perspektive angemessene Berücksichtigung finden, so müssen die Europäer selbst dafür sorgen.

Von den Amerikanern war das schon bei Clinton nicht zu

erwarten. Und die Bush-Administration sieht zuerst nach Lateinamerika und Asien – erst dann nach Europa. Bush und seine Leute blicken sozusagen aus der anderen Richtung in den Nahen Osten, nämlich vom Mittleren Osten aus. Das müssen wir in Europa endlich anfangen zu begreifen.

Vorzunehmen ist eine nüchterne Abwägung unserer Interessen und der Möglichkeiten zu ihrer Verwirklichung. Deutschland und die Europäische Union als Ganzes verfügen weder über die Mittel noch den politischen Willen, zu den USA in ihrer Eigenschaft als weltpolitische Führungsmacht aufzuschließen.

Dies darf die EU-Staaten aber nicht daran hindern, eine Rolle zu übernehmen, die sie aufgrund ihrer Wirtschaftskraft und ihres Bevölkerungspotenzials haben. In diesem Zusammenhang wird die gewachsene Verantwortung des vereinten Deutschland von anderen oft deutlicher gesehen als von uns Deutschen selbst.

Europa und Deutschland haben zu dem Versuch einer umfassenden Friedensordnung für die Nahostregion viel beizusteuern. Da ist zunächst die historische Erfahrung der Überwindung von Hass, zäher Feindschaft und der Folgen von Krieg und Vernichtung. Das europäische Beispiel zeigt, dass Versöhnung auch über tiefste Gräben hinweg möglich ist.

Und: Europa hat – mit den USA und Kanada – in der Konferenz für Sicherheit und Zusammenarbeit in Europa (KSZE) ein Instrumentarium entwickelt, mit dem es möglich war, in den Zeiten des Kalten Kriegs ungeachtet aller ideologischen Differenzen und unvereinbar scheinenden Interessen auch in schwierigen Situationen ein Gesprächsforum zu erhalten.

Selbst während der weltpolitischen Eiszeit Ende der Siebzigerjahre ist es der KSZE gelungen, vorzeigbare Ergebnisse zu präsentieren. Dieses Festhalten am KSZE-Prozess hat sich als richtig erwiesen. In den Worten von Hans-Dietrich Genscher: »Mit der deutschen Ostpolitik und der Schlussakte von Helsinki wurde der Weg frei gemacht für die Überwindung der Teilung Europas und Deutschlands.«

Es ist mehr als höchste Zeit, dass die Europäische Union die Initiative ergreift und die Einberufung einer KSZNO (Konferenz über Sicherheit und Zusammenarbeit im Nahen Osten) ernsthaft und nachdrücklich betreibt. Eine couragierte Nahostpolitik Deutschlands und der Europäischen Union sollte das Projekt in Angriff nehmen, nach dem Vorbild der KSZE Elemente einer Friedensordnung für den Nahen Osten unkonventionell und ohne jede vorhergehende Festlegung auf das bisher Versuchte zu einem Gesamtkonzept zusammenzufügen.

Das Projekt einer KSZNO hätte im Vergleich zu den bisherigen Lösungsansätzen wesentliche Vorzüge. Die katastrophale Eskalation der Gewalt in Israel und in den Autonomiegebieten seit dem Jahr 2000 zeigt leider nur allzu deutlich, dass bilaterale Teillösungen allein keinen dauerhaften Erfolg versprechen.

Der israelisch-palästinensische Konflikt ist nur ein – wenn auch ein äußerst symbolträchtiges – Teilproblem in einer Region, die von einer Vielzahl von Frontlinien durchzogen ist.

Gefahren für Sicherheit und Stabilität gehen auch von zahlreichen anderen Spannungsherden aus (Israel-Syrien, Israel-Libanon, Syrien-Irak, Irak-Iran, Irak-Kuwait, Türkei-Syrien, um nur einige zu nennen).

Der Start eines Regionalprozesses nach dem Beispiel der KSZE könnte es ermöglichen, diese mit tief sitzenden Gefühlen und Prestige beladenen Teilkonflikte behutsam zu lösen und eine umfassende Friedensordnung zwischen gleichberechtigten Partnern zu schaffen. Kompromisse und Zugeständnisse im Interesse des größeren Ganzen würden erleichtert und gemeinsam honoriert werden.

Der bewusst offen gestaltete Rahmen einer KSZNO ermöglicht zudem die Einbeziehung weiterer Problemfelder. Der KSZE-Prozess war nicht zuletzt deshalb erfolgreich, weil er sich nicht auf Fragen der inneren und äußeren Sicherheit beschränkt hat. Er hat sich zugleich auf Zusammenarbeit in den Bereichen Wirtschaft, Wissenschaft und Umwelt sowie auf »humanitäre Fragen« erstreckt. Wie 1975 in Helsinki sollten deshalb auch im Rahmen einer KSZNO verschiedene »Körbe« – also übersichtliche Teilfragen – geschaffen werden. Eine Verknüpfung dieser Körbe bietet die Chance eines flexiblen Herangehens an die Einzelprobleme und eines fairen Interessenausgleichs, bei dem alle Beteiligten gewinnen.

Wie müsste eine Initiative zur Einberufung einer KSZNO konkret aussehen? Die Führungsrolle sollte die Europäische Union übernehmen, die damit die bisher fast ausschließlich auf dem Papier existierende Gemeinsame Außen- und Sicherheitspolitik (GASP) mit wirklichem Leben erfüllte. Innerhalb der EU könnte Deutschland in enger Abstimmung mit der US-Regierung zum Motor der Initiative werden – und damit in die Außenpolitik zurückkehren.

Am Anfang des KSZNO-Prozesses könnte eine Grundlagenkonferenz der Außenminister stehen, auf der eine Einigung über Rahmen, Grundsätze und Ziele angestrebt werden müsste. Diese Einigung wäre in einem Prinzipienkatalog niederzulegen, der dann gewissermaßen die »Grundordnung der KSZNO« darstellen würde.

Auf der Grundlagenkonferenz wäre der Inhalt der einzelnen Körbe zu bestimmen. Zu den Schlüsselthemen gehört – neben den klassischen Themen Vertrauensbildung, Sicherheit und Rüstungskontrolle – an erster Stelle die auf der gesamten Region schwer lastende Frage einer gerechten Verteilung des lebenswichtigen Wassers. Viele Experten halten die Wasserproblematik für die eigentliche Bedrohung der Sicherheit und Stabilität im Nahen Osten. Eine am Grundsatz der Konfliktvermeidung orientierte Politik muss diese Zeitbombe rechtzeitig entschärfen.

Ebenso wichtig sind konkrete Initiativen zur wirtschaftlichen Entwicklung der Region. Eine florierende Wirtschaft ist immer ein Stabilitätsfaktor: Wer etwas zu verlieren hat, wird Stabilität wollen. Allen Konfliktparteien muss durch die Aussicht auf internationale Wirtschaftshilfe ein Anreiz zur Einigung geboten werden. Dies darf jedoch nur ein erster Schritt sein. Langfristig muss es darum gehen, regionale Wirtschaftskooperation zu institutionalisieren.

Die Staaten des Nahen Ostens treiben heute Handel mit Europa, Japan und den USA. Das Handelsvolumen der Staaten untereinander ist hingegen nicht der Rede wert. Wo es nicht historische Feindschaft ist, die den Austausch von Waren und Dienstleistungen behindert oder gar unmöglich macht, dort sind es bürokratische Hemmnisse, fehlende Infrastruktur und in so manchem Staat auch planwirtschaftliche Verirrungen aus den Zeiten des Kommunismus. Bei vielen herrscht noch immer das alte Denken vor, dass der Vorteil des anderen gleichzusetzen ist mit dem eigenen Nachteil. Auch hier kann Europa am eigenen Beispiel demonstrieren, dass von Wettbewerb, Liberalisierung und wirtschaftlicher Öffnung alle profitieren.

Daneben könnten weitere Themen, deren isolierte Behandlung oft auf kaum zu überwindende Vorbehalte einzelner Länder stößt, zum Gegenstand der KSZNO-Verhandlungen gemacht werden. Dazu gehören Menschenrechte, Minderheitenschutz und eine Stärkung der Zivilgesellschaft. Zu denken ist darüber hinaus aber auch an Kooperation in den Bereichen Umwelt, Technologie, Wissenschaft und Kultur.

Folgende Untergliederung ist vorstellbar:

- Korb 1: Vertrauensbildende Maßnahmen, Konfliktbeilegung und Konfliktvermeidung (insbesondere: Wasserproblematik), Sicherheit und Rüstungskontrolle
- Korb 2: Zusammenarbeit in den Bereichen Wirtschaft, Technologie, Umwelt, Wissenschaft und Kultur
- Korb 3: Menschenrechte, Minderheitenschutz, Stärkung der Zivilgesellschaft

Der Teilnehmerkreis müsste im Interesse der erstrebten Globallösung recht weit gefasst sein und wichtige internationale Organisationen einschließen.

Zuerst zu nennen sind alle am israelisch-arabischen Kernkonflikt unmittelbar beteiligten nahöstlichen Staaten und Akteure, im Einzelnen also: Israel, die Palästinensische Autonomiebehörde, Ägypten, Jordanien, Syrien und der Libanon.

Dann die Mittler: die EU als Initiator und verantwortlicher Träger des KSZNO-Prozesses und die USA als einzige verbliebene Supermacht mit massiven eigenen Interessen in der Region. Auch Russland muss aufgrund seiner Stellung als ständiges Mitglied im Sicherheitsrat und Mitglied der G 8 eine wichtige Rolle übernehmen, als nördlicher Anrainer – und als Atommacht!

Weitere Staaten sollten hinzukommen: Die Türkei hat geografisch, kulturell und als NATO-Mitglied und EU-Beitrittskandidat eine Brückenfunktion. Zudem ist sie – denken wir nur an die Wasserfrage – selbst ein Schlüsselland bei der Lösung einer Reihe von Teilproblemen.

Auch die Staaten des Golfkooperationsrats (Bahrain, Katar, Kuwait, Oman, Saudi-Arabien, Vereinigte Arabische Emirate) können bedeutende Beiträge zur Konfliktlösung leisten. Die nordafrikanischen Länder, insbesondere Algerien, Marokko und Tunesien mit ihrer moderaten Außenpolitik, die in der Vergangenheit oft gute Dienste als Vermittler geleistet haben, können das wieder tun. (Das gilt auch wieder für Libyen: Die rot-grüne Bundesregierung war auf Muammar al-Gaddhafi angewiesen, um die Freilassung der deutschen Geiseln auf den Philippinen zu erreichen.)

Am Ende des Golfkrieges stand die Entscheidung der von den USA, Großbritannien und Frankreich geführten Anti-Irak-Allianz, Saddam Hussein nicht aus seiner Machtposition zu entfernen, obwohl dies möglich gewesen wäre. Die Verwirklichung des KSZNO-Konzepts, einer tragfähigen Ordnung, die Vertrauen und Kooperation unter Gleichberechtigten schafft, muss den Irak einschließen. Wie schnell es dort nach dem Krieg des Westens gegen Saddam Hussein zu einer politisch stabilen Ordnung kommt, die das erlaubt, wissen wir leider alle nicht.

Gänzlich unverzichtbar ist die Einbeziehung des Iran. Teheran verfolgt unter Präsident Khatami eine auf Ausgleich und Entspannung gerichtete Politik gegenüber seinen Nachbarn und leistet auf diese Weise einen wichtigen Beitrag zur regionalen Stabilität. Die reformorientierten Kräfte im Iran haben erkannt, dass Frieden in der Region im Interesse ihres Landes liegt. Sie sollten darin bestärkt werden, über ihren Einfluss auf Hisbollah und Hamas auch im israelisch-arabischen Konflikt mäßigend zu wirken.

Der multilaterale Rahmen einer KSZNO könnte überdies die Chance bieten, dass in ihrem Verlauf der Iran und die USA zu einem Durchbruch in ihren bilateralen Beziehungen gelangen, was den Regierungen beider Länder aus innenpolitischer Rücksichtnahme bisher unmöglich war. Für Deutschland und Europa hätte dies den positiven Effekt, dass ein potenzieller Konfliktherd im transatlantischen Verhältnis beseitigt würde – ich denke an die US-Sanktions-Gesetzgebung, die nichtamerikanische Unternehmen, die in die iranische Erdölindustrie investieren, mit schweren Strafen belegt.

Abgerundet werden sollte der Teilnehmerkreis schließlich durch die KSZE, die Weltbank, die Arabische Liga und die Vereinten Nationen einschließlich wichtiger Sonderorganisationen und -organe, beispielsweise des UNHCR, der UNRWA, der UNESCO und des Internationalen Währungsfonds.

Gegen das hier skizzierte Projekt einer KSZNO lassen sich wie gegen jedes andere Projekt manche Bedenken ins Feld führen. Haben die Staaten in der Region wirklich den Willen zum Frieden? Werden die USA die Initiative unterstützen? Droht nicht die Gefahr immer neuer Rückschläge durch immer neue Aktionen extremistischer und terroristischer Gruppierungen?

Sicher ist, dass Abwarten keine Alternative sein kann. Der Friedensprozess in Nahost steckt in einer Sackgasse. Die derzeitige Situation birgt die Gefahr, sich zu einer internationalen Krise auszuweiten. Selbst ein neues israelisch-palästinensisches Abkommen brächte keine dauerhafte Sicherheit und schon gar keine Stabilität. Eine Lösung der zahlreichen anderen Konflikte in der Region ist ebenso wenig in Sicht. Die Europäische Union betätigt sich als Zahlmeister. Von einer deutschen und europäischen Nahostpolitik ist keine Spur.

Das muss sich ändern. Und wann, wenn nicht jetzt? Auch die Idee der KSZE wurde von vielen Westeuropäern zunächst mit großer Skepsis betrachtet, denn die Initiative dazu ging – wir haben es längst vergessen – von der Sowjetunion aus. Die Gegensätze und die Konfliktpunkte zwischen NATO und Warschauer Pakt waren nicht geringer als jene in Nahost. Die Kriegsgefahr war ungleich größer, die politische und menschliche Abneigung zwischen manchen Antipoden in Ost und West nicht weniger ausgeprägt.

Die Umsetzung des Vorhabens, im Nahen Osten einen umfassenden Prozess nach dem Vorbild der KSZE in Gang zu setzen, erfordert Mut, Entschlossenheit und einen langen Atem. Ein Blick zurück auf die Ostpolitik der sozial-liberalen Koalition lehrt jedoch: Erfolgreiche Außenpolitik wird nicht von heute auf morgen gemacht. Fortschritt hat es noch nie ohne Visionen gegeben.

Friedman und der Unfriede

Dass die Sprecher der Deutschen jüdischen Glaubens vieles, wenn nicht alles im Bezugsrahmen des Holocaust sehen, akzeptieren und verstehen die meisten Menschen hierzulande. Aber wie Michel Friedman sich äußert, fällt aus diesem Rahmen oft heraus. Schon das zu sagen, werden mir diejenigen verbieten wollen, die meine Kritik an der Politik Sharons und an Friedmans fast uneingeschränkter Unterstützung dieser Politik als unzulässig zurückgewiesen und als Tabubruch bezeichnet haben.

Natürlich ist es einzig und allein Friedmans Sache zu entscheiden, wie aggressiv er auftritt. Ich bin der Letzte, der ihm oder sonst wem dieses selbstverständliche Recht abspräche. Aber warum darf man ihn dann nicht scharf kritisieren und die Wirkung seiner aggressiven Auftritte klar bewerten?

In der Zeitschrift *eigentümlich frei* schrieb der Medienwissenschaftler und Journalist Arne Hoffmann im Juli 2002:

>*In der Kontroverse Möllemann gegen Friedmann konnte in den Medien (bis auf wenige Sonderfälle vom linken und rechten Rand) nur eine einzige Meinung vertreten werden. Gleichgeschaltet waren ›taz‹ und ›bild‹, ›Süddeutsche‹ und ›Welt‹, ›Focus‹ und ›Spiegel‹, ›Rundschau‹ und ›Zeit‹, ›Panorama‹, ›Kontraste‹, ›Report‹, ›Bericht aus Berlin‹, ›Berlin direkt‹, ›Frontal 21‹ sowie die gesamte Talkshow-Branche und die regionalen Zeitungen ohnehin. Praktisch von einem Tag auf den anderen fühlte man sich diesbezüglich fast wie in einem totalitären Staat.«*

Friedman hat als Vizepräsident des Zentralrats der Juden eine besonders herausgehobene öffentliche Rolle. Ist er da nicht in hohem Maße verpflichtet, zwischen diesem Amt, seiner Eigenschaft als CDU-Politiker und der Rolle des Fernsehmoderators ganz streng zu trennen?

Bin ich umgekehrt verpflichtet, mich jeder Kritik zu enthalten, obwohl er seine drei Rollen (bewusst?) nicht trennt?

Helmut Markwort, Chefredakteur des Magazins *FOCUS*, schrieb in der Ausgabe 22/2002:

> *... Einen Deutschen einen Antisemiten zu nennen ist die größte denkbare Diffamierung, denn sie assoziiert Rassenhass, Massenmord, Auschwitz ... Antisemit – das ist ein Killerwort. An wem es klebt, der ist gesellschaftlich und politisch geächtet ... Wem Friedman zu arrogant ist, der ist kein Antisemit ...«*

Warum konnte ich mit Ignatz Bubis immer auch dann ganz sachlich diskutieren, wenn wir nicht einer Meinung waren? Das lag ganz sicher nicht daran, dass wir derselben Partei angehörten, wie man aus dem Umgang der FDP-Führung mit mir sehen kann. Und es lag auch nicht an mir. Vielmehr lag es an Ignatz Bubis. Im »Liberalen Club«, einem Forum in Münster, wo sich Persönlichkeiten jeden Glaubens und jeder politischen Richtung einfinden, redeten wir miteinander. Bubis hatte eine feste Meinung, ich auch, wir debattierten und lernten unsere verschiedenen Standpunkte und Sichtweisen kennen. Bubis akzeptierte auch die Ansprüche der Palästinenser, wiewohl er mit mir – auch in meiner Eigenschaft als Präsident der Deutsch-Arabischen Gesellschaft – über die Frage stritt, welche Zugeständnisse man ihnen machen sollte.

Die *Frankfurter Allgemeine Zeitung (FAZ)* veröffentlichte am 12. Juni 2002 den Leserbrief des bekannten Frankfurter Bürgers Dr. Erich Bärmeier, in dem es unter anderem hieß:

> *... Ich weiß nicht, wie die schweigende Mehrheit im einzelnen denkt. Ich weiß aber, dass die Art und Weise, wie sich der Zentralrat der Juden in Deutschland und ins-*

besondere sein Vizepräsident Michel Friedman in letzter
Zeit zu äußern pflegen, bei mir antijüdische Empfindun-
gen hervorgerufen hat. Jürgen W. Möllemann hat also, was
mich betrifft, recht. Ja, wird Friedman sagen, da kommt er
zutage, der latente Antisemitismus, vor dem ich immer ge-
warnt habe. Doch das ist völlig falsch.
Meine Einstellung zu den Juden ist seit fast sechzig Jah-
ren durch ein Kindheitserlebnis geprägt. Eines Tages im
Jahre 1943 sah ich in Leipzig… Menschen auf Koffern und
Pappkartons sitzen… Auf ihrer Kleidung prangte der
gelbe Stern, der sie als Juden auswies. … Kurz vor seinem
Tod hatte ich Gelegenheit, mit Ignatz Bubis ein längeres,
vertrauliches Gespräch zu führen. Ich erzählte ihm von
meiner Kindheitserinnerung. Als ich sagte, ich hätte dabei
eigentlich nie an Antisemitismus gedacht, sondern…, fiel
er mir ins Wort: ›… an die Menschenwürde.‹ Ja, das war
genau das, was ich sagen wollte… Dass Paul Spiegel und
der Zentralrat nichts anderes tun, als zu polarisieren, ent-
täuscht mich. Die Größe von Bubis bestand darin, dass er
im Gegensatz zu seinem Vorgänger nicht polarisierte, son-
dern den Dialog suchte… Seine Nachfolger folgen ihm in
dieser Hinsicht leider nicht.«

Nach dem »Antisemitismusstreit« kam es zu einem Gespräch zwischen dem Zentralrat der Juden und dem FDP-
Präsidium. Präsident Paul Spiegel trat anschließend versöhn-
lich und moderat vor die Presse, Friedman dagegen stieß
aggressiv ins Horn. Spiegel spricht vom Lebensrecht Israels,
Friedman verlangt die Unterstützung der Politik Sharons, die
er zum Tabu erklärt, damit die Kritiker schweigen. Wo war
der Aufschrei, als Joschka Fischer den militärischen Einsatz
Deutscher im Kosovo mit Auschwitz begründete?
    Was ist daran falsch oder gar verboten, wenn ich meine
Auffassung kundtue, dass Sharons Politik und ihre Unterstützung durch Friedman den vitalen Interessen aller Bewohner Israels, aber vor allem den Juden tiefen Schaden zu-
fügt? Sharons Politik jubelt die extremen politischen Kräfte

auf beiden Seiten hoch. Die palästinensischen Extremisten sind ihm dafür ebenso »dankbar« wie die israelischen.

Am 8. Dezember 2002 meldete *Bild am Sonntag*, Michel Friedman habe Dr. Westerwelle aufgefordert, sich nicht aus der Affäre zu ziehen: Er sei doch mit allem einverstanden gewesen, was ich getan hätte. Welcher Friedman sprach da eigentlich? Der Journalist? Der CDU-Politiker? Oder der Vizepräsident des Zentralrats der Juden in Deutschland? Und weshalb hatte Friedman das nicht viel früher gesagt? Was geht da vor? Und zwischen wem eigentlich? Zwischen Friedman und Dr. Westerwelle?

Hat Friedman die Aufgabe, dort weiterzumachen, wo Professor Wolffsohn in der *Jüdischen Allgemeinen* im April 2002 – Wochen vor dem so genannten »Antisemitismusstreit« – begonnen hatte, als er die Deutschen jüdischen Glaubens aufrief, wegen der »pro-arabischen« Haltung von Dr. Westerwelle und mir einen Wahlboykott der FDP zu erwägen?

Sollte Friedman den FDP-Vorsitzenden an die Forderungen erinnern, die diesem bei seinem Israel-Besuch »zugemutet« worden waren, wie Dr. Westerwelle es nannte? Oder hatte sich Friedman nur anlässlich des Staatsbesuches des israelischen Präsidenten Kaatzew Anfang Dezember 2002 geäußert? Oder war das eine die gut geplante Vorstufe des anderen?

Dann ist sicher nichts an den Gerüchten, wonach sich die früheren Freunde Friedman und Dr. Westerwelle zerstritten hätten.

Oder greift hier doch das Persönliche ins Politische hinein?

Dableiben und weggehen

Die englische Sprache ist oft genauer als die deutsche. Bei Fragen der Zuwanderung fällt mir das besonders auf. Im Englischen spricht man von zwei Rechten, die sich gleichwertig gegenüberstehen: The right to stay – the right to leave. Ich übersetze es frei so: Die Rechte derer, die schon da sind, müssen mit den Rechten derer ausbalanciert werden, die neu hinzukommen.

In unserer deutschen Debatte schämen sich viele Politiker und Funktionäre gesellschaftlicher Organisationen, über die Rechte der Einheimischen und der schon vor längerer Zeit Zugewanderten zu reden. Scheinheilig tun sie so, als würde sie ausschließlich das Los der Zuwanderer umtreiben.

Unter den Menschen in Deutschland sind es jedoch oft die vor vielen Jahren und Jahrzehnten Zugewanderten, die keine oder jedenfalls nicht viele neue Zuwanderer wollen. Das ist menschlich und leicht zu verstehen. Sie haben ihre ersten Fortschritte bei der Integration gemacht und wollen diesen Vorsprung nicht verlieren. Bei kaum einem Thema wird so viel geheuchelt wie bei der Zuwanderung. Dabei drängen doch Vernunft und Verantwortung zur gleichen Lösung. Im Interesse derer, die schon da sind, wie im Interesse derer, die neu hinzukommen wollen, dürfen wir nur solche Zuwanderer zulassen, die zur Gemeinschaft das Ihre beitragen, nicht aber diejenigen, die der Gemeinschaft zur Last fallen. Es geht nicht länger an, dass wir durch unseren Leichtsinn im Umgang mit den Sozialleistungen Zuwanderer anlocken, die nur dieser Leistungen wegen kommen. Für beide, jene, die schon da sind, und jene, die kommen, muss der Grundsatz voll zur Geltung gebracht werden: Keine Leistung ohne Gegenleistung.

Übrigens reden wir viel zu einseitig nur von denen, die zuwandern. Viel mehr Sorge macht mir, dass seit Jahren 120 000 Menschen jährlich abwandern; sie sind überdurchschnittlich jung, gut ausgebildet und hoch motiviert, ihr Leben in die eigene Hand zu nehmen. Sie flüchten vor der täglichen Gängelei durch unseren sozial-bürokratischen Obrigkeitsstaat.

Über die Tatsache, dass sich das Zahlenverhältnis zwischen Jungen und Alten immer mehr zu den Alten und den sehr Alten verschiebt, sprechen viele. Dass aber unter den Jungen die motiviertesten gehen, scheint kaum jemanden unter den Zuwanderungsspezialisten groß zu beschäftigen.

Wen wirkliche Asylgründe zu uns treiben, den müssen wir aufnehmen – und ihm von vornherein erlauben, hier zu arbeiten. Dann aber müssen wir auch verlangen können, dass er sich und die Seinen selbst ernährt. Hilfe am Start ja, Unterhalt auf Dauer nein.

Wer zuwandern will, muss eine jener einfachen oder anspruchsvollen Arbeiten übernehmen, die mit denen, die schon da sind, nicht besetzt werden können. Das sind Bedingungen, ohne die eine Integration nicht möglich ist. Garantiert ist sie damit ohnedies noch nicht. Wer kommt, muss sich bis zu einem gewissen Grad an die Regeln des allgemeinen Zusammenlebens halten. Diese Regeln variieren auch in Deutschland von Stadt zu Stadt und Dorf zu Dorf. Dass jene, die kommen, nicht verlangen können, dass die, die schon da sind, die Sitten und Gewohnheiten der neuen Zuwanderer hinnehmen, sollte zum selbstverständlichen Umgang, zum gegenseitigen Respekt gehören. Warum nennen wir es nicht wieder wie früher: Höflichkeit?

Ich bin sicher, dass mir die meisten Menschen in allen Schichten des Volkes bei diesen im Grunde ganz einfachen Spielregeln zustimmen. Die Politiker aller Parteien müssen diese Regeln nur noch in einfache Verfahren umsetzen, die jeder versteht. Und es herrschte Gerechtigkeit zwischen den Wünschen derer, die kommen, und jener, die da sind.

Meine vier Kanzler

Willy Brandt habe ich bewundert und verehrt. Daran hat sich nie etwas geändert – ganz gleich, was ihm nicht nur Konservative, sondern auch Nationalliberale im Hinblick auf seine politische Herkunft und auf seine Emigration nach Norwegen nachsagten, oder ob ihm linke wie rechte Kleingeister den Ruf des Lebemannes und Ladykillers anzuhängen versuchten.

Für mich ist er der Mann geblieben, der Deutschland wie kein anderer geistig-kulturell in Schwung brachte. Die positiven Elemente der 68er-Bewegung machte er populär und salonfähig zugleich. Und er war immer voller Milde und Verständnis gegen seine politischen Enkel. Vielleicht machte er an ihnen gut, was er an seinen leiblichen Söhnen versäumt zu haben glaubte.

Als Rudolf Scharping als Kanzlerkandidat im Gespräch war, bat Brandt mich eigens zu sich: »Unterschätzen Sie mir den Rudolf nicht«, sagte er. »Der ist einer von denen, die halten, was sie versprechen.«

Auch hinsichtlich der Nahostpolitik suchte er von Zeit zu Zeit das Gespräch mit mir. Wir waren nicht immer einer Meinung, vertraten oft aber sehr ähnliche Positionen.

Helmut Schmidt respektierte ich. Sonst konnten wir wenig miteinander anfangen. Nur einmal ließ er mir eine Botschaft zukommen. Im Bundestag hatte eine »Aktuelle Stunde« stattgefunden. Der verteidigungspolitische Sprecher der CDU und spätere Verteidigungsminister und NATO-Generalsekretär Manfred Wörner hatte vorgeschlagen, eine Bundeswehrkaserne nach Oberst Rudel zu benennen, dem hochdekorierten Jagdflieger der deutschen Luftwaffe im Zweiten Weltkrieg. Doch Rudel war nicht nur ein tapferer

Soldat gewesen, sondern auch ein glühender Bewunderer Hitlers. Wörners Vorschlag war deshalb mehr als nur problematisch – ihm durfte nicht entsprochen werden.

Auf beachtlich hohem Niveau führte das Parlament eine Diskussion über die militärische Traditionspflege in der Bundeswehr. Meine Rede für die FDP fand die richtige Mischung aus sachlichem Ernst und Ironie. Ich bekam Beifall aus allen Fraktionen.

Kanzler Schmidt schickte mir Post besonderer Art zu: Aus einer Akte hatte er eine grüne Seite herausgerissen und sinngemäß die folgenden Worte zu Papier gebracht: Habe eben Ihre Rede im Auto verfolgt. Großartig, Respekt. – Ich muss die Seite noch irgendwo haben.

Nach dem Ende der Koalition mit der SPD im Jahr 1982 zählte mich Schmidt zu Recht zu denjenigen Freidemokraten, die er für schuld hielt, den Bruch herbeigeführt zu haben. Später hat Schmidt die Schuldfrage anders bewertet und auch die Schuld seiner eigenen Leute deutlich zum Ausdruck gebracht.

Bei Helmut Kohl hatte ich zunächst einen gewissen Bonus – aus dem gleichen Grund, aus dem ich Schmidt verärgert hatte: Genscher hatte Kohl von meiner Hilfe bei seiner Wiederwahl zum FDP-Bundesvorsitzenden erzählt. Doch dieser Vorschuss hielt nicht lange.

Bereits bei Kohls erster Reise nach Ägypten, Jordanien und Saudi-Arabien gerieten wir aneinander. Auf dem Weg nach Riad schilderte ich ihm meine Sorge, die Saudis könnten zum zweiten Mal ihr Gesicht verlieren. Kohl und die Seinen hatten Schmidt immer und immer wieder vorgeworfen, sein Versprechen gebrochen zu haben, den Saudis den deutschen Panzer »Leopard« II zu liefern. Nun stand er selbst im Begriff, dieses Versprechen zu brechen und den kapitalen Fehler zu wiederholen.

Im schönsten Pfälzisch nuschelte Kohl: »S' nicht Ihre Sache, Herr Staatsminister, den Bund'skanzler zu belehren.« Ein Fall von Majestätsbeleidigung, sollte das heißen. Ich denke, er hielt mich von Anfang an für einen Verfechter einer größeren Eigenständigkeit der FDP. Das gefiel ihm gar nicht.

Der Beginn seiner Kanzlerschaft war grandios. Kohl wurde dem Ruf, der ihm aus seiner Mainzer Ministerpräsidentenzeit vorausgeeilt war, gerecht und umgab sich konsequent mit erstklassigen Leuten wie Heiner Geißler und Rita Süssmuth, auch wenn deren Positionen von den seinen mitunter merklich abwichen. Das verlor sich mit den Jahren leider mehr und mehr. Seine Monologe am Kabinettstisch, in der eigenen Fraktion und in der Partei nahmen zu, seine Fähigkeit zum Zuhören hingegen nahm immer mehr ab.

Er hob ab. Er wurde beratungsresistent. Ich weiß, wovon ich rede, denn ich habe es selbst erlebt. Deshalb bin ich auch in dieser Hinsicht für eine Reform der Politik. Derart aufzehrende Ämter sollte man nur eine einzige, allerdings längere Periode ausüben dürfen, am besten für einen Zeitraum von sieben Jahren. Solange wir keine Präsidialdemokratie haben, sollten wir mehr als zwei Amtsperioden von je vier Jahren nicht mehr zulassen. Das wird gut für das Amt sein – und für die Menschen, die es innehaben.

Ja, und Gerhard Schröder! Als ich ihn kennen lernte, galt ich als einer jener Oppositionsabgeordneten der FDP, denen – wie auch meinem Freund Wolfgang Kubicki – nachgesagt wurde, wir seien für eine Koalition mit der SPD offen. So leicht ist es übrigens, von Journalisten zum Sozial-Liberalen ernannt zu werden (genauso leicht wie zum »Rechtspopulisten«). Journalisten sind eben die Einzigen, die noch schneller vergessen als die Politiker. Wieso haben Journalisten eigentlich für diejenigen FDP-Politiker kein Etikett, die in den Christdemokraten die »natürlichen Partner« der FDP sehen?

Schröder hatte als niedersächsischer Ministerpräsident ein Gästehaus in der Landesvertretung in Bonn. Dorthin wurde ich zum Essen geladen. Es war kurz vor seiner Trennung von »Hillu«, seiner damaligen Frau. Wir sprachen auch über Persönliches – nicht über Intimes – und lobten unsere Ehefrauen für ihre verschiedenen Vorzüge. Zu der Zeit aber hatte Schröder schon längst nähere Bekanntschaft mit Doris geschlossen. Die »Doris, wie war ich?«-Ära hatte begonnen.

Nicht dass ich mich als Moralapostel aufspielen möchte. Aber als mir Schröder beim nächsten Treffen so beiläufig vorwarf, dass die Freidemokraten über die nötige Taktik hinaus die rechten Wendehälse seien, konterte ich, indem ich ihn daran erinnerte, wie lobend er bei unserer Begegnung zuvor von Hillu gesprochen habe, wo doch Doris schon ante portas gewesen sei. Er lachte und dröhnte heiter: »Das kommt schon vor, dass man Wilhelm Busch anwendet: ›Der Beste muss bisweilen lügen, mitunter tut er's mit Vergnügen.‹«

Land unter

In Katastrophen schlägt die Stunde der Exekutive. Bei einer so dramatischen Flutkatastrophe wie im Sommer 2002 erst recht. Jede Opposition ist gut beraten, sich hinter die Regierung zu stellen, wenn die für schnelle und tatsächliche Hilfe sorgt. In unserer Mediendemokratie hilft alles nichts: Man muss in die Gummistiefel und in der zweiten Reihe antreten, wenn es die Regierungsleute in der ersten Reihe tun.

Aber eines darf man auf keinen Fall: das nämlich, was CDU/CSU und FDP taten, die schon während der Katastrophe mit der Regierung darüber stritten, wie die Hilfe zu finanzieren sei. Wie weit müssen sich Politiker vom wirklichen Leben entfernt haben, die zu einem solchen Zeitpunkt anfangen, über Erbsen oder Bohnen zu streiten?

Noch schlimmer für die FDP war, dass sie in der Öffentlichkeit keine schlüssige Position bezog. Dr. Westerwelle hatte auch in dieser Situation offensichtlich einfach keine Lust, sich der Disziplin zu unterziehen, ein in sich stimmiges Konzept zu erarbeiten. Ich stehe nicht im Verdacht, ein persönlicher Fan von Wolfgang Gerhardt oder Klaus Kinkel zu sein. Doch die beiden hätten energischer reagiert.

Auf Seite eins wären sie damit in den Medien nicht gekommen, vielleicht aber auf Seite zwei. Dr. Westerwelle hingegen fand im Lokalteil Erwähnung – dank seinem »Guidomobil«. Nicht umsonst verbindet sich bis heute mit ihm kein Sachthema. Weil ihn Sachthemen nicht interessieren. Weil er nur auf die Bühne will, um auf der Bühne zu sein. Auf der Bühne ist es schön, weil einen da die Leute sehn...

Dem nachhaltigen politischen Flurschaden, den der Umgang aller Parteien mit der schweren Hochwasserkatastrophe im Osten angerichtet hat, hat wohl noch niemand richtig Aufmerksamkeit geschenkt. Je mehr Zeit vergeht, desto enttäuschter und zorniger sind die Opfer über die bürokratische Verschleppung der Hilfe. Und immer mehr Betroffene fragen sich: Wie viel Geld kommt bei uns an? Und wie viel bleibt unterwegs auf der Strecke?

Die Menschen in den chronischen Hochwassergebieten des Westens rieben sich die Augen: Im Osten, so hatte Schröder versprochen, solle keiner nachher weniger haben als vorher. Das war ja schön und gut. Aber wie war es denn im Westen gewesen, als der Rhein und seine Nebenflüsse über die Ufer traten – so wie 1993 und 1995? Da durfte man das Geld von der Steuer abschreiben, das man zur Behebung der Schäden benötigte – aber erst einmal auftreiben musste. Dabei halfen weder Politik noch Staat. Von den Banken ganz zu schweigen. Die helfen bekanntlich nur dann, wenn man die Hilfe nicht (mehr) braucht.

Wo das Hochwasser wütete, ist heute nicht mehr Land unter. Und selbst wenn es wieder passiert: Irgendwann sinkt der Wasserstand. Und dann geht es irgendwie weiter, wie schwer auch immer. Aber in der deutschen Politik ist derzeit fast immer Land unter. Und der Pegel sinkt nicht.

Jürgen von Arabien

Es war im »Herrenruheraum« des alten Bundestages in Bonn. Als junges Mitglied im Auswärtigen Ausschuss unter dem Vorsitz von Gerhard Schröder, dem früheren Außenminister der CDU, nahm ich an einem Gespräch mit dem israelischen Regierungschef Itzhak Shamir teil.

»Herr Ministerpräsident« sprach ich ihn an, »ich möchte Ihnen zwei Fragen stellen. Wann werden Sie die besetzten Gebiete räumen? Und wann werden Sie mit der PLO verhandeln?«

»Herr Abgeordneter«, erwiderte Shamir, »ich möchte Ihnen mit drei Gegenfragen antworten: Meinen Sie Judäa und Samaria? Meinen Sie mit der PLO die internationale Terrororganisation? Sind Sie ein junger Nazi?«

1967/68 erlebte ich als AStA-Vorsitzender an der Pädagogischen Hochschule wie viele meiner Altersgenossen in Münster eine höchst bewegte Zeit. Aus Demonstrationen und Rangeleien bin ich – glücklicherweise – ohne größere Blessuren herausgekommen. 1969 trat ich aus der CDU aus, weil sie gegen alle Ziele stand, die ich damals politisch vertrat.

Die Bildungspolitik von Hildegard Hamm-Brücher, die Haltung der FDP in der Diskussion um die Notstandsgesetze und ihre neue Ostpolitik beeindruckten mich. 1970 trat ich in die FDP ein und wurde schon 1972 in den Bundestag gewählt, zu meiner eigenen Überraschung. Bei meinem Platz auf der Landesliste der nordrhein-westfälischen FDP hatte ich mir selbst keine Chancen gegeben. Außerdem war ich zu jener Zeit ein leidenschaftlicher Gegner des Vietnam-Krieges, gegen den ich noch als junger FDP-Bundestagsabgeordneter demonstrierte.

Im Bundestag wurden Bildungs- und Außenpolitik meine Themen. So traf ich schon in den Siebzigerjahren Yassir Arafat zum ersten Mal. Damals wirbelte das einen Riesenstaub auf. Mir wurde vorgeworfen, ich hätte mich mit einem Terroristen getroffen. Später dann wurde der PLO-Führer von westlichen Präsidenten und Kanzlern hofiert. Über Arabien wusste ich so viel und so wenig wie die meisten meiner Zeitgenossen. Karl May hatten wir gelesen. Das war's.

Zu Beginn einer Legislaturperiode werden in den Fraktionen die Aufgaben und Angebote verteilt. Neulinge stehen da nicht vorne. Unter anderem sollte ich sagen, für welche internationalen Parlamentariergruppen ich mich interessiere. Reisen bildet, dachte ich, und wählte die USA, die ASEAN-Staaten und die arabischen Länder.

Mit Uwe Holtz, dem damals auch noch ganz jungen SPD-Abgeordneten, freundete ich mich auf meiner ersten großen Reise an, bei einer Parlamentarierdelegation in die Volksrepublik China und bald danach zur Interparlamentarischen Union (IPU) nach Tokio. Von Holtz erfuhr ich, dass die Deutsch-Arabische Gesellschaft einen jungen Mann als Nachfolger für die aus dem Amt scheidende Vorsitzende Leonore von Bothmer (SPD) suchte. Eine Frau an der Spitze der Gesellschaft hatte sich in den arabischen Ländern immer wieder als schwierig erwiesen, für sie selbst wohl auch. So wurde ich Mitte der Siebzigerjahre Präsident der DAG und blieb es mit Ausnahme meiner zwei Jahre als Wirtschaftsminister.

Meine Reisen führten mich nun oft in die Länder der Arabischen Liga, und nach und nach wurde ich mit diesem Kulturkreis vertraut. Doch mein Titel »Präsident« war in der damaligen arabischen Welt sehr ungewöhnlich. Man übersetzte ihn deshalb mit »Raïs« (Anführer).

Das führte zu einer denkwürdigen Begebenheit. 1976 starb König Khaled. Die saudische Regierung empfing die Trauergäste aus aller Welt in ihrer Sommerresidenz. Der neue König Fahd sprach mit jedem der einzelnen Abgesandten der Länder fünf bis zehn Minuten lang. Ich war darauf gefasst, ein paar Tage warten zu müssen, bis ich an die Reihe kam. Doch als »Raïs« – ein sehr hoher Rang in Arabien – wurde ich gleich am ersten Tage empfangen, noch vor den deutschen Bundesministern und anderen Würdenträgern.

Fahd hob leicht überrascht die Augenbrauen, als er mich »jungen Schnösel« erblickte, nahm aber die Trauergefühle des ganzen deutschen Volkes, die ich in großzügiger Auslegung meiner Legitimation überbrachte, sehr freundlich entgegen. Botschafter Schlagintweit musste des ungewöhnlichen Vorgangs wegen sogar einen Bericht ans Auswärtige Amt schreiben.

Von da an standen mir viele Zelte offen. Mit der arabischen Forderung, Deutschland solle gleiche Beziehungen zu Palästina wie zu Israel unterhalten, hatte ich kein Problem. Das hörten die Araber sonst nur noch von »Ben Wisch«, dem bekannten SPD-Politiker und Arabienspezialisten Hans-Jürgen Wischnewski.

Tja, und so wurde ich eine Art Jürgen von Arabien. Oft sind die Erklärungen einfacher, als man denkt.

Entwicklung statt Hilfe

Auf Einfuhren aus armen Ländern erhebt der Westen viermal so hohe Zölle wie auf Einfuhren aus Industrieländern. Das kostet die Entwicklungsländer doppelt so viel, wie der Westen ihnen an Entwicklungshilfe zahlt. Ist das nicht Irrsinn?

Jahrzehntelang haben staatliche und gesellschaftliche Einrichtungen quer durch die ganze politische Landschaft an einem Bild gemalt, das falsch ist: Die europäischen Mächte hätten ihren Reichtum durch Ausbeutung der Kolonien erworben, und die Industrieländer hätten diese Ausbeutung der »Dritten Welt« dann fortgesetzt.

Viele Experten der Entwicklungshilfe haben dieses Bild immer wieder anhand von Fakten zu korrigieren versucht. Aber die Entwicklungshilfe ist ein großer, weltweiter Sektor, und die dort Beschäftigten profitieren am meisten davon. Gemeinsam mit den Entwicklungspolitikern in den Industrieländern, den Funktionären in den Entwicklungsländern und den internationalen Organisationen pflegen sie das falsche Bild, denn das ist die Garantie für ihr weiteres Geschäft – ein Geschäft, bei dem mich schon immer sehr gewundert hat, dass die westlichen Entwicklungshelfer in Entwicklungsländern weder dort noch zu Hause Steuern zahlen.

An der Spitze vieler Entwicklungsländer stehen Familienclans, die ihre Leute in die Regierungen und Verwaltungen, in die Führung von Militär und Polizei sowie zur UNO nach New York und in deren Sonderorganisationen in der ganzen Welt entsenden. Auf Privatkonten in westlichen Ländern horten sie ihren Reichtum aus Bestechungsgeldern und dem Missbrauch von Entwicklungsgeldern.

Während in schöner Regelmäßigkeit Verhandlungen über

Schuldennachlässe für die ärmsten Länder öffentlich wirkungsvoll inszeniert werden, steht – seriösen Experten zufolge – etwa die Hälfte des »Schuldenberges« auf Bankkonten in New York, London, Zürich und sonst wo. Die Steuern und Spenden vieler kleiner Leute des Westens landen in den Taschen weniger großer Leute des Südens. Um Ausbeutung geht es also tatsächlich – aber um eine andere, als die gängige Meinung wahrhaben will.

In vielen Entwicklungsländern herrscht eine perverse Mischung aus primitivem Sozialismus und brutaler Despotie. Da es kein gesichertes Eigentum an Grund und Boden gibt, werden die unermesslichen Möglichkeiten dieser Klimazonen für eine florierende Landwirtschaft und Viehzucht nicht genutzt. Am besten geht es den Leuten noch dort, wo alte Stammeskulturen ihre Form von Rechtssicherheit bieten.

Aufwärts ging und geht es in den Ländern, die sich tatsächlich »entwickeln«, deshalb, weil dort nicht auf Entwicklungshilfe gesetzt wird, sondern auf geordnete und rechtlich abgesicherte Spielregeln des Wirtschaftens. Das haben die Industrienationen des Westens in der Vergangenheit erfolgreich vorgemacht. Die Forderung drängt sich auf: Weg mit den Zöllen überhaupt, weg mit den Zöllen auf Einfuhren aus Entwicklungsländern! Kaufen wir ihre Rohstoffe und Produkte, statt ihre korrupten Oberschichten fürstlich mit Geld auszustatten. Das allein begünstigt die wirtschaftliche und politische Entwicklung.

Hören wir auf mit Anmaßung, Einmischung und Überforderung zugleich. Wenn es zum Beispiel Jordanien an etwas fehlt, dann sollen die Saudis helfen – und nicht wir. Ich halte es für selbstverständlich, gegenseitige Hilfe zuallererst innerhalb der Großregionen und Kulturkreise – also gleichsam unter Nachbarn – in die Hand zu nehmen.

Und sprechen wir doch nicht von Entwicklungs- und Ausrüstungshilfe, wo in Wahrheit nur Einfluss gemeint ist. Machen wir Schluss damit! Und nehmen wir es dann auch nicht unwidersprochen hin, wenn andere weiterhin Missbrauch mit der Entwicklungshilfe treiben!

Wir können die Sympathien der Menschen gewinnen, wenn wir einen fairen Handel mit ihnen treiben. Das ist gerecht und nützlich zugleich. Korrupte Regime unter dem Deckmantel der Entwicklungshilfe zu finanzieren ist weder das eine noch das andere.

Wo die Wirtschaft wächst, verschwindet die Armut. Wo der Handel nicht durch Grenzen und Zölle gehemmt wird, steigen der Wohlstand und die Chancen auf Frieden. Wo der Wohlstand steigt, werden Luft und Wasser wieder sauber.

Arabische Begegnungen

Anwar as-Sadat lernte ich kurz vor seiner Ermordung kennen. Wer hinter den meuternden Offizieren stand – tatsächlichen oder angeblichen islamischen Fundamentalisten –, die als seine Mörder verurteilt und hingerichtet wurden, ist meiner Kenntnis nach nie aufgeklärt worden. Der große Ägypter und sein großes israelisches Gegenüber Menachem Begin hatten den Mut zum Frieden, der heute fehlt.

Hosni Mubarak, Sadats Nachfolger, gab unserer Delegation mit Bundeskanzler Kohl an der Spitze 1983 ein malerisches Festessen vor dem Palast in Kairo. Im Fackelschein zelebrierte er mit seiner sonoren Stimme eine Festansprache, deren arabische Sprachmelodien wie jambische Hexameter klangen. Noch in der Übersetzung drang die Poesie durch. Kohl dagegen zerhackte seine Sätze pfälzisch und sinnentstellend – ein Horror für jeden Dolmetscher.

Den saudischen Außenminister Prinz Saud al Feisal und Prinz Salman, Bruder des Königs und Gouverneur von Riad, lernte ich früh kennen. Unser guter Kontakt riss nie mehr ab.

Ende 1982 war ich gerade Staatsminister im Auswärtigen Amt geworden. Schon bald musste ich nach Tripolis reisen, denn die Libyer hatten mehrere Deutsche unter irgendeinem Vorwand gefangen gesetzt, um einen Libyer freizupressen, der in Deutschland einen Mord begangen hatte.

Oberst Gaddhafi ließ die Gespräche von Major Djallud führen. Der Mann war schwierig und hatte offensichtlich auch keine Lust, sich auf zähe Verhandlungen einzulassen. Für diesen Fall hatte ich vorsorglich mit Genscher vereinbart, mich unverzüglich mit ihm in Verbindung zu setzen, in Gegenwart der Libyer. Ich rief ihn also vom Verhandlungsort aus an und berichtete von der bisherigen Ergebnislosigkeit der Gespräche. Wie vorgesehen reagierte Genscher mit einer Mischung aus Tobsuchtsanfall und Schreikrampf: »Sie werden sofort abfliegen. Sofort! Das lasse ich mir nicht bieten. Wir können auch anders.«

Einen Satz wiederholte er so deutlich, dass die Übersetzung nicht schiefgehen konnte: »Und bestimmte andere Fragen sind dann eben gar nicht mehr zu lösen.« Den Libyern hätte eigentlich auffallen müssen, dass ich mit dem deutschen Außenminister nicht über die abhörsichere Leitung in der Botschaft sprach. Aber das tat es nicht, sodass unsere kleine List von Erfolg gekrönt war.

Zwei Stunden später war eine Lösung vereinbart, die Details bei einem nächsten Treffen zu klären, das dann von Staatssekretär von Staden in einem Drittland geführt wurde. Die festgehaltenen Deutschen wurden freigelassen, der wegen Mordes verurteilte Libyer allerdings auch. Die deutsche Justiz begnadigte ihn »im außenpolitischen Interesse«. Ja, so etwas ist legal.

Mit Ali bin Saleh, dem Präsidenten des Jemen, einem wirklichen Freund der Deutschen, musste ich geraume Zeit später eine Geiselbefreiung auf der Golf-Halbinsel organisieren. Der Einladung, mit Jemens Fallschirmjägern abzuspringen, konnte ich leider nie Folge leisten. Ob er wohl mitgesprungen wäre?

Botschafter Held hätte es zu Boden geworfen, hätte er da nicht schon gesessen – mit mir und Muammar Gaddhafi in dessen Zelt. Gaddhafi erklärte mir lang und breit, wie er sich nach seinem »grünen Buch« die Organisation der direkten Volksherrschaft in vielen Volkskongressen vorstelle, von denen jeder für eine bestimmte Angelegenheit zuständig sein solle. Held erblasste, als ich Gaddhafi fragte, wie er denn die Konflikte zwischen den verschiedenen Kongressen auflösen wolle. Doch der Revolutionsführer fand meinen Hinweis interessant und gestand, darüber noch gar nicht nachgedacht zu haben; das werde er nachholen. Ich nahm mir vor, Revolutionsführern lieber keine Ratschläge mehr zu geben.

Hafez el-Assad, der syrische Staatschef, erteilte mir einen

beeindruckenden und umfassenden Unterricht in deutsch-syrischer Geschichte: in einem ununterbrochenen Gespräch von halb elf Uhr vormittags bis halb fünf Uhr nachmittags. Die syrische Dolmetscherin war hinreißend schön – und mit ihren Nerven schließlich am Ende.

Asien

Der Begriff ist etwas aus der Mode gekommen. Kleinasien – so heißt die asiatische Halbinsel am Schwarzen Meer, die Europa geografisch am nächsten liegt und heute mit der Türkei fast identisch ist. Aus dem asiatischen Blickwinkel könnte man Europa selbst als Kleinasien bezeichnen – nicht nur geografisch. Aus Asien kamen Kultur und Religion zu uns. Und es wird wohl nicht mehr lange dauern, bis Asien uns auch wirtschaftlich überlegen sein wird.

Dass der deutsche Bundeskanzler nach China reisen muss, um den in Deutschland entwickelten Transrapid fahren zu sehen, ist gleich ein mehrfaches Symbol des deutschen Niedergangs, auch dafür, dass Deutschland in der Rangliste der wirtschaftlichen Freiheit unter den Ländern der Erde weit zurückgefallen ist. Wo die wirtschaftliche Freiheit abnimmt, wächst die Wirtschaft schlechter. 1970 und 1980 landete die alte Bundesrepublik noch auf Platz sechs. Von Platz acht 1990 sind wir im Jahr 2000 auf Platz 17 gesunken.

Ohne Staatszuschüsse wäre die Magnetschwebebahn hierzulande gar nicht entwickelt worden. Die Industrie schimpft zu Recht über die rundum falschen politischen Bedingungen des Wirtschaftens in Deutschland. Doch unter den Steuern leiden die Großunternehmen nicht, weil sie Mittel und Wege finden können, keine Steuern zu zahlen. Was die Industrie vom Staat gerne als Zuschüsse nimmt, zahlen die kleinen und mittleren Betriebe und die Millionen abhängig Beschäftigter, also die kleinen Leute, mit ihren Steuern.

China führt mit fast acht Prozent Wirtschaftswachstum in ganz Asien. Geht das so weiter wie in den vergangenen Jahren, wird China bald noch vor Japan rangieren. Gelingt dem Land, das offiziell kommunistisch ist, eine gedeihliche Zusammenarbeit mit Taiwan und Indien, werden auch die Sorgen der USA zunehmen – erst recht, wenn es in China von innen heraus zu dem kommt, was der Westen von außen vergeblich fordert: zur Liberalisierung des politischen Systems durch die Ablösung der Herrschaft der kommunistischen Partei.

Auf der politischen Landkarte gerät Westeuropa immer mehr ins Abseits, jedenfalls aus Sicht der USA und der großen asiatischen Mächte. Mit der Ausweitung der NATO nach Mittel-Osteuropa nimmt auch Deutschlands geostrategische Bedeutung ab. Schon seit mehreren Jahren sprechen amerikanische Militärstrategen vom »Festlandsdegen« Polen. Niemand hat von einer solchen Möglichkeit auch nur geträumt, als Präsident Harry S. Truman am 4. April 1949 die Bedeutung der Gründung der NATO beschrieb.

Mit Israel und der Türkei hatten die USA schon lange mächtige Brückenköpfe an wichtigen Teilen der alten Trennlinie zwischen dem viel größeren und dem viel kleineren Teil von »Eurasien«. Denn so müssten wir den Kontinent, auf dem wir leben, rein geografisch gesehen nennen. Trennt Europa und Asien doch kein Meer. Geschichtlich waren die Verbindungen fast immer prägender als die Grenzen. Und von Europa spricht man überhaupt erst seit den Kreuzzügen.

Es ist allerhöchste Zeit: Entweder wir treten unsere Außenpolitik als Deutsche an die Weltmacht USA ab und tun, was sie sagt. Oder wir wenden uns mutig und ernsthaft unseren Hausaufgaben zu, damit uns die anderen Europäer wieder ernst nehmen. Erst dann dürfen wir von unseren Partnern in der Europäischen Union langsam erwarten, dass sie wieder auf uns hören.

Tritt Europa als Einheit auf, wird Amerika uns ebenfalls ernst nehmen. Solange wir das nicht schaffen, können wir aus Washington gar nichts anderes erwarten als einseitiges Handeln. Lassen wir uns nicht täuschen: In London und Paris tut man nur so, als könne man Einfluss auf die US-Regierung ausüben. Das ist nur Propaganda für den Hausgebrauch. Ich sage das nicht, weil ich Frankreich und Großbritannien nicht ernst nähme, sondern weil die beiden Länder allein einfach nicht genügend politisches Gewicht besitzen, um in Washington irgendetwas zu bewirken. Aber zusammen mit Deutschland und den anderen europäischen Ländern könnte Europa mehr sein als Amerikas Hinterhof.

»Washington weiß seit langem, dass es praktisch alle anderen Nationen in beinahe jeder Frage einschüchtern und herumkommandieren kann. Amerikas Kritiker sind Maulhelden.« Das schrieb Doug Bandow, der frühere Berater von US-Präsident Ronald Reagan und jetzige Angehörige des amerikanischen Think-Tanks »Cato Institute« in Washington, Ende Januar dieses Jahres in der *FAZ*. Und er fügte hinzu: »Das Weiße Haus kennt nichts als Geringschätzung für einen potentiellen Verbündeten, der öffentlich Widerworte gibt, aber in der Sache kuscht.«

Donald Rumsfeld, dem US-Verteidigungsminister, müssen wir dankbar für sein Wort vom »alten Europa« sein. Nicht um einen diffusen Antiamerikanismus zu schüren, der sich zu einer unerträglichen und politisch nicht tragfähigen Mischung von Pazifisten und Nationalisten zusammenbraut, sondern um uns klar zu werden, dass wir Europäer nur zusammen stark sind. Die Führungsmacht USA kann sehr vieles ganz allein, aber längst nicht alles.

Es reicht nicht, Stellung gegen den Irak-Krieg zu beziehen, dann aber den kriegführenden Staaten jede nur erdenkliche Hilfe zu gewähren, sofern wir selbst nicht ganz vorne mitmarschieren müssen. Das »neue Europa« muss von der Führungsmacht der NATO verlangen: Entweder alle gemeinsam oder gar nicht. Solange wir nur Nein zum Krieg sagen, aber weiter nichts tun, um ihn zu verhindern, sind wir das »alte Europa«. Rumsfeld muss begreifen, dass Deutschland und die Europäische Union unter dem »neuen Europa« nicht ein Europa verstehen, das tut, was Washington will.

Das dürfen wir schon deshalb nicht tun, weil sich Washingtons außenpolitische Ziele nur allzu oft ändern. 1981 bombardierte Israel mit ausdrücklicher Zustimmung der US-Regierung das fast fertiggestellte Atomkraftwerk

Osirak in der Nähe von Bagdad – das in den Siebzigerjahren von französischen Unternehmen geliefert worden war, auf Wunsch von Premierminister Jacques Chirac, der den Irakern auch Kampfflugzeuge, Raketen und Helikopter verkauft hatte. Nicht erst seit damals wissen die USA und die Welt um die nuklearen Pläne des Irak. Es war Rumsfeld selbst, der 1983 mit seinem Besuch bei Saddam Hussein die Verbesserung der amerikanisch-irakischen Beziehungen in Gang brachte. 1982 bereits hatte Washington Bagdad von der Liste derjenigen Staaten entfernt, die Terrororganisationen unterstützen. Damit gaben die USA dem Irak wieder Zugang zu wichtigen Einfuhren und Hilfen.

Alle unabhängigen Experten gehen davon aus, dass im iranisch-irakischen Krieg über Israel US-Waffen an beide kriegführenden Parteien geliefert wurden – und nicht wenige Experten behaupten sogar, diese Lieferungen seien mit saudischem Geld finanziert worden.

An exakt jenem Tag, an dem Rumsfeld 1984 in Bagdad mit dem damaligen Außenminister und jetzigen stellvertretenden Ministerpräsidenten Tarik Aziz zusammentraf, ging die Nachricht um die Welt, dass der Irak Senfgas gegen iranische Soldaten eingesetzt hatte. Pestizide, die nicht nur in der Landwirtschaft, sondern auch als Waffen verwendet werden können, wurden – wie Bakterienkulturen – auch von amerikanischen Firmen in den Irak geliefert.

Während des ganzen Krieges versorgte Washington Bagdad mit Waffen, Ausrüstung und Geheimdiensterkenntnissen über den Iran – und der Bundesnachrichtendienst (BND) pflegte eine enge Kooperation mit dem irakischen Geheimdienst. Der Westen stand an der Seite des Diktators Hussein, der jetzt zur »Achse des Bösen« gehört – obwohl der Irak damals nichts anderes wollte als heute. Aber damals, nach der Machtergreifung Khomeinis, brauchten Washington und seine Verbündeten Saddam Hussein zur Eindämmung des Iran. Der Feind meines Feindes ist mein Freund?

Als sich der Irak aufmachte, Kuwait zu schlucken und damit seinen Anteil an der Küste des Persischen Golfs und an den Ölfeldern des Schatt el-Arab zu vervielfachen, schritt Washington gemeinsam mit Saudi-Arabien und den anderen Verbündeten ein. Im Golfkrieg führte Washington nicht nur die militärische Überlegenheit der USA vor, sondern inszenierte mithilfe des Senders CNN einen fast noch eindrucksvolleren modernen Medienkrieg. Doch nach dem Krieg hielt die Koalition unter der Führung der USA und Großbritanniens den Diktator Saddam Hussein und sein Regime ganz bewusst im Amt und am Leben. General Schwarzkopf wurde gestoppt und durfte den militärischen Sieg, der zum Greifen nahe lag, nicht vollenden, damit Saddam blieb: als Bollwerk gegen den Iran und gegen ein vereinigtes Kurdistan – und als Feindbild, das noch von manchem Nutzen sein konnte.

Warum aber hat George W. Bush den Krieg gegen den Irak dann erneut auf die Tagesordnung gesetzt?

Robert D. Kaplan, Mitarbeiter der amerikanischen Zeitschrift *Atlantic Monthly*, schrieb am 8. Februar des Jahres in der *Welt*: »Der Irak ist der logische Ort für eine Verlagerung der US-Stützpunkte im Nahen Osten. Diese Feststellung entspringt keinem imperialistischen Triumphgefühl. Im Gegenteil, sie geht auf die Erkenntnis zurück, dass es um die Zukunft unserer jetzigen Basen in Saudi-Arabien nicht gut bestellt ist.« Und der amerikanische Experte fährt fort: »Ein Übergangsregime würde den Amerikanern nicht zufällig das Recht gewähren, irakische Stützpunkte auch außerhalb der nördlichen, kurdisch-dominierten Gebiete zu nutzen…«

Kaplan geht davon aus, dass sich der ganze Nahe Osten vor einem großen Umbruch befindet: »Man sollte nicht vergessen, dass der Nahe Osten ein Laboratorium reiner Machtpolitik ist.« Was für ein erfrischend klares Wort anstelle der Propaganda von der Ausbreitung der Demokratie – und welch inakzeptable Haltung! Konsequenterweise geht Kaplan auch gar nicht davon aus, dass eine Demokratisierung des Irak nach der Beseitigung des Regimes Saddam auf der Tagesordnung stünde. Vielmehr könne auch eine »säkulare Übergangsdiktatur« in Erwägung gezogen werden.

Kaplan sagt ein neues politisches Kraftzentrum voraus, in welchem dem Iran eine zentrale Rolle zukäme. Um die politischen Kräfte im Iran aber auf die Seite der USA zu bringen, sei der Krieg gegen den Irak als politisch-militärische Machtdemonstration notwendig: »Eine veränderte iranische Außenpolitik allein wäre Rechtfertigung genug für einen Sturz des Bagdader Regimes. Es würde der vom Iran geförderten libanesischen Hisbollah, die Israels Nordgrenze bedroht, das Wasser abgraben, würde die Bedrohung Israels durch strategische Raketen beseitigen und Syrien in Richtung einer gemäßigten Politik treiben. Und es würde den Weg frei machen für die Schaffung eines informellen, nichtarabischen Bündnisses im Umkreis des Nahen Ostens. Diese Allianz würde den Iran, Israel, die Türkei und Eritrea umfassen.«

Leute, die im Irak Geschäftspartner haben, gehen von einem verwandten Szenario aus: Die etwa 800 an den geeigneten Plätzen bereitgestellten Raketen vom Typ »Tomahawk« würden praktisch zur gleichen Zeit auf die militärisch und psychologisch strategischen Ziele im Irak abgefeuert. Dann ist der Krieg zu Ende, Bodentruppen werden gar nicht in den Kampf geschickt. Die Entmachtung der dann noch lebenden Mitglieder des Saddam-Clans sei vorbereitet.

Vielleicht sieht die Situation im Nahen Osten schon bald so aus: Saddam hat mit oder ohne Krieg seine Macht abgeben müssen. Die Führung der allein regierenden »Baath-Partei« ebenso wie die des Militärs wurde ausgewechselt. Vielleicht wird die Partei in »Demokratische Baath-Partei« umbenannt. Aber das war's dann auch schon mit der Demokratisierung. Im Irak sorgen fremde Truppen für Ruhe und Ordnung – ähnlich wie in Afghanistan.

Erst wenn Washington, so die These Kaplans, das Saddam-Regime ersetzt und den Irak unter westliche Kontrolle gebracht hat, könnte und würde Präsident Bush die israelische Regierung zwingen, sich mit den Palästinensern auf zwei souveräne Staaten zu einigen. Was aber, wenn andere Pläne realistischer sind, die in europäischen Geheimdiensten als ausgemacht herumgereicht werden?

Was wäre, wenn Bush und Sharon sich entschlossen hätten, die verfahrene Lage in Israel und Palästina tatsächlich mit Gewalt und ein für alle Mal zu lösen? Indem Israel die Araber aus Palästina nach Jordanien vertreibt, indem Washington Jordanien ein Stück des Irak gibt, damit Amman die Vertriebenen aufnimmt, und indem Syrien und die Türkei andere Teile des irakischen Territoriums erhalten – als Lohn für Syriens Stillhalten und die Mitwirkung der Türkei? Für die Türkei das ganze irakische Kurdengebiet?

Und wozu, könnten dann Washington und Jerusalem laut fragen, brauchen die Palästinenser denn einen eigenen Staat? Sie haben ja schon einen, nämlich Jordanien, dessen Bevölkerung doch ohnedies schon bald zu zwei Dritteln aus Palästinensern besteht. Ich will nicht einmal ausschließen, dass eine solche gewaltsame Befriedung auf Zeit politisch »funktionieren« kann – von westlichen Werten kann man dann sowieso nicht mehr sprechen. Sicher bin ich aber, dass eine solche Lösung Folgen haben wird, die Bush, Sharon und ihre Experten nicht ausreichend bedacht haben. Oder sollten sie ihnen im Gegenteil sogar ganz gelegen kommen?

Wie überall dort, wo europäische Mächte früher Kolonien besaßen, sind die Grenzen auch im Nahen Osten ohne jede Rücksicht auf ältere Traditionen gezogen worden. Auch die Grenzen des Irak. Wenn aber die verändert werden können, kann man alle anderen Grenzen auch infrage stellen. Dann wird die ganze Region zwischen Schwarzem und Kaspischem Meer, zwischen Kasachstan und Indischem Ozean zum Pulverfass. Was wird der Westen, was wird Israel sagen, wenn dieses Pulverfass zuerst in Saudi-Arabien hochgeht? Oder ist genau das die Absicht?

1972 belief sich der Ölpreis auf zwei bis drei Dollar je Barrel. Nach dem Krieg Ägyptens und Syriens gegen Israel 1973/74 stieg er von sechs auf zwölf und von zwölf auf achtzehn Dollar, um 1979, im Jahr der Revolution im Iran, bei 36 Dollar zu landen. Es waren die Regierungen der USA, Israels, Saudi-Arabiens und der übrigen Staaten des »Golfkooperationsrates« (GCC), die Saddam Hussein zum Krieg

gegen Khomeinis Iran animierten. Solange unsere gefährlichsten Gegner sich bekriegen, so lautete Israels nüchternes
Kalkül, haben wir Ruhe vor ihnen.

Gelingt es den USA, die Golfregion einschließlich des
Irak zu beherrschen, dann kontrollieren sie den ganzen
Ölmarkt mit dem niedrigsten Produktionspreis von zwei
bis drei Dollar je Barrel – außer dem Iran. Andere Förder-
länder – wie Russland – haben Produktionskosten von sechs
bis acht Dollar je Barrel. Da glaube an die demokratische
Mission Washingtons, wer will – ich tue es nicht.

Auch die Taliban in Afghanistan sind anfangs von Washington unterstützt worden; in Pakistan wurden sie von
Saudi-Arabien und Israel finanziert. Nach dem Zerfall der
Sowjetunion wurde in Tschetschenien eine Moschee nach der
anderen gebaut, und zwar mit saudi-arabischem Geld. Diese
Förderung des Islam bereitete den Weg für den Aufbau der
tschetschenischen Rebellen durch die Taliban. Und damals
wie heute ging es vor allem um die Beherrschung der Erdöl-
und Erdgasvorkommen in der Großregion um das Kaspische
Meer bis hinunter zum Indischen Ozean – und um den Plan,
Russland vom Zugang zum Indischen Ozean fernzuhalten,
den sich die Sowjets durch den Einmarsch in Afghanistan zu
erobern hofften. Deshalb mussten sie dort wieder hinausge-
drängt werden. Die Sowjetunion sollte nicht in den Kreis der
führenden Erdöl und Erdgas exportierenden Länder aufsteigen. Das erledigten die Taliban zur Zufriedenheit Washingtons. Aber dann wurden sie unbotmäßig. Daher mussten sie
wieder entmachtet werden. Denn jetzt will Washington genauso wie damals Moskau Erdöl und Erdgas aus Zentralasien
durch Afghanistan an den Indischen Ozean leiten. Das wird
erst gehen, wenn in Afghanistan Ruhe und Ordnung herrschen. Doch wann wird das sein?

Die USA und Großbritannien könnten ihre berechtig-
ten Interessen an einer sicheren Energieversorgung auf dem
Wege der Kooperation viel besser und vor allem auch viel
kostengünstiger verfolgen. Stattdessen scheinen Amerika
und seinem vorderasiatischen Brückenkopf Israel Groß-

machtinteressen wichtiger zu sein als Wirtschaftlichkeit und Frieden. Der alte Kalte Krieg gegen die Sowjetunion war kaum zehn Jahre zu Ende, als der neue Kalte Krieg mit dem Boykott des Iran durch Washington 1998 begann. Der Iran wird damit trotz des Reformkurses von Präsident Khatami ziemlich wirkungsvoll an dem Wiederaufbau und der Modernisierung weiter Teile des Landes nach den Zerstörungen des Krieges mit dem Irak gehindert. Ein Beispiel: Teheran muss seine veralteten Passagierflugzeuge dringend durch neue ersetzen und würde am liebsten Airbusse kaufen. Zu unserer Freude würde der Iran auch äußerst pünktlich bezahlen. Doch der US-Boykott hält viele Unternehmen, die in den amerikanischen Markt exportieren oder auf US-Zulieferfirmen angewiesen sind, davon ab, mit dem Iran Geschäfte zu machen. Also muss man weiterhin mit veralteten Maschinen fliegen. Wenn eine von ihnen abstürzt: Haben die Opfer dann einfach Pech gehabt?

Kasachstan, Turkmenistan, Usbekistan und ihre Nachbarn könnten ihre reichen Öl- und Gasvorkommen mit Pipelines durch den Iran an den Indischen Ozean transportieren. Das wollen die USA unterbinden, um mögliche Konkurrenten von vornherein auszuschalten. Zwischen 1992 und 1995 hat Washington mit Kasachstan Verträge geschlossen. Aber bis heute hat das Land immer noch keine nennenswerten Einnahmen erzielen können. Die selbstständig gewordenen Republiken der früheren UdSSR sind von Washington schwer enttäuscht, weil die US-Regierung das immer wiederholte Versprechen, wirtschaftliche Hilfe zu leisten, nicht gehalten hat. Mehr und mehr kommen die derart im Stich gelassenen Länder zu der Einsicht, nur hingehalten worden zu sein.

Die wirtschaftlichste Lösung für Kasachstan und Turkmenistan wäre eine Pipeline in den Iran. Experten beziffern ihr Transportvolumen auf 1,3 Millionen Barrel, die Länge auf rund 1600 Kilometer und die Errichtungskosten auf 1,5 Milliarden US-Dollar. Die von den Amerikanern geplante Pipeline unter dem Kaspischen Meer hindurch über

Baku, Aserbaidschan und Georgien bis Ceyhan an der türkischen Mittelmeerküste wird hingegen eine Länge von etwa 1700 Kilometern mit einem Transportvolumen von nur 1,0 Millionen Barrel haben und etwa vier Milliarden Dollar verschlingen. Kürzlich wurde bekannt, dass der einzige Händler, der dieses Volumen vermarkten darf, ein israelischer werden soll; das würde nicht nur Israels eigene Energieversorgung auf eine sichere Grundlage stellen, sondern auch eine gute Einnahmequelle sein.

Russlands kluger Präsident Putin hat inzwischen gut die Hälfte des früheren Einflusses in Kasachstan wieder zurückgewonnen – und bei dessen Nachbarn. Um die Jahreswende soll er gemeinsam mit China und Japan neue Pipelines von Kasachstan an den Pazifischen Ozean ins Visier genommen haben. Das würde dem immens teuren und ökologisch massiv angefeindeten US-Plan einer unterirdisch durch das Kaspische Meer führenden Pipeline von Kasachstan in die Türkei den Boden entziehen. Man darf gespannt sein, wie Russland im kommenden Jahrzehnt daran gehindert werden soll, die führende Öl- und Gasnation der Welt zu werden.

Von der »Ruhrgas« abgesehen, hat Deutschland keine Bedeutung mehr auf dem internationalen Energiemarkt. Auch unseren Anteil am Rüstungsmarkt geben wir Stück für Stück auf. Beide Märkte entscheiden aber auch darüber, ob wir den Anschluss an die weitere High-Tech-Entwicklung im Wissenszeitalter halten oder verlieren. Verpassen wir ihn, dann werden wir eines Tages nicht einmal mehr die Rolle des Zahlmeisters spielen können. Spötter beschreiben ja jetzt schon, was für ein wunderbares Märchenland des nostalgischen Welttourismus das ehemalige Land der Dichter, Denker und Musiker dann sein wird: ein Paradies weltfremder Pazifisten, die ihren Beamtenstatus für den Betrieb des Museums »Deutschland« mit der Geburt erwerben.

Im Ernst: Deutschland und Europa müssen – unter Ausnutzung ihrer guten Beziehungen zu Russland und zu Asien – ihre eigenen Interessen mit kühlem Kopf und kompromisslos in der Sache neu definieren. Das Motto kann nur sein: so viel Kontinuität wie möglich, so viel Neuausrichtung wie nötig.

Wenn die amerikanische und die israelische Regierung auf den Krieg als Mittel der Politik setzen, werde ich dafür eintreten, dass wir in Deutschland und Europa auf Verhandlung und Zusammenarbeit als Mittel unserer Politik bauen. Von meinen Kritikern erwarte ich, dass sie mich deshalb nicht als antiamerikanisch, antiisraelisch oder gar als antisemitisch verleumden.

Alte sind kein Alteisen

Deutschland leistet sich die jüngsten Rentner und die ältesten Studenten. Das haben alle schon einmal gehört. Wem ist aufgefallen, dass jene, die von Elite nichts hören wollen und bei der Verwendung militärischer Begriffe die »politisch korrekte« Nase rümpfen, steif und stur an Normen festhalten, die dem Militärischen entliehen sind?

Nicht nur die Soldaten, auch die Kinder werden nach Jahrgängen einberufen: die einen zum Militärdienst, die anderen zum Schuldienst. Festansprachen sind der Ort des Einzelnen, des Individuums. In der Wirklichkeit sind Kinder Nummern wie Soldaten. Und wie Alte. Denn die werden nach Jahrgängen in die Rente geschickt.

Vor allem die, die glauben, das Soziale an und für sich zu vertreten, behandeln die älteren Bürger im Lande mitunter wie Schrott. Gewerkschaften wie Verbandsfunktionäre wurden oft schnell einig, die »Alten« frühzeitig in Rente zu schicken oder sie mit Abfindungen dorthin zu locken.

Die Gewerkschaften glauben offenbar immer noch, das sei gut, um Arbeitsplätze für die Jüngeren zu schaffen. Und die Verbandsfunktionäre der Wirtschaft sind froh, ältere Menschen loszuwerden, weil die wegen der falschen Lohn- und Sozialpolitik teurer und praktisch unkündbar sind. Ohne den Statistiken zu trauen, eines steht doch fest: Die Zahl der wieder besetzten Arbeitsplätze ist nicht annähernd so hoch wie die der durch frühe Rente frei gewordenen.

In anderen OECD-Ländern gilt die Regel: Je mehr ältere Arbeitnehmer beschäftigt sind, desto mehr jüngere werden beschäftigt. Das ist dort deshalb so, weil die Sozialabgaben geringer sind und die Arbeitskosten der Unternehmen – nicht die Löhne! – entsprechend niedriger.

In Rente oder Pension darf man gesetzlich oder tarifvertraglich mit 65 Jahren gehen – oder zwangsweise geschickt werden. In Wirklichkeit geht der Durchschnitt der Erwerbstätigen mit 60 Jahren in Rente – freiwillig oder nicht. Von den über 55-Jährigen sind keine 40 Prozent mehr erwerbstätig. Manteltarife, Kündigungsschutz und Betriebsverfassungsgesetz schützen Ältere einerseits vor Entlassung – aber deswegen stellt sie auch niemand mehr ein, wenn sie wegen Betriebsschließung oder aus anderen Gründen doch ihren Arbeitsplatz verlieren.

Selbstständige dagegen arbeiten nicht nur am Wochenende, sondern oft auch bis ins hohe Alter. Was sie an Tempo nicht mehr draufhaben, macht ihre Erfahrung locker wett. Teams aus jungen und alten Hasen sind deshalb das Beste, was man sich wünschen kann.

Denn im Alter von 60 Jahren sind wir heute doch nicht »alt«. Arbeitsbedingungen, Ernährung, Freizeit, Medizin und Umwelt haben sich in der zweiten Hälfte des letzten Jahrhunderts in den glücklichen OECD-Staaten ganz erheblich verbessert. Mit 60 ist man heute kein Greis. Im Gegenteil: Mit 60 – und immer öfter auch mit 70 – sind die meisten älteren Menschen geistig und körperlich so fit, wie es um 1900 die 40-Jährigen waren.

Je mehr uns die modernen Techniken und neue Technologien das Leben und die Arbeit erleichtern, desto weniger spielt außerdem die reine Körperkraft eine wichtige Rolle, desto geringer wurde und wird gleichzeitig der körperliche Verschleiß. Viele Fähigkeiten entwickeln sich erst im höheren Alter zur vollen Reife.

Neugier und Kreativität, Kommunikationsvermögen und Sozialkompetenz, Erfahrung, Geduld und Teamfähigkeit wachsen mit dem Tun, blühen auf, wenn sie gefordert werden. Bei dem einen schon sehr früh, bei dem anderen erst spät. Menschen sind zum Glück verschieden. Stellen wir also alle falschen Bemühungen ein, das Verschiedene und Ungleiche einebnen und gleichmachen zu wollen, und das mit einer Organisationswut, die im modernen Militär längst veraltet ist.

Die Älteren unter uns werden rein wirtschaftlich gesehen bald auch deswegen über das heute übliche Rentenalter hinaus gefragt sein, weil sie wegen der schnell abnehmenden Zahl der Jüngeren gebraucht werden. Laut Statistik steht heute in Deutschland ein Rentner zwei Erwerbstätigen gegenüber. 2030 soll es eins zu eins stehen. Die Schlussfolgerungen sind zwingend:

1. Unsere jüngeren Jahrgänge müssen durch die grundlegenden Reformen von Bildung und Ausbildung und die Aussetzung der Wehrpflicht so früh qualifizierte Berufe aufnehmen können wie ihre Altersgenossen in anderen Ländern.

2. Die älteren Menschen werden länger arbeiten, um ihre materiellen Ansprüche zu erfüllen und vorsorgen zu können.

3. Alle werden aber auch über Phasen von Ganztags- und Teilzeitarbeit selbst entscheiden können.

So weit die – überwiegend kalte – Betrachtung unter dem Gesichtspunkt der Effizienz.

Wo, ihr Politiker und Funktionäre des Sozialen, bleibt die Herzenswärme bei eurer Beurteilung des Menschlichen? Alte sind doch kein Alteisen, das man mit Zwang in Rente »zwischenlagert«!

Was ist mit den vielen Menschen, die topfit, leistungsfreudig und auf der Höhe ihres Könnens zwangsweise in Rente geschickt werden? Die dann bald krank werden, weil ihnen die lieb gewordene Tätigkeit fehlt? Natürlich gibt es auch viele, die gerne in Rente gehen. Aber gerade weil es beide gibt, ist die Lösung doch zwingend einfach: Lassen wir doch jeden ganz persönlich entscheiden, ob und wie lange er ganztags, zeitweise oder gar nicht mehr erwerbstätig sein will!

Das unveräußerliche Selbstbestimmungsrecht jedes einzelnen Menschen fordert es, die menschliche Moral verlangt es: Alle haben das Recht auf die Entfaltung ihrer Anlagen und erworbenen Fähigkeiten. Jeder hat das Recht, seine Tätigkeit so lange auszuüben, wie er will. Entmilitarisieren wir Arbeit, Bildung und Ausbildung! Werden wir zivil!

Meine sieben Vorsitzenden

Von Dr. Westerwelle war schon die Rede. Und davon, dass er für keine Sache steht, nur für sich selbst. Das war bei anderen Bundesvorsitzenden der FDP anders. Was wohl eines Tages über sie in den Geschichtsbüchern stehen wird?

Der Mut, aus dem »Bürgerblock« auszubrechen und die neue Ostpolitik mit Willy Brandt zusammen zu wagen, wird mit Walter Scheel verbunden bleiben. Er hatte die Existenz der FDP dafür riskiert – und gewonnen.

Der Ehrentitel eines Architekten der deutschen und europäischen Einheit bleibt Hans-Dietrich Genscher. Als er die Existenz der FDP durch den Bruch der sozial-liberalen Koalition aufs Spiel setzte, glaubte er nicht an den Erfolg.

Martin Bangemann wird Unrecht getan, wenn über seiner Liebe zum guten Leben seine Erfolge als Europapolitiker – als Parlamentarier wie als Kommissar – vergessen werden. Nach dem Regierungswechsel von 1982 war er es, der der schwer angeschlagenen FDP Seele und Lachen zurückgab. Er war übrigens der Erste in der FDP, der weitsichtig die Grundrente forderte, und das zu einem Zeitpunkt, als ihre Sozialpolitiker das noch für Sünde hielten.

Otto Graf Lambsdorff wird zuweilen immer noch »Marktgraf« genannt, obwohl jeder Kundige weiß, dass sein tägliches Geschäft als Bundeswirtschaftsminister die Verteilung von Subventionen war. Immerhin hat es – bisher – niemand mehr geschafft, ein Jahr nach einer Verurteilung wegen illegaler Parteienfinanzierung Bundesvorsitzender einer Partei zu werden.

Mit Klaus Kinkel verbindet sich kein Sachthema. Er war wohl der letzte Diener des Staates im besten Sinne des Wortes und ganz gemäß der preußischen Tradition. Dr. Westerwelle hätte ihn am liebsten auch zum Ehrenvorsitzenden gemacht – zum vierten nach Scheel, Genscher und Lambsdorff. Aber dann hätte er begründen müssen, warum Bangemann als einzigem Ex-Vorsitzenden diese Ehre nicht zuteil geworden war. So oder so: Ist es nicht lächerlich, dass die kleinste Partei die meisten Ehrenvorsitzenden hat?

Wolfgang Gerhardt hat die hessisch-sozialistische Bildungspolitik erfolgreich durch eine konservativ-liberale Restaurierung verbessert. Die gute alte Politik erwies sich als deutlich besser als die schlechte neue. Wolfgang Gerhardt ist sicher ein Biedermann – aber ein Brandstifter ist er nicht.

Auch Prominente sind Menschen

Wenn die Menschen im Fernsehen Filmaufnahmen von den Treffen der Mächtigen dieser Erde sehen, sind sie mächtig beeindruckt. Sollten sie aber nicht allzu sehr sein.

Es war beim G7-Treffen der sieben wichtigsten Staaten der Welt, also beim Weltwirtschaftsgipfel, der 1991 in London stattfand und an dem wie üblich die Staats- oder Regierungschefs sowie die Außen-, Wirtschafts- und Finanzminister teilnahmen. Vorbereitet werden solche Zusammenkünfte übrigens von so genannten »Sherpas«, die nach den Bergführern benannt sind, die fremde Bergsteiger auf die höchsten Gipfel des Himalaja lotsen. Tatsächlich aber handelt es sich um jene hohen Beamten und Berater, die schon lange vor den Gipfeltreffen erarbeiten, was dort dann offiziell beschlossen wird. Was die Öffentlichkeit im Fernsehen bestaunt, ist nur die Zeremonie, in der feierlich abgesegnet wird, was längst feststeht.

Damals in London, bei meinem ersten G7-Treffen, war das ausnahmsweise etwas anders. John Major, der britische Premierminister, gab der erlauchten Runde bekannt, dass sich die »Sherpas« in einigen wichtigen Fragen des Freihandels, der Zölle und Handelspräferenzen nicht einig geworden seien. Der japanische Wirtschaftsminister und ich fragten, ob man das nicht in der Runde klären könne, in der wir gerade zusammensäßen. Denn wegen des Themas, das auf der Tagesordnung stand, waren nur die Regierungschefs und Wirtschaftsminister der sieben Länder anwesend, also lediglich vierzehn Personen – die wenigen Mitarbeiter fürs Protokoll nicht mitgezählt.

Nein, wehrte John Major ab, die »Sherpas« sollten das klären. Bis dahin sei die Sitzung unterbrochen. Aber wir sollten alle dableiben, denn sein Fachminister würde die »Sherpas« bitten, sich zu beeilen.

Da saßen wir nun und drehten Däumchen. Man unterhielt sich mit seinem Nachbarn. Bis der japanische Ministerpräsident tat, was Japaner auf Reisen immer tun: Sie fotografieren. Er holte tatsächlich einen Fotoapparat hervor, ging im Kreis herum und machte zu unser aller Erheiterung von jedem von uns ein Foto.

Das brachte den kanadischen Wirtschaftsminister auf eine Idee: Er nahm die Titelseite eines Konferenz-Dokumentes und ließ sie – ebenfalls im Kreis herumgehend – von uns allen mit einem Autogramm versehen. Nun war gar kein Halten mehr. Irgendjemand schlug vor, wir sollten dem Beispiel folgen, um diesen historischen Moment festzuhalten. Von historischen Momenten wimmelt es in der Politik ja nur so.

Anfänglich war uns dieser skurrile Vorschlag noch ein bisschen peinlich gewesen. Jetzt aber machte sich große Heiterkeit breit, und wir führten uns auf wie die Kinder. Nur George Bush und François Mitterrand bewahrten ihre Hoheit und blieben sitzen. Alle anderen begaben sich auf die Reise um den ovalen Tisch. Es sah fast aus, als spielten wir die »Reise nach Jerusalem«.

Ich hatte beschlossen, zwei Listen für meine beiden Töchter herumzureichen, und Helmut Kohl ließ es sich nicht nehmen, ihre Vornamen persönlich zu Papier zu bringen: Für Esther, für Meike.

Erst als die Nachricht kam, dass sich die »Sherpas« geeinigt hatten, nahmen die Staatsmänner wieder ihre Plätze ein und gaben der Einigung feierlich ihren Segen.

Übrigens findet auf solchen Gipfeln häufig auch ein Wettbewerb der ganz besonderen Art statt: Wer erscheint als Letzter auf den Festakten eines so bedeutenden Treffens? Denn der, der zuletzt kommt, muss ja zweifellos der wichtigste Gast sein. In London war es stets François Mitterrand, der Präsident der Franzosen, der das Rennen um den letzten Platz gewann. Seine Sicherheitsexperten ersannen die nötigen strategischen und taktischen Manöver, um den Amerikanern den »Vortritt« zu lassen, und tatsächlich gelang es den Franzosen jedes Mal, zuletzt zu erscheinen. Und dann wehte ein Hauch von Napoleons Großer Armee durch die Säle …

Um das Festkonzert zu hören, das die »Royal Horse Guards«, die berittene britische Musikkapelle, vor dem Buckingham-Palast gaben, traten wir zu Queen und Royal Family auf den großen Balkon hinaus. Dort aber mussten wir eine volle halbe Stunde auf den Beginn von »Pomp and Circumstances« warten – jene unglaubliche Prachtmusik, die man aus »The Last Night of the Proms« im Fernsehen kennt. Der Grund für diese Verzögerung? Noch auf ihrem Weg durch die Räume des Buckingham-Palastes hatten sich Bush und Mitterrand ein erbittertes Rennen um den letzten Platz geliefert. Mitterrand siegte um Nasenlänge.

Beim anschließenden Galadinner saß ich neben Prinz Charles und meine Frau Carola neben Lady Di. Ich hatte den Kronprinzen schon früher kennen gelernt, als wir beide zu Besuch beim Sultan von Brunei waren. Damals war ich noch Staatsminister beim Bundesminister des Auswärtigen, oder, wie wir im Hinblick auf Genscher zu witzeln pflegten, des Alleräußersten.

Jetzt unterhielten wir uns lange über Prinz Charles' Interessen für neue Umwelttechniken, ein Feld, auf dem er immens viel weiß. Dabei erzählte er, dass er demnächst britische Truppen in Münster besuchen werde. Ob ich ihm dort nicht interessante Gesprächspartner vermitteln würde, mit denen er über Umweltfragen sprechen könne. Das tat ich natürlich umso lieber, als er sonst vermutlich nur Vertreter der Grünen getroffen hätte.

Über den schwarzen Humor, mit dem der Kronprinz nicht nur die britische Regierung, sondern auch die königliche Familie bedachte, muss ich leider schweigen. Ich kann nur sagen: Ich weiß erst seit dieser Begegnung, was Sarkasmus und Skurrilität im vollen Wortsinn bedeuten.

Nach dem Essen begaben wir uns zum Tee. Nun saßen wir uns zu viert gegenüber. Ein paar Gläschen hatten auch schon alle getrunken. Das lockert. Und wie! Lady Di hatte ihren typischen Gesichtsausdruck aufgesetzt, jenen charmant-schüchternen Augenaufschlag, mit dem sie ihr Gegenüber anblickt. Nach einiger Zeit aber bemerkte ich, dass es sich dabei offenbar um eine vielleicht schon nervöse Angewohnheit handelte. Sie blinzelte nämlich in einem fort von unten nach oben. Und Prinz Charles begann sofort – und sicher nicht zum ersten Mal – sie zu imitieren und aufzuziehen: »Darling, I have to tell you…«

Carola trat mir unter dem Tisch gegen das Schienbein. Sie ahnte, dass ich drauf und dran war, Prinz Charles' Beispiel zu folgen und ihm eine Kostprobe meiner parodistischen Künste zu liefern. Tatsächlich war das sehr verlockend. Aber es schien mir klüger, die schmerzhafte Warnung meiner Frau zu befolgen.

Wider die Funktionärsdemokratie

Zwei Buchtitel von Professor Walter Rest vergesse ich nie: »*Prolegomena und Sentenzen einer jeden zukünftigen Pädagogik*« und »*Das Menschenkind*«.

Während der Studentenrevolte war ich AStA-Vorsitzender der Pädagogischen Hochschule in Münster. Zum ersten Mal in ihrer Geschichte durften Studentenvertreter an einer Hochschulversammlung – der Hochschullehrer – teilnehmen, aber nur als Zuhörer. Trotzdem bat ich darum, das Wort ergreifen zu dürfen – oder besser, ich tat es. Professor Rest hob die Brauen: »Sie wollen also über das Privileg der Teilnahme hinaus auch noch sprechen?« »Menschenskind«, erwiderte ich, indem ich auf den Titel seines Buches anspielte, »Sie haben es begriffen.« Rest war empört: »Das ist ja der Gipfel der Hybris.« Dass der Gipfel schon von ihm besetzt war, lag außerhalb seines Horizonts; dass wir den Mund zu halten hatten, konnten wir wiederum nicht einsehen.

Die heutigen CDU-Politiker Ruprecht Polentz und Georg Milbradt gehörten in dieser Zeit – in den Jahren 1967/68 – dem Studentenrat der Universität Münster an. Man traf sich in der Mensa der Pädagogischen Hochschule, denn dort waren 75 Prozent der Studierenden Studentinnen, also Frauen, im Unterschied zur Universität, wo ihr Anteil gerade mal bei 7,5 Prozent lag. Polentz und Milbradt waren wie ich Mitglieder der Jungen Union, der ich 1961 im Alter von sechzehn Jahren beigetreten war.

Vietnam-Krieg, Notstandsgesetze und Hochschulreform hatten mich dann zum Austritt aus der CDU bewogen. Zum AStA-Vorsitzenden war ich als unabhängiger Kandidat gewählt worden. 1969 schloss ich mein Studium ab, begann zu unterrichten und bereitete mich auf die Habilitation vor.

Mit Carola Appelhoff gründete ich die FDP-Hochschulgruppe Münster. In einer Zeit extrem linker Mehrheiten an allen deutschen Hochschulen holten wir dennoch 35 Prozent. Natürlich waren wir alle für die »Drittelparität«: Professoren, Assistenten und Studenten sollten zu je einem Drittel die Gremien der Hochschulen bilden. So ähnlich kam es dann auch.

Wissenschaftsminister Leussink, der frühere Präsident der Westdeutschen Rektorenkonferenz (WRK), hatte ein paar Jahre später sein Hochschulrahmengesetz eingebracht. Im Bundestag hielt ich eine 45-minütige Rede für die Drittelparität – bis der Plenarsaal fast leer war. Da vermochte selbst Helga Schuchardt, unsere Vorzeige-Linksliberale aus Hamburg und meine innerparteiliche Konkurrentin im Bildungsausschuss, nicht mehr mitzuhalten.

80 bis 90 Prozent der Studierenden nehmen heute an Hochschulwahlen nicht mehr teil. Weil es um nichts geht, was für sie wichtig ist. Die Folgerung daraus ist klar: Überlassen wir es in Zukunft staatlichen wie privaten Hochschulen selbst, ihre innere Ordnung zu finden, ihre spezielle Art von Forschung und Lehre zu verwirklichen. Vertrauen wir auf die freie Wahl der Studierenden, die dann mit ihren Studiengutscheinen über die inneren Fragen der Hochschulen abstimmen können.

Immer wieder einmal zieht ein Gespenst durchs Land: Millionen von Bundesbürgern finden in ihrer Post einen Umschlag voller Formulare. Sie sollen an Krankenkassen- oder Sozialwahlen teilnehmen. Aber was kostet das eigentlich? Und was bewirken die Gewählten? Und wie viele Leute beteiligen sich überhaupt an den Wahlen? Unsere Krankenhäuser, Ärzte und Ämter haben wahrlich andere Probleme. Deshalb weg mit diesem Funktionärsunsinn! Stecken wir das Geld in die Qualität der Betreuung von Kranken und Alten.

Eine Stadt wie Münster in Westfalen hat eine Stadtverwaltung und das dazugehörende Stadtparlament, den Rat. Sie hat Stadtbezirksverwaltungen und ihre Parlamente. Und dann? Dann gibt's auf den »höheren« Ebenen noch einen Regionalplanungsrat, eine Regierungsbezirksverwaltung, einen Landschaftsverband, eine Landschaftsverbandsversammlung, eine Landesregierung, ein paar »nachgeordnete« Landesbehörden und Landesämter, einen Landtag, einen Bundesrat, die Konferenzen der Fachminister der Länder wie die Kultusministerkonferenz, einen Bundestag, eine Bundesregierung und »nachgeordnete« Bundesbehörden und Bundesämter. Und dann geht's mit den EU-Behörden weiter – und denen der UNO.

Was da Jahr für Jahr an Zeit und Geld zum Fenster hinausgeworfen wird, geht auf keine Kuhhaut mehr. Deshalb gilt die Devise: entrümpeln, entrümpeln und noch einmal entrümpeln.

Als Erstes sollte Brüssel damit aufgehören, uns vorzuschreiben, wie krumm die Banane sein darf. Wir brauchen auch keine genormten Gurken, Äpfel, Birnen und Euro-Flaschen. In einem zweiten Schritt müssen die unsinnigen Vorschriften wieder Stück für Stück aufgehoben werden. Was in einem Mitgliedsland der Europäischen Union rechtens ist, muss in den anderen ebenfalls rechtens sein. Überlassen wir es doch jedem – unabhängig davon, wo er lebt oder wirtschaftet –, für diejenige nationale Regelung zu optieren, die ihm gefällt. Kommt es zum Rechtsstreit, ist er dort auszutragen, wo die nationalen Gerichte sich damit auskennen. Diese Freiheit darf nur in den Fragen nicht gelten, die Gemeinden und Städte für das lokale Zusammenleben ihrer Stadtbürger geregelt haben.

Diese Wahlfreiheit kann den Wettbewerb um die besten Lösungen in der EU in Gang setzen, der mit der Zeit zu weitaus besseren Ergebnissen führen wird als der irreführend »Harmonisierung« genannte Irrweg, der allenfalls in eine neue Form zentraler Planwirtschaft führt. Die wird dadurch nicht besser, dass wir die zentralen Planwirtschaftler wählen und das mit Demokratie verwechseln.

Die verleumdete Kolumne

Seit mehreren Monaten erschien jede Woche im Wechsel zwischen Gregor Gysi und mir eine Kolumne im *Neuen Deutschland*. Wer meine letzte Kolumne am 27. Mai 2002 als »Haiderisierung« verunglimpft hat, kann nicht lesen oder ist bösartig.

Die alten und neuen Fragen – Arbeit für alle, mehr Netto für alle, erstklassige Bildung für jeden, Ganztagsangebote für Kinder vom Kindergarten an, ein würdiges und sozial gesichertes Leben bei Krankheit und im Alter – brauchen in unseren neuen Zeiten neue Antworten. Alle Parteien in vielen europäischen Ländern, die aus den Regierungen abgewählt wurden, hatten nicht den Mut gefunden oder waren nicht konsequent genug gewesen, alte, nicht mehr gangbare Wege zu verlassen.

Das war die politische Begründung für meine im *Neuen Deutschland* veröffentlichte These, warum in vielen Ländern Europas politische Rattenfänger vom Versagen demokratischer Parteien profitiert haben.

Daraus eine Sympathie für Haider, Le Pen oder wen auch immer herzuleiten blieb der intellektuellen Unredlichkeit einer Presseagentur vorbehalten, deren Meldung dann von allen nachgebetet wurde, die sich ihr Urteil nicht selbst gebildet hatten.

An wen sollte sich die neue FDP meiner Meinung nach wenden? Und an wen müsste sich jede moderne liberale Partei richten?

Vor allem an die 50 Prozent Wahlberechtigten, die bei jeder Wahl neu entscheiden, ob und wen sie wählen. Ihnen stellten unsere Kandidaten mit Kanzlerkandidat Dr. Westerwelle an der Spitze unser überzeugend einfaches und einfach überzeugendes Programm vor. Das Programm, das Deutschland für seine Menschen wieder nach vorne bringt.

Liberale dürfen nicht warten, so lautete mein Argument, bis auch bei uns in Deutschland Rattenfänger auftreten, die gegen Demokratie, gegen die offene Gesellschaft und die Herrschaft des Rechts mobil machen. Liberale finden bei den verschwindend kleinen Gruppen, die extremen politischen Parolen nachlaufen, ohnehin kein Gehör. Es wird nicht verfangen, dass gedanklich erstarrte und politisch mutlose Politiker mich und ähnlich denkende Menschen in die Nähe dieser Rattenfänger schieben wollen, um uns einzuschüchtern. Wer das dennoch tut, wird sich über die Zahl der Menschen noch wundern, die uns gerade deshalb zustimmen könnten.

Ich habe die FDP als moderne Partei, als konstruktive und optimistische Alternative zu den mut- und ziellosen anderen Parteien präsentiert. Das war mein Angebot an die Millionen von Menschen in Deutschland, die sich von der Politik alten Stils enttäuscht und angewidert abwenden.

Lesen Sie selbst meine Kolumne, die am 27. Mai 2002 im *Neuen Deutschland* erschien! Und sehen Sie, was eine Presseagentur daraus machen konnte, weil zu viele Journalisten voneinander abschreiben und sich lieber dem Zeitgeist fügen, anstatt sich ihre eigene Meinung zu bilden.

Und damit niemand meine Kolumne unbeeinflusst las oder überhaupt las, schickte *Associated Press* ihre – oder wessen? – Fassung für den eiligen Leser bereits einen Tag vorher (!), am 26. Mai 2002, in die Welt.

In die neue Zeit

Jürgen W. Möllemann, Neues Deutschland, *27. Mai 2002*

Die Mitte-Links-Regierung in den Niederlanden hat die Wahlen verloren. Wäre Pim Fortuyn nicht ermordet worden, hätte seine gar nicht richtig existierende Partei den Platz eins geschafft. Und er wäre der neue Ministerpräsident.

Die niederländischen Christdemokraten haben nicht gewonnen. Wim Kok, seine Sozialdemokraten und ihre liberalen Koalitionspartner haben verloren. Es begann in Österreich. Jörg Haider hat nicht gewonnen, sondern die SPÖ hat dramatisch verloren, so dramatisch, dass ihre Stammwähler in Scharen zur FPÖ überliefen. In Portugal gewann nicht Barroso, sondern Guterres verlor. Dänemark, Norwegen, Ungarn, Tschechien und so weiter: Überall wurden Regierungen abgewählt.

Flugs bewerten das überall die neuen Regierungsparteien als Trend für oder gegen rechts, für oder gegen links. Je nachdem, wer im Moment von der Niederlage des anderen profitiert. Bei uns in Deutschland beschwören SPD und Grüne einen drohenden »Rechtsruck« in Europa. Sind denn alle blind? Was wir überall sehen, ist der Tatsachenbeweis für die These: Es geht nicht mehr um rechts oder links. Es geht nur noch darum, wer die tatsächlichen Probleme der Menschen ohne ideologische Scheuklappen erkennt, in der Sprache des Volkes nennt und zu ihrer Zufriedenheit löst.

Die alten und neuen Fragen: Arbeit für alle, mehr Netto für alle, erstklassige Bildung für jeden, Ganztags-Angebote für Kinder vom Kindergarten an, ein würdiges und sozial gesichertes Leben bei Krankheit und im Alter brauchen in unserer neuen Zeit neue Antworten. Alle Parteien, die aus den Regierungen abgewählt wurden, hatten nicht den Mut gefunden oder waren nicht konsequent genug, alte, nicht mehr gangbare Wege zu verlassen.

Tony Blair, Lionel Jospin und Gerhard Schröder traten genau mit diesem Anspruch an, alte Wege zu verlassen und neue zu gehen. Jospin wurde abgewählt, weil er sein Versprechen nicht einlöste. Tony Blair brachte allein als Person das Kunststück fertig, trotzdem eine zweite Chance zu kriegen.

Das ist auch die einzige Chance von Gerhard Schröder. Er verspielt sie, wenn seine Kurskorrektur – »die oder wir« statt »der oder ich« – mehr ist als eine flüchtige Beruhi-

gungspille für seine Linke. Aber auch wenn Edmund Stoi-
ber Kanzler würde, hätte nicht die CSU/CDU gewonnen,
sondern die SPD verloren, wäre die rot-grüne Regierung
abgewählt worden. Der gemeinsame Nenner der Europa-
weiten Wahlergebnisse ist weder ein Rechtstrend noch ein
Linkstrend, sondern die Emanzipation der Demokraten.
Die Historiker werden später schreiben: Zu Beginn des
dritten Jahrtausends prägte eine Welle des erwachenden
Selbstbewusstseins der Menschen die Völker und Staaten
Europas. Ein mündiges Volk von Demokraten nach dem
anderen zwang die politische Klasse, sich an Haupt und
Gliedern zu erneuern.
Ein Volk nach dem anderen wählte jede Regierung gna-
denlos ab, die Versprechen nicht einlöste und Erwartun-
gen nicht erfüllte. Die Zeit der Glaubenskriege, in der jede
Wahl als ideologischer Richtungskrieg und Lagerwahl-
kampf geführt worden war, fand ihr Ende.
Nachkriegszeit, Kalter Krieg, europäische Teilung und
die Nachwehen ihres überraschenden Endes fanden ihren
Abschluss in den ersten Jahren des neuen Jahrhunderts.
Seitdem konkurrieren Demokraten um kluge Lösungen
statt Glaubensbekenntnisse. Eine neue Zeit brach an. Und
das war gut so.

Neues Deutschland zeigt Möllemann die rote Karte

Gastkolumne abgesetzt – Gysi:
FDP-Vize will »Haider Deutschlands werden«
AP, 26. Mai 2002

Berlin (AP) FDP-Vizechef Jürgen Möllemann ist künftig
nicht mehr Gastautor des Neuen Deutschlands (ND).
Chefredakteur Jürgen Reents teilte am Sonntag in Ber-
lin mit, Möllemann verkläre in seiner Kolumne für die
Montagausgabe den zunehmenden Rechtspopulismus in
Europa zur »Emanzipation der Demokraten« und zum
»erwachenden Selbstbewusstsein« der europäischen Völ-

217

ker. Ausdrücklich beziehe er sich dabei auch auf den österreichischen Rechtspopulisten Jörg Haider.

»Jürgen W. Möllemann hat mit dieser Kolumne seien Aufnahmeantrag in den Club des – fremdenfeindlichen – europäischen Rechtspopulismus formuliert und bietet sich als dessen Führungsfigur in Deutschland an«, erklärte der Chefredakteur der früheren SED-Parteizeitung. »Für rechtspopulistische Coming-Outs wird ND jedoch auch künftig kein Forum sein, sondern die rote Karte ziehen.« Als »Abschlussdokument« veröffentlicht das Blatt in seiner Montagausgabe die Möllemann-Kolumne. Der Berliner PDS-Wirtschaftssenator Gregor Gysi, der sonst im wöchentlichen Wechsel mit Möllemann schrieb, hat seine Replik daneben gestellt.

Möllemann erklärte in seinem Beitrag unter der Überschrift »In die neue Zeit« unter anderem: »Der gemeinsame Nenner der Europa-weiten Wahlergebnisse ist weder ein Rechtstrend noch ein Linkstrend, sondern die Emanzipation der Demokraten.« Ein Volk nach dem anderen habe gnadenlos jede Regierung abgewählt, die Versprechungen nicht eingelöst und Erwartungen nicht erfüllt habe. Inzwischen konkurrierten »Demokraten um kluge Lösungen statt Glaubensbekenntnisse. Eine neue Zeit brach an. Und das war gut so«.

Am 2. Februar 2003 geschah in Niedersachsen, was in meiner Kolumne stand: Gabriel und die SPD wurden abgewählt. Und die *Frankfurter Allgemeine Sonntagszeitung* schrieb am 9. Februar: »Da bildet sich womöglich eine illusionslose, aufgeklärte, ideologieferne Wählerschaft. ... Das neue, das pragmatische Milieu wird das christdemokratische Schlingern genauso wenig dulden wie das sozialdemokratische.« Fehlt nur: Und das ist gut so.

Populismus und Tabus

Tabus sind eine gute Sache. Ich bin sehr froh, dass Töten ein Tabu ist. Ich wäre noch glücklicher, wenn dieses Tabu weltweit Beachtung fände. Die Zehn Gebote sind eine der größten Errungenschaften unserer Zivilisation. Ähnliche Gebote kennen andere Weltreligionen, und viele von ihnen haben Eingang in die Verfassungen der Staaten gefunden.

Die Leugnung und Verharmlosung der Naziverbrechen ist ein Tabu. Das ist gut und richtig. Dass dieses zentrale Tabu der deutschen Geschichte durch Gesetz staatlich verordnet worden ist, schwächt es meiner Ansicht nach jedoch, statt es zu stärken. Aber wahrscheinlich verstoße ich in den Augen mancher meiner Feinde schon wieder gegen ein Tabu, indem ich das hier niederschreibe.

Die Bedeutung eines Tabus liegt vor allem darin, dass es an das menschliche Empfinden jedes Einzelnen appelliert und zu freiwilliger Selbstverpflichtung aufruft. Gesetzliche Tabus sind dagegen nur von schwacher Wirkung.

»Vertrauen ist gut. Kontrolle ist besser.« Diesen oft und von vielen vorschnell zitierten Sätzen Lenins (!) setze ich die liberale Losung entgegen: »Kontrolle ist gut. Vertrauen ist besser.«

Es ist mein Glück, dass ich mein eigenes Leben und das meiner Familie auch dann auskömmlich gestalten können werde, wenn diejenigen über mich herfallen, die alte Tabus missbrauchen und neue aufbauen, um ihre politische Herrschaft zu befestigen.

Aber was ist mit denen, die sich das (noch) nicht leisten können und die deshalb schweigen, obwohl ihnen das Herz voll ist und der Mund übergehen möchte? Was tut eine Gesellschaft, in der ein erheblicher Teil der Elite Angepasste und Duckmäuser lieber mag als Freidenker und Querköpfe?

Geben wir Gedankenfreiheit und fördern wir den Mut, von dieser Freiheit auch öffentlich Gebrauch zu machen. Trauen wir den Menschen, damit sie uns trauen.

Abgeordnete sind bekanntlich Volksvertreter – oder? Und was heißt auf Lateinisch Volk? Populus. Populisten sind also offensichtlich Menschen, die etwas mit dem Volk zu tun haben. Was ist daran falsch?

Ist es vielleicht so, dass diejenigen, die sich durch große und größte Bürgerferne auszeichnen, jene, deren Merkmal Bürgernähe ist, Populisten nennen? Vielleicht, weil sie damit ihre eigene Schwäche als Stärke ausgeben wollen? Und werden Politiker Rechtspopulisten genannt, wenn ihre Gegner befürchten, dass der Vorwurf des Populismus allein noch nicht hinreichend disqualifizierend ist?

Und dient der Vorwurf des Rechtspopulismus den Linken auch dazu, ihre Hoheit über die »politisch korrekten« – oder soll ich sagen: konformen – elitären Stammtische zu sichern? Nach dem Motto: Linkspopulismus gibt es nicht?

Martin Luther hat gesagt, wir sollten dem Volk aufs Maul schauen, aber nicht nach dem Munde reden. Hat er damit zum Populismus aufgerufen?

Es ist schon erstaunlich: Die Politiker, Journalisten, Funktionäre und Wissenschaftler, die immer ganz schnell mit dem Knüppel Rechtspopulismus winken, gehen mit der heute real existierenden Politik in der Regel sehr milde um. Aber wie ist es um diese Politik in Wahrheit bestellt? Die gängige politische Praxis hat Luther doch längst auf den Kopf gestellt: Sie ermittelt mithilfe der Demoskopie, was das Volk meint, und redet ihm nach dem Mund. Da Politiker, Journalisten, Funktionäre und Wissenschaftler aber verlernt – oder besser: vergessen – haben, dem Volk aufs Maul zu schauen, drücken sie sich so aus, dass das Volk sie nicht versteht.

Nein, es ist ganz einfach: Der Begriff »Rechtspopulismus« – wie der Begriff »Rechts« überhaupt – ist ein Kampfbegriff aus dem Arsenal linker Fundamentalisten. Für diese Leute beginnt der Unmensch knapp rechts von der Mitte.

Und wo die Mitte ist, hat Franz Müntefering 2002 festgelegt: Die Mitte ist links und links ist die Mitte.

Ja. So einfach ist das. Wer nicht auf die Abschusslisten der linken Fundamentalisten kommen will, muss weit genug links sein und sich feierlich dazu bekennen, damit er dann wenigstens Mitte ist.

Es ist wirklich Zeit, dem leichtfertigen Gebrauch solcher Verdächtigungen und Unterstellungen abzuschwören und die ideologischen Denkverbote aufzuheben. Ich bitte herzlich darum.

Brückenland Iran

Regelmäßig passiert es mir, dass einer meiner Gesprächspartner mir die Frage stellt: »Herr Möllemann, können Sie
als Präsident der Deutsch-Arabischen Gesellschaft erklären,
was da im Iran los ist?« Wenn ich dann darauf hinweise, dass
die Iraner keine Araber sind, sieht mich mein Gegenüber
ganz erstaunt an. Füge ich noch hinzu, die Iraner betrach-
teten uns gewissermaßen als Verwandte, weil sie – wie wir
und wie die Inder – zur Völkergruppe der Indogermanen gehören, ist die Verwunderung groß. Wir wissen wenig über
Arabien und nichts über den Iran oder seine Nachbarn.

Wer den Iran verstehen will, sollte als Erstes wissen, dass
Persien zwar mehrmals von fremden Mächten bekriegt, be-
siegt und beeinflusst wurde, aber im Unterschied zu vielen
anderen großen Ländern in der Region nie eine Kolonie war.
Das hat ganz entscheidende Bedeutung für die Identität der
Iraner. 91 Prozent des Volkes sind schiitische, fast acht Prozent sunnitische Muslime, 0,7 Prozent sind Christen (arme-
nische Katholiken und Gregorianer), und 0,3 Prozent sind
Juden. Ihre Gotteshäuser werden gegenseitig geachtet. Die
»Schia« ist Staatsreligion. Aber die Religionsausübung der
anderen Glaubensrichtungen ist frei. Die Iraner schreiben
in arabischen Schriftzeichen, aber von links nach rechts, und
die Sprache, die sie sprechen und schreiben, ist nicht Ara-
bisch, sondern »Farsi« – Neupersisch. In Teilen Afghanis-
tans, Nordindiens und in Bahrain ist eine ähnliche Sprache
verbreitet; sie alle sind mit dem Tadschikischen eng verwandt, das in Tadschikistan gesprochen wird. Das Türkische
ist in Irans Nordwesten und im angrenzenden Aserbeid-
schan zu Hause.

Den heutigen Präsidenten des Iran, Khatami, lernte ich in

den frühen Achtzigerjahren kennen, als er Leiter des Islamischen Zentrums in Hamburg war. Schon damals waren wir uns einig über die Notwendigkeit eines Dialoges der Religionen und Kulturen: als Voraussetzung für Koexistenz und Kooperation und als allein erfolgversprechendes Mittel im Kampf gegen Entfremdung, Konfrontation und kriegerische Auseinandersetzung zwischen Staaten und Staatengruppen unterschiedlicher Kulturkreise.

Als wir uns gegen Ende der Achtzigerjahre wiedertrafen, war Khatami Kulturminister und ich Wissenschaftsminister. Die Notwendigkeit des »Dialogs der Kulturen« – Khatamis Hauptanliegen – war nur noch dringender geworden. Doch die Einsicht unserer Regierungen war nicht sehr gewachsen. Aufgrund unseres Drängens nach Reformen in der Politik hatten wir beide zunehmend Probleme mit unseren »Chefs« – er mit Präsident Rafsandschani, ich mit Kanzler Kohl. Khatami schied später aus dem Kabinett aus, mir »gelang« das 1993 als Wirtschaftsminister auch. Er wurde Präsident seines Landes, bei mir scheint das derzeit wenig wahrscheinlich.

Bevor ich aber zurücktrat, hatte ich eine höchst unerfreuliche Aufgabe zu erfüllen, die mir gerade deshalb sehr schwer fiel, weil die deutsch-iranische Kultur-, Politik- und Wirtschaftskooperation während meiner Amtszeit als Wirtschaftsminister erheblich gewachsen war. Jetzt aber sollten wegen massiver Interventionen der USA und Israels Verträge auf Eis gelegt werden, die Deutschland und der Iran noch zu Zeiten des Schahs geschlossen hatten.

Davon war auch die Fertigstellung des Kernkraftwerks Busheer betroffen, das Siemens in großen Teilen geliefert und aufgebaut hatte – obwohl der Iran eine Summe in Milliardenhöhe pünktlich bezahlt und alle Kontrollverpflichtungen der Internationalen Atomenergiebehörde (IAEO) in Wien vollständig eingehalten hatte. Weil die Vereinigten Staaten von Amerika und Israel ihre Monopolstellung als Atommächte nicht verlieren wollten, wurde Deutschland vertragsbrüchig.

Die Lieferung deutscher U-Boote erlitt das gleiche Schicksal: Der Iran zahlte, die USA und Israel intervenierten, wir brachen die Verträge – und beschädigten damit den Ruf Deutschlands weit über die Grenzen des Iran hinaus. Und schließlich – aller üblen Fehler sind drei – hielten wir auch die Verträge zum Bau der Düngemittelfabrik Ghazwin nicht ein, auf die die iranische Landwirtschaft dringend wartete. Israel und die USA wandten sich mit der Begründung dagegen, in einer solchen Anlage könnten auch Chemiewaffen hergestellt werden. Warum hatte man diese Bedenken nicht schon bei Vertragsschluss vorgetragen? Obwohl der Iran anbot, sich allen gewünschten internationalen Kontrollen zu unterwerfen, waren Washington und Jerusalem von ihrem Veto nicht abzubringen.

Ausgerechnet ich musste den Iranern diese schlechte Nachricht überbringen. Mein Gastgeber, Präsident Rafsandschani, blieb trotz seiner nur zu verständlichen Enttäuschung und Wut höflich. Meine Kompensationsmodelle konnten nichts daran ändern, dass die traditionell besonders guten deutsch-iranischen Beziehungen Schaden nahmen. Dass die Bundesrepublik den Forderungen der USA und Israels gehorsam Folge leistete, war für den Präsidenten eines so stolzen Volkes eine bittere Enttäuschung.

Ich besuchte Mohammad Khatami kurz vor seinem Amtsantritt als Präsident und begriff damals, dass der Iran unter seiner Führung im noch dringender gewordenen Dialog der Kulturen und bei den Bemühungen um einen Ausgleich im Nahen und Mittleren Osten die entscheidende Rolle spielen könnte. Diese Ansicht scheint sich inzwischen über die arabischen und islamischen Länder hinaus in ganz Asien und Afrika durchzusetzen. Der Iran ist auf dem besten Wege, sich zu einem Brückenland des Ausgleichs zu entwickeln. So registrieren denn auch die Südostasien-Experten in aller Welt sehr aufmerksam, mit welchen Vorschusslorbeeren der bevorstehende Staatsbesuch von Präsident Khatami in Indien seit Monaten bedacht wird.

Die Golfstaaten, Indien, Pakistan, Afghanistan, Turkmenistan, Kasachstan, aber auch die Türkei könnten davon profitieren, wenn der Iran eine Initiativrolle für eine »Konferenz für Sicherheit durch Zusammenarbeit im Nahen Osten« (KSZNO) übernähme, an der alle Staaten dieser krisengefährdeten Region sich gleichberechtigt zunächst für drei Jahre beteiligten – unter einem Dreiervorsitz mit dem Iran als Moderator. Dieser ungewöhnliche Vorschlag würde endlich eine neue Perspektive in die verfahrene Lage bringen. Darüber hinaus scheint der Iran prädestiniert, im kommenden Jahrzehnt für Ausgleich und Sicherheit durch Zusammenarbeit in ganz Zentralasien eine führende und konstruktive Rolle zu übernehmen. Der Westen wie Russland sollten allmählich begreifen, dass Druck von außen noch nie zu tragfähigen Lösungen geführt hat.

FDP ade

Das Ende der bürgerlichen Parteien steht schon länger bevor. Nein, nicht von der CDU ist die Rede, denn die ist keine. Grüne und FDP meine ich. Bevor es mit ihnen von selbst ganz aus ist, kommt die große Koalition, um ihnen den Garaus zu machen. Wolfgang Clement steht als Bundeskanzler bereit, Friedrich Merz als Vizekanzler. Franz Müntefering und Laurenz Maier werden die putschenden Geburtshelfer sein.

Ob meine Vorhersage erst nach der nächsten Bundestagswahl 2006 oder früher wahr wird, ist nicht entscheidend. Tatsache ist: In der SPD drängen jene nach vorn, die es leid sind, im Verein mit den Grünen die Rolle der Gestrigen zu spielen. In der CDU/CSU wendet sich die Generation der mittelalterlichen Ministerpräsidenten von der unberechenbaren FDP ab.

Die große Koalition der zwei Volksparteien ändert das Wahlrecht: Die eine oder andere Form von Mehrheitswahlrecht kommt. Die zwei tragen aus, wer von beiden allein regiert. Und wer weiß – vielleicht kriegt Deutschland dann eine richtige Regierung und eine richtige Opposition?

Die FDP hat ihre Chancen verpasst, in die erste Bundesliga der Parteien, zu den Sozial- und Christdemokraten aufzusteigen: Wolfgang Döring, der große Stratege der nordrhein-westfälischen FDP, starb zu früh. Ralf Dahrendorf gab nach seinem spektakulären Anfangserfolg in Baden-Württemberg 1967 zu früh auf. Karl-Hermann Flach, der aus der FDP die sozial-liberale Partei machen und in der Koalition mit der SPD die CDU/CSU als Oppositionspartei austrocknen wollte, ereilte Wolfgang Dörings Schicksal.

Ich scheiterte an meiner Illusion, auf Dr. Westerwelles Verstand, Mut und Wort sei Verlass. Walter Scheel und Hans-Dietrich Genscher hatten mich gewarnt: Auf den sei nie Verlass. Ich habe nicht darauf gehört. Leider.

Die FDP hat mit der Zeit viel Liberalität auf dem Altar des Mitregierens verloren. Auf demselben haben die Grünen ihre ursprüngliche Neuheit geopfert. Beide sehen – je länger, umso mehr – in jeder Hinsicht immer älter aus. Sklavisch hören die Grünen auf das Kommando von Joschka Fischer, der Otto Schily in die SPD folgen wird, sobald er es für nützlich hält. Da passen beide auch besser hin. Und die, die einen Wechsel von der FDP zur CDU dem Ende ihrer Karriere als Berufspolitiker vorziehen, werden sich auch finden.

So wie Ingrid Matthäus, Andreas von Schoeler und Günter Verheugen, die früher der FDP angehörten, jetzt Genossin und Genossen sind. Mit ihnen gingen viele andere Mitglieder und Wähler der FDP den gleichen Weg. Vor allem in den ersten Jahren der sozial-liberalen Koalition von 1969 bis 1975 hatte sich »die Achse der Partei« verschoben. Das war zunächst kein Wunder – nach den zwanzig Jahren, in denen die FDP keine Koalitionsfestlegung vor der Wahl treffen musste, weil sowieso alle wussten, dass sie mit den »Sozis« nie koalieren würde.

Dass ausgerechnet der grundkonservative Werner Maihofer 1972 völlig unhistorisch, aber romantisch das »historische Bündnis von Arbeiterschaft und Bürgertum« beschwor, konnte dem Entstehen einer eigenständigen liberalen Partei nur abträglich sein – und war es auch.

Der Weggang so vieler Sozial-Liberaler aus der FDP im Jahr 1982 hat »die Achse der Partei« erneut verschoben – leider viel mehr, als ihr gut tat. Nun war sie, mehr noch als zu Erich Mendes Zeit mit Adenauer, wieder Teil des »bürgerlichen Lagers«, aus dem sie die »Jungtürken« Walter Scheel und Willi Weyer 1968 in Düsseldorf befreit hatten.

Bei den Koalitionswahlen im Südwesten war die FDP 2001 weit unter ihren Möglichkeiten geblieben. Die Landtagswahl in Hamburg verloren wir: Die dortige FDP hatte unter dem ebenso maßgeblichen wie verheerenden Einfluss führender

Personen des Hamburger Großbürgertums im »Liberalen Netzwerk« eine Koalition mit Schill und CDU angekündigt. Ich hatte sie alle in meiner Begrüßung anlässlich des Bundesparteitages 2001 in Düsseldorf gewarnt.

Im Namen des Tabellenführers des politischen Liberalismus in Deutschland – im Namen der Nordrhein-Westfalen-FDP – heiße ich Sie alle herzlich willkommen.

Lieber Freund Rainer Brüderle: Wir hätten den Platz eins auf der FDP-Tabelle gerne an euch abgegeben – natürlich nur vorübergehend, versteht sich.

Dass es dazu nicht kam, führt uns aber nur noch mehr zum strategischen Thema unseres Parteitages, führt uns direkt zur »Strategie 18 %« Bevor wir entscheiden, wohin wir wollen, ist es nützlich, uns zu vergewissern, woher wir kommen.

Auf unserem Landesparteitag im Dezember 1999 in Düsseldorf machten wir die Öffentlichkeit mit unserem Ziel bekannt, bei der bevorstehenden Wahl zum Landtag 8 Prozent erreichen zu wollen.

Das war für eine Partei, die den Einzug in den Landtag fünf Jahre vorher mit 4 Prozent verfehlt hatte, ehrgeizig, um es milde zu formulieren.

Größenwahn – kommentierten denn auch nicht wenige Journalisten: Angesichts der 3 Prozent, die der WDR damals für uns in einer Umfrage ermitteln ließ, fand dieses Urteil auch bei FDP-Politikern in anderen Landesverbänden Zustimmung.

Einige von ihnen haben uns während unseres Landtagswahlkampfes fürsorglich öffentlich getröstet: Diese 8 Prozent seien natürlich eine typische Möllemannsche Übertreibung, aber den Sprung über die 5 Prozent würden wir schon schaffen.

Liebe Freunde, ich bin Ihnen allen, der ganzen Partei, von Herzen dankbar, allen voran unseren Landtagskandidaten und den Mitgliedern unseres Landesvorstandes:

Sie haben dem Defätismus nicht nachgegeben, sondern für unsere mutige Strategie mit vollem Einsatz gekämpft.

Liebe Freunde, wir haben allen Grund, heute zusammen noch einmal stolz auf unsere 9,8 Prozent zu sein.

Am 14. Mai 2001 jährt sich unser Sieg. Ich lade Sie alle heute schon in den Düsseldorfer Hafen ein, um diesen schönen Tag zu feiern.

Auf dem Landesparteitag im Dezember 1999 habe ich das Ziel 8 Prozent nicht nur mündlich verkündet, sondern durch das Bild »8 %«. Wer da war, erinnert sich sicher noch an die Inszenierung.

Dieses Bild – liebe Freunde – verselbstständigte sich so schnell, dass der WDR uns in seiner nächsten Umfrage im Januar 2000 mit 6 Prozent messen ließ.

Diesem Bild folgten die anderen Bilder, mit denen wir unsere politischen Botschaften in die Herzen, Bäuche und Köpfe der Menschen transportieren konnten.

Warum schildere ich das so im Detail? Weil der Schlüssel zu einer erfolgreichen Kommunikation Bilder sind: Ein Bild sagt mehr als tausend Worte.

Unsere politischen Botschaften können so klug sein, wie sie wollen. Wenn wir für unsere Botschaften keine Bilder finden, werden wir die Herzen und Köpfe der Menschen nicht erreichen.

Natürlich müssen die politischen Fragen, für die wir liberale Lösungen finden, jene Probleme sein, die den Menschen auf den Nägeln brennen.

Die Themen unseres Wahlprogramms waren genau diese Fragen – Bildung und Verkehr an ihrer Spitze.

Aber die richtigen Fragen und die richtigen Antworten in der Sache zu haben hätte allein nicht gereicht.

Haben wir das in der Geschichte unserer Partei nicht oft genug, nicht schmerzhaft genug erfahren? Haben wir es nicht eben wieder im Südwesten erleben müssen?

In warmen Herzen fallen die Wahlentscheidungen, nicht in kalten Köpfen: Auch bei denen, die selbst glauben, nur mit dem Verstand zu entscheiden.

Wir müssen die Menschen, große Zahlen von Menschen,
emotional erreichen, wenn wir ausreichend viele zur
Stimmabgabe für die FDP bewegen wollen.

Und diese großen Zahlen von Menschen in allen Schich-
ten, in jedem Alter, bei Männern und Frauen bewegen wir
nur mit Bildern.

Bilder finden den Weg in die Herzen und bleiben lange in
den Köpfen.

Worte sind allzu flüchtig.

Hier hinter mir sehen Sie das Bild »18%«.

Im Volk, liebe Freunde, hat sich dieses Bild schon genau so
verselbstständigt wie damals das Bild »18%«.

Wir haben die liberalen Antworten auf die wirklichen Sor-
gen der Menschen. Unsere Programme sind gut.

Wir haben die Profis, die unsere politischen Botschaften in
sprechende Bilder kleiden. Setzen wir sie ein.

Wir werden auch das Ziel 18 Prozent erreichen. Wenn wir
es – wie im letzten Jahr – nur wirklich wollen. Ganz. Nicht
nur ein wenig.

Liebe Freunde: Schauen Sie sich das Bild »18%« an: Dann
sehen Sie auch, warum »zweistellig« kein brauchbares Ziel
ist. Oder können Sie ein Bild von »zweistellig« machen?
Ich nicht.

Zurück zum Mai 2000: Umfrageergebnisse stellten es in
den Wochen vor der Landtagswahl fest. Die Medien be-
richteten einhellig darüber.

Bei jeder Begegnung war es zu hören: Die große Mehrheit
der Menschen Nordrhein-Westfalens wollte, dass Wolfgang
Clement als Ministerpräsident weitermacht, aber ohne die
grünen Blockierer – stattdessen mit dem Tempomacher FDP.
Volkes Stimme sagte es laut und deutlich: Grüne raus. FDP
rein. Der breiten öffentlichen Meinung entsprach das Wahl-
ergebnis: Alleiniger Wahlsieger war die FDP.

Doch die Genossen Funktionäre in Berlin und Düsseldorf
sind weit weg vom Volk. Sie kümmerte der Wählerwille
nach dem Politikwechsel ebenso wenig wie der Wunsch des
eigenen Ministerpräsidenten.

So wurden die Wählerinnen und Wähler einmal mehr vor den Kopf gestoßen. Die Arroganz der Funktionäre bläute ihnen einmal mehr ein, dass sie mit ihren Stimmen ja doch nichts bewirken.

Wer sich so verhält, hat kein Recht, sich über die steigende Zahl von Nichtwählern zu mokieren.

Liebe Freunde: Wir hatten zwei strategische Ziele: Wir wollten wieder in den Landtag und in die Landesregierung. Das erste Ziel haben wir erreicht, weil darüber die Wähler(innen) allein entschieden.

Das zweite Ziel haben wir nicht erreicht, weil die roten Funktionäre den Willen des Souveräns ignorierten.

Damit durften und werden wir uns nicht abfinden. Wolfgang Clement durfte in Düsseldorf nicht von den Grünen lassen, die er so liebt wie der Teufel das Weihwasser, weil seine Berliner Genossen die rot-grüne Koalition in Berlin nicht gefährden wollten.

Also müssen wir der rot-grünen Koalition in Berlin auch deshalb ein Ende setzen, damit die in Düsseldorf platzt.

Wir, die Nordrhein-Westfalen-FDP, haben also einen dreifachen Grund, die Bundestagswahl 2002 zur strategischen Wende der ganzen FDP zu machen:

1. *Wir wollen in Berlin nicht nur »mitregieren«, sondern die Politik der nächsten Bundesregierung mit unseren politischen Lösungen entscheidend prägen.*

2. *Wir wollen in Düsseldorf den Wählerwillen vom 14. Mai 2000 verwirklichen – 2002, nicht erst 2005.*

3. *Wir wollen die Funktionspartei F.D.P. zu einer FDP für das ganze Volk machen.*

Hans Barbier, der wirtschaftspolitische Kopf der Frankfurter Allgemeinen Zeitung, *hat diese Woche so über die FDP geschrieben:*

»... der Sozialdemokratismus beider Volksparteien ruft geradezu nach einer liberalen Zutat, um halbwegs genießbar zu bleiben.«

Werte Anwesende, liebe Freunde:

Wir, die Nordrhein-Westfalen-FDP, werden in der Lan-

desregierung keine »liberale Zutat« sein. Unsere 24 Land-
tagsabgeordneten – fragen Sie dieses selbstbewusste, stolze
Team – werden sich dazu nicht hergeben.
Nach der Bundestagswahl 2002 werden wir, die Nord-
rhein-Westfalen-FDP, nicht mehr 11, sondern 28 Mitglie-
der des Deutschen Bundestages stellen:
Und auch sie werden keine »liberale Zutat« sein, die eine
andere Partei »halbwegs genießbar« macht.
Diese 28 Damen und Herren FDP-Abgeordneten aus NRW
werden vielmehr die Speerspitze einer qualitativ und quan-
titativ gewachsenen liberalen Partei bilden: Mit dem eigen-
ständigen und selbstbewussten Gewicht einer FDP für das
ganze Volk.
Liebe Freunde: Seien wir auf der Hut vor Ratschlägen für
unsere Strategie von Medien, die CDU und SPD näher
stehen als uns – um es höflich zu formulieren.
Lassen wir uns nicht einreden: Weil wir klein sind, müssen
wir bescheiden sein.
Denn dann bleiben wir klein, weil wir bescheiden waren.
In der politischen Auseinandersetzung gilt ein Kommuni-
kationsgesetz verschärft: Bescheidenheit ist eine Zier, doch
weiter kommt man ohne ihr.
Liebe Freunde: Wir wollen uns nicht mehr mit den Grü-
nen um die Rolle Mehrheitsbeschaffer, Zünglein an der
Waage oder Waagscheißerle balgen, während uns CDU
und SPD – und im Osten die PDS – dabei feixend zugu-
cken.
Bilder, ich sagte es schon ausführlich, prägen die Eindrücke
der Menschen, treffen ihre Gefühle.
Das Bild vom Zünglein an der Waage ist ein sehr wirkungs-
volles Bild. Eines, das uns nachhaltig schadet. Das Züng-
lein an der Waage ist jener kleine Schieber, den man auf
dem Waagebalken bewegt, um das Gewicht hinter dem
Komma – die Gramm – zu bestimmen.
Machen wir Schluss damit, dass wir dazu da sind, um das
Feingewicht von SPD und CDU zu ermitteln!
Liebe Freunde: Hier widerspreche ich Walter Döring ent-

schieden. *Walter, es kommt sehr wohl darauf an, ob wir 5,1 oder 8,1 haben – oder noch lieber 18,1.*

Uns hier in NRW reicht es nicht, »gebraucht zu werden«. Wir wollen Regierungspolitik nachhaltig prägen, nicht ein bisschen.

Nein, meine Freunde, unsere FDP muss richtig Gewicht auf die Waage bringen, vor dem Komma: fürs Erste bei der Bundestagswahl 2002 das Gewicht 18.

Den Weg dahin, liebe Freunde, haben unsere Fraktion und unser Landesvorstand schon vor vielen Wochen zum »Projekt 18« verdichtet.

Diese »Strategie 18 Prozent« für den Aufstieg der FDP in die erste Bundesliga liegt Ihnen als Antrag vor. Die Strategie der Eigenständigkeit – die »Strategie 18 Prozent« – besteht im Kern aus:

– der politisch-programmatischen Botschaft;
– dem Verzicht auf jede direkte oder indirekte Koalitionsfestlegung: durch das Bild der Aufstellung eines eigenen Kanzlerkandidaten;
– einer professionellen Bundestagswahlkampagne.

Die politisch-programmatische Botschaft muss unter der Federführung des neuen Bundesvorsitzenden zusammen mit dem Team 18 entwickelt werden.

Das Team 18 muss aus den Männern und Frauen bestehen, welche für die FDP schon in Sachsen-Anhalt und dann natürlich für die Bundestagwahl selbst gezielt auftreten.

Zum Team 18 zähle ich neben dem Bundesvorsitzenden den Kanzlerkandidaten, den Fraktionsvorsitzenden, den Generalsekretär und die potenziellen FDP-Mitglieder einer neuen Bundesregierung.

Es ist nicht meine Aufgabe, auch nicht die unseres Landesparteitages, zu entscheiden, wer 2002 FDP-Bundesminister werden soll.

Guido Westerwelle weiß aus den Gesprächen, die wir auch in den letzten Tagen miteinander geführt haben: Als künftiger Bundesvorsitzender muss er freie Hand haben, das Kabinettsteam der FDP zusammenzustellen. Gerade sein eigener Landesverband darf da keine Ansprüche auf diese oder jene Ressorts erheben.

2002 muss ohnedies keine wirkliche Begabung in unserer Partei befürchten, nicht zum Zuge zu kommen. Denn dann müssen wir für die Regierungen in Berlin und Düsseldorf erstklassige Personen präsentieren.

Das wird natürlich nur der Fall sein, wenn wir heute die »Strategie 18 Prozent« an den Bundesparteitag mit einer Mehrheit schicken, die für sich selbst spricht.

Ich bin als Prediger des »Projekts 18« viel gereist. Überall habe ich wenig Skepsis und viel Zustimmung gefunden. Erst in den letzten 48 Stunden wurden Bedenken an mich herangetragen, die sagen: Nach den Verlusten im Südwesten würden wir uns mit zu großen Zielen lächerlich machen.

Liebe Freunde: Das ist genau der falsche Rat, vor dem ich Sie vorhin gewarnt habe. Wenn wir uns bescheiden, weil wir eben im Südwesten nicht sehr erfolgreich waren, werden wir es in Hamburg und Sachsen-Anhalt auch nicht sein. Und dann müssen wir uns noch mehr bescheiden?

Liebe Freunde, ich appelliere eindringlich an Sie: Steigen wir in diese Bescheidenheitsspirale nicht ein. Sonst bringt sie uns wieder dahin, wo wir nach der verlorenen Bundestagswahl 1998 permanent waren: in die Bescheidenheit einer Splitterpartei von 1,8 Prozent.

Liebe Freunde: Nur der Schub der »Strategie 18 Prozent« mit ihren Bildern und Personen kann uns in Sachsen-Anhalt den Erfolg bringen, den wir für 18 Prozent bei der Bundestagswahl 2002 brauchen.

Diesen Schub haben wir leider im Südwesten ohne Not verschenkt.

Das wäre ein zusätzliches emotionales Thema gewesen, das die gute Koalitionsarbeit unserer Freunde in Stuttgart und Mainz nicht hergab.

Wiederholen wir um Gottes Willen diesen Fehler nicht.

Franz Müntefering hat uns am Wahlabend gezeigt, dass er

weiß, wovon er redet: Er sagte, CDU und SPD brächten es kaum noch auf jeweils 20 Prozent Stammwähler. 50 bis 60 Prozent der Wahlberechtigten entscheiden bei jeder Wahl wieder neu und frei, ob und wen sie wählen. Bei diesen 50 bis 60 Prozent völlig freier Demokraten können wir 18 Prozent für uns gewinnen.

Aber nur mit der ganzen »Strategie 18 Prozent«!

– Wer aus der Ziffer 18 die Nebelkerze »zweistellig« machen will,

– wer zwar keine Koalitionsaussage machen,

– aber auf das entscheidende Bild Kanzlerkandidat zum Transport dieser Botschaft verzichten will,

– kann gleich als »liberale Zutat« antreten.

Nein, im Ernst, liebe Freunde der Idee der Freiheit: Ohne den Grad von Mut, den wir 1999 und 2000 in NRW aufbrachten, werden wir 2002 keinen Erfolg haben. Wahrscheinlich noch nicht einmal einen bescheidenen. Denn die Prozente von 1998 »gehören« uns nicht. Diese Stimmen gehören den ganz und gar freien Wählerinnen und Wähler, von denen ich eben sprach.

Den 50 bis 60 Prozent ungebundenen Wahlberechtigten schickt dieser Parteitag heute eine Botschaft: Sie, meine Damen und Herren Delegierte, entscheiden, welche.

Ich plädiere für die Bildbotschaft der Strategie der Eigenständigkeit, der »Strategie 18 Prozent«. Ich plädiere für das Bild Kanzlerkandidat und 18 Prozent.

Verehrte Delegierte, Sie haben die Wahl.

Entscheiden Sie sich weise: für den Weg des Mutes.

Entscheiden Sie gegen jeden Kleinmut.

Das ist meine herzliche, meine leidenschaftliche Bitte.

Ergreifen wir unsere Chance, erstklassig zu werden.

Diese Chance wird uns nicht jeden Tag geschenkt.

Im Jahr 2000 hatten wir die Landtagswahl in Nordrhein-Westfalen ohne jede Koalitionsfestlegung vor der Wahl mit fast 10 Prozent glänzend bestanden, nachdem wir fünf Jahre zuvor mit 4 Prozent aus dem Landesparlament geflogen waren. Der Weg zur »Partei für alle im Volk« mit der »Strategie 18« war frei. In Berlin wurde er mit 10 und in Sachsen-Anhalt mit mehr als 13 Prozent eindrucksvoll bestätigt.

Zum offenen Widerstand gegen die neue Strategie waren Brüderle, Döring, Gerhardt, Kinkel und Solms zu feige gewesen: Die aufrechte Ruth Wagner schickten sie im Mai 2001 in Düsseldorf allein ins Gefecht. Und Cornelia Pieper schwimmt sowieso immer lieber mit dem Strom. Allerdings fällt die Mutter des gebrochenen Wortes regelmäßig in den Bach, weil sie sich in der Strömung verschätzt. War sie nicht bei ihren Landsleuten in Sachsen-Anhalt im Wort, Landespolitik zu machen?

Ja, und dann kam das Jahr des großen Zauderers Dr. Westerwelle, das Jahr der Eindämmung meines vielen in der FDP-Führung viel zu groß gewordenen Einflusses, meiner Isolierung und schließlich des öffentlichen Schauprozesses zum Zwecke meiner politischen Hinrichtung.

Das Scheitern der »Strategie 18« hatten meine Feinde einkalkuliert. Für die Koalition mit der CDU/CSU würde es schon reichen. Die Niederlage der FDP wäre ihr Sieg gewesen – der Sieg der alten F.D.P. über die neue FDP.

Mit dem Regieren wurde es nichts. Gewonnen haben sie doch – glauben sie. Gerhardt, Döring und Solms blasen offen zum Rückzug. Zur »klassischen FDP«, zur Marktwirtschaftspartei, zur klaren Ordnungspolitik, wie sie sagen.

Ordnungspolitik? Meinen sie die alte FDP, die sonntags von Ordnung redet und die Woche über Berufsstände, Innungen und Kammern vor Wettbewerb und Markt beschützt?

Klassisch? Meinen sie den Klassenabstieg zurück zu den Wahlergebnissen der Splitterpartei FDP zwischen 1998 und 2000 – als die FDP unter »Sonstige« aufgeführt wurde? Sie meinen in Wahrheit also die Abkehr vom »Projekt 18« und die Rückkehr zum »Projekt 1,8 Prozent«.

Dann werden sie alles verlieren: die Schlachten und den Krieg. Sie wissen es nur noch nicht. Oder ist es ihnen egal?

Nach uns die Sintflut? Unsere eigenen Schäfchen haben wir ja schon im Trockenen? Aber nein, so viel Absicht und Übersicht sollte ich nicht unterstellen.

Aber bei den Landtagswahlen am 2. Februar 2003 habe die FDP doch wieder gut abgeschnitten, werden jene sagen, die meine Analyse nicht teilen oder nicht mögen. 7,9 Prozent FDP in Hessen und 8,1 Prozent in Niedersachsen. Aber um welchen Preis? In Hessen bettelte die FDP mit der Losung: Wählt FDP, damit Koch Ministerpräsident bleibt. Und in Niedersachen wollte sie gewählt werden, damit Wulff Ministerpräsident wird. In der ersten Kurzanalyse der »Forschungsgruppe Wahlen« vom 3. Februar, die seit Jahrzehnten für das ZDF arbeitet, heißt es denn auch: »So stehen eigentlich 38 Prozent der FDP-Wähler in Hessen und sogar 53 Prozent in Niedersachsen der CDU näher als der FDP, haben diese jedoch aus koalitionspolitischen Erwägungen gewählt.« Von dieser erniedrigenden Rolle wollte ich die FDP befreien. Jetzt spielt sie sie wieder – mehr denn je.

Das gefällt den Journalisten, den Demoskopen und den Parteienforschern. Jetzt ist die Welt wieder, wie sie sein soll – einfach und übersichtlich: Wir üben schon einmal das Zweiparteiensystem in Gestalt des Zweilagersystems. Entweder gewinnt Schwarz-Gelb oder Rot-Grün, etwas Drittes gibt es nicht; ob man im Osten hier oder dort noch vorübergehend Rotgrünrot braucht, ist egal.

Die Freude in der FDP-Führung wird den genauen Blick auf die zwei Wahlergebnisse nicht verstellen können: Die CDU hat gewonnen und hat die FDP mitgenommen, weil die Wechselwähler Rot-Grün abgewählt haben. Aber wird morgen die CDU irgendwo abgewählt, wird die FDP mit abgewählt – und das kann schnell heißen, dass sie unter die magische Fünf-Prozent-Hürde sinkt. Bei den zwei weiteren Landtagswahlen dieses Jahres wird in Bremen die dort regierende große Koalition aus CDU und SPD und in Bayern die CSU bestätigt werden. Da wie dort wird die FDP schon jetzt nicht gebraucht – und nach den Wahlen auch nicht.

Ein professioneller Beobachter schilderte mir den Wahlabend des 2. Februar 2003 im Thomas-Dehler-Haus in Berlin so: »Herr Westerwelle hatte den ganzen Tag lang verlauten lassen, seine Generalsekretärin, Cornelia Pieper, würde den Ausgang kommentieren. Als die Zahlen gut zu werden schienen, trat er selbst vor die Journalisten. Er bewertete die Ergebnisse in Hessen und Niedersachsen als Beweis für den unaufhaltsamen Aufstieg der FDP. Aber so sehr er sich auch mühte, seinem Gesicht den unbekümmert fröhlichen Ausdruck früherer Tage wiederzugeben, wirkte er Mitleid erregend verkrampft, als sich sein Blick ins Nichts richtete statt an sein Publikum. Und Rexrodt stand die Enttäuschung ins Gesicht geschrieben – was meine Kollegen und ich nicht anders deuten konnten, als dass er bedauerte, dass Westerwelle nun doch Bundesvorsitzender bleibt.«

Wie auch immer – die FDP hat die historische Chance, eine eigenständige Partei zu werden, 2002 verspielt – vielleicht für immer. Sie ist wieder Anhängsel, Mehrheitsbeschaffer oder »Waagscheißerle« – und das für lange oder für die ganze Zeit, die ihr noch bleibt. Und sie ist nun noch mehr Lagerpartei, also einseitig an die CDU gekettet, als zu Zeiten von Adenauer und Kohl.

Am Ende gibt es die zwei bürgerlichen Parteien – Grüne und FDP – nicht mehr, weil sie mit den Resten des Bürgertums aussterben. Die deutschen Liberalen hatten schon den Sprung aus der bürgerlichen Kultur des 19. Jahrhunderts in die Arbeiter- und Angestelltenkultur des 20. Jahrhunderts nicht geschafft. Nun scheitern beide, die alte und die verspätete bürgerliche Partei, FDP und Grüne, am Kultursprung von der Industrieepoche ins Dienstleistungs- und Wissenszeitalter.

Sicher – das Koma kann sich noch lange hinziehen. Alles anders als gerne sehe ich dieser Wahrheit ins Auge: Die Chancen der Grünen, politisch länger zu überleben, stehen jetzt besser als die der – wieder alten – FDP.

In den letzten Jahren stießen neue Mitglieder und Wähler zur FDP, weil sie sich modernisierte. Die »Wiesbadener Grundsätze« enthalten einen Programmteil, der sich engagiert für neue Lebensformen einsetzt, unter anderem für die Idee »Lebensabschnittspartnerschaft«, also für die Wahl einer neuen Form von Partnerschaft.

Die Grünen werden auf diesen Teil der FDP eine beträchtliche Sogwirkung entfalten, sobald die alte FDP wieder an die Stelle der neuen tritt.

Eine ähnliche Sogwirkung üben die Christdemokraten auf den Teil der – wieder alten – FDP aus, dem der Schutz von Berufsständen, Innungen und Kammern wichtiger ist als jede klare Ordnungspolitik.

Was bleibt von einer solchen – wieder alten – FDP? Zu viel zum Sterben und zu wenig zum Leben. FDP ade.

Neue Wege braucht das Land

Deutschland ist ein Sanierungsfall. Doch niemand ist in Sicht, der die Aufgabe schultert. Dass die rot-grüne Regierung ein Totalversager ist, wussten viele auch schon vor der Wahl. Dass sie trotzdem wieder gewählt wurde, liegt mehr noch als an Schröders Schauspiel von Krieg und Frieden daran, dass CDU/CSU und FDP selbst kein überzeugendes Sanierungskonzept vorlegen konnten.

Schröder kam 1998 nicht an die Macht, weil er versprach, »nicht alles anders, aber vieles besser« machen zu wollen, sondern weil Kohl abgewählt wurde. Stoiber hat das Gleiche versprochen wie damals Schröder. Das reichte aber diesmal nicht; es gab keine Wechselstimmung.

Ein wirtschaftlicher Aufschwung ist nicht in Sicht. Der tarifpolitische Rahmen produziert Arbeitslose. Der politische Rahmen stimmt an keiner Stelle mehr. Die Regierung arbeitet hart daran, dass es weiter mit dem wirtschaftlichen Abstieg geht. Schließlich ist die Talsohle ja noch nicht erreicht. Aus Brüssel kommt die zweite Rüge. Man traut sich ja gar nicht mehr in andere Länder: »Sie kommen aus Deutschland?«, hört man da, »was ist denn mit euch los?«

Als ich Ende letzten Jahres in Dubai war, traf ich auf junge Russen in großer Zahl. Russlands neuer Mittelstand macht dort Urlaub, wo man früher fast nur Briten und Deutsche antraf. Diese meist jüngeren Leute aus Zar Putins Land strömen eine heitere Zuversicht aus. Man kann es förmlich mit Händen greifen: Russland ist ein Land im Aufbruch. Wie die Länder am Golf. Es brummt nur so in den Vereinigten Emiraten. Gewaltige neue Projekte werden verwirklicht, wo immer man hinschaut. Und ist man dann wieder daheim in Deutschland: düstere Prognosen, sorgenvolle Gesichter, hilflose Politiker, mutlose Manager und egoistische Funktionäre. Na dann: Gute Nacht!

Die Bundestagswahl und das, was seitdem geschah, muss dem Letzten endgültig die Augen öffnen. Das Volk hat über Parteien und Kandidaten doch gar nicht abgestimmt. Die Parteien und Kandidaten haben vielmehr selbst auf die Frage: »Wird dieses Land endlich gründlich reformiert?« mit einem lauten und deutlichen Nein geantwortet.

Reicht der Alarm nicht? Die Wirtschaft verliert Anteile auf den Weltmärkten. Unser Bildungssystem ist in die Mittelklasse abgestiegen. Die Arbeitslosigkeit, die Staatsverschuldung und die Staatsquote steigen. Die Politik nimmt auf unser Geld – vor allem auf das der jungen Generation – eine Hypothek nach der anderen auf. Das Wirtschaftswachstum sinkt. Wir befinden uns in der ernstesten Strukturkrise seit Gründung der Bundesrepublik. Aber der Kongress der Funktionäre tanzt. Kanzler Schröder führt den Reigen an. Und die Opposition tanzt mit.

Was haben Wirtschaftsunternehmen getan, die sich in einer vergleichbaren Lage befanden? Was haben andere Länder getan? Sie haben sich eine effizientere Führung zugelegt. Sie haben beherzigt, dass führen »fördern durch fordern« bedeutet, dass Leistung und Erfolg die Bedingung für alles sind. Sie haben veraltete und verkrustete Hierarchien und Organisationen aufgebrochen. Sie haben sich neue, flache und schlanke Strukturen gegeben. Sie haben ihre Entscheidungsbefugnisse dezentralisiert, klare Verantwortung so nahe wie nur möglich dorthin gelegt, wo die Leute sich auskennen, weil sie die Dinge selbst täglich erleben und deshalb wissen, wovon sie reden. Das alles müssen wir auch tun.

Mit unserem heilig gesprochenen Zwang zum Konsens, unserer von der Politik gezüchteten Vollkasko-Mentalität, dem ineinander verknoteten Funktionärs- und Bürokratentum geht es nicht weiter, höchstens noch weiter runter. Dafür sorgen auch die Medien, die ihren Journalisten keine Kosten verweigern, wo es um Sternchen, Sex und Skandälchen geht, die aber Geld und Zeit sparen, sobald die gründliche Recherche zum Zwecke der seriösen Information und Aufklärung in lebensentscheidenden Fragen das Gebot des Tages wäre.

Wir brauchen nicht alles neu zu erfinden. Schauen wir dorthin, wo es geglückt ist. Greifen wir zu den Vorschlägen, die viele deutsche Institute und andere Organisationen auf den Tisch gelegt haben. Wir kommen nicht deshalb nicht weiter, weil Politiker, Manager und Funktionäre nicht wüssten, was notwendig ist, sondern weil sie sich nicht trauen und weil es für sie ganz persönlich – noch! – nicht nötig scheint. Erst wenn sie die Folgen am eigenen Leib spüren, werden sie aufwachen. Aber dann wird es für viele Menschen, auf deren Leben und Zukunft sie herumtrampeln, vielleicht schon zu spät sein.

Im ersten Quartal 2002 »wuchs« die deutsche Wirtschaft saisonbereinigt um 0,2 Prozent, konstatierten diese und jene Experten. Aber das ist kein »Wachstum«. Das ist »Stagnation« – Stillstand. Psychologisch gesehen ist es der Abstieg.

In Deutschland reicht nicht einmal ein Wachstum von 2 bis 2,5 Prozent für neue Arbeitsplätze. Die plus 0,2 Prozent kommen fast nur aus dem Export. Die Binnenwirtschaft ist schwach. Die Inlandsnachfrage geht weiter zurück. Die Investitionen sinken. Die Zahl der Pleiten ist der einzige – traurige – Nachkriegsrekord unserer Tage.

Schuld an den vielen Arbeitslosen in Deutschland und überhaupt an allen Wirtschafts- und Sozialproblemen sei der weltweite Siegeszug des Neoliberalismus, sagen die Sozialdemokraten in allen deutschen Parteien landauf, landab.

Aber nach der offiziellen Statistik der OECD ist die Arbeitslosigkeit in vielen Ländern Europas um die Hälfte gesunken: von 24 auf 11 Prozent in Spanien, von 17 auf 9 Prozent in Finnland, von 14 auf 4 Prozent (!) in Irland, von 9 auf 5 Prozent in Schweden und von 7 auf 3 Prozent in den Niederlanden. Weil diese Länder Politiker haben, die gehandelt haben, statt immer nur zu reden, wie die meisten das hierzulande tun.

Viele kleine und mittlere – aber auch große – Unternehmen kämpfen um ihre Existenz. Sie tragen die hohen Kosten der Tarifabschlüsse und die steigende Steuer- und Abgabenlast. Für das Unternehmen bedeutet eine Tariflohnerhöhung von 100 Euro brutto pro Arbeitnehmer Kosten von über 180 Euro – wegen der mehr als 80 Euro »Lohnzusatzkosten«. Das ist Geld, von dem die Leute nichts kriegen und wenig haben, weil es die Verwaltungen und deren ineffiziente Maßnahmen verschlingen.

Das Geld fehlt zur Modernisierung der Unternehmen. Aber nur Unternehmen, die Gewinne erwirtschaften und denen genug zum Investieren bleibt, schaffen neue Arbeitsplätze und rationalisieren die alten nicht auf Teufel komm raus weg.

Der wirkliche deutsche Arbeitsmarkt ist kein »Markt«. Angebot und Nachfrage von Arbeit werden nicht durch frei vereinbarte Preise (= Löhne) geregelt. Arbeit wird erdrückt von einem Gebirge bürokratischer Vorschriften, gesetzlicher Regelungen und sozialpartnerschaftlicher Bevormundungen, an denen in Wahrheit nichts partnerschaftlich ist. Nach übereinstimmendem Urteil nationaler und internationaler Fachleute liegt hier die größte Schwachstelle des Standortes Deutschland.

Und gerade hier ist von den schon begrenzten Reformen der »Hartz-Kommission« zu wenig übrig geblieben, als dass sich lohnte, davon noch zu reden. Keiner ihrer Vorschläge hat eine parlamentarische Mehrheit erhalten. Keiner wurde verwirklicht, auch nicht »Job-aktiv« oder das Mainzer Modell. Alle Gutachten sind in der Schublade verschwunden.

Dieses Schicksal teilt der »Benchmarking-Bericht«, den das »Bündnis für Arbeit« Gewerkschaftern, Arbeitgebervertretern und Wissenschaftlern mithilfe der Bertelsmann-Stiftung zur Aufgabe gemacht hatte. Er wurde vom Bundeskanzler und den Gewerkschaften einfach zur Seite gelegt. Wie bei Hartz sollte nur der öffentliche Eindruck erweckt werde, die Regierung täte etwas. Alles nur Inszenierung: Opium fürs Volk.

Die zaghaften Arbeitsmarktreformen der Regierung Kohl hat die rot-grüne Regierung sofort nach ihrem Antritt rückgängig gemacht und weitere Hindernisse für den »ersten« Arbeitsmarkt errichtet. Wen wundert's – wo doch zwei Drittel der SPD-Abgeordneten Mitglieder einer Gewerkschaft sind?

Warum begreifen so viele Gewerkschaftsfunktionäre nicht, dass die Wirkungen den ursprünglichen Zielen so oft zuwiderlaufen? Dass sich so oft gegen neue Beschäftigung wendet, was als Schutz für die Arbeitnehmer gedacht war? Warum hat erst der Bundesrechnungshof den »Vermittlungsskandal« der Bundesanstalt für Arbeit aufgedeckt? Dass sich von mehr als 90 000 Beamten nur zehn Prozent um die Vermittlung von Arbeitslosen kümmerten? Und dass es durchschnittlich 33 Wochen dauert, bis ein Arbeitsloser vermittelt wird?

Aber unsere Frage Nummer eins lautet: Wie kommen wir zu neuen Arbeitsplätzen? Indem der politische Rahmen so verändert wird, dass die Wirtschaft wieder wachsen darf. Dann kommen die Arbeitsplätze von allein.

Dieser Rahmen ist eher ein Joch: Deutschland ist überbesteuert, überbürokratisiert und überreguliert: 6000 Bundesgesetze, 90 000 Verordnungen. Selbstständig werden ist in Deutschland viel zu schwer. In Kanada braucht ein Existenzgründer dazu zwei Tage und 280 Dollar, bei uns zu Lande 90 Tage und 2200 Euro.

Viele sind arbeitslos, weil die Löhne seit langem schneller steigen als die Produktivität. Weil Arbeit durch Lohnzusatzkosten so teuer ist, dass alte Arbeitsplätze nicht durch neue ersetzt werden. Gleichzeitig sind viele Stellen unbesetzt, auch, weil Lohnersatz und Sozialleistungen oft lukrativer sind als Arbeitseinkommen. Das hat die Bundesanstalt für Arbeit selbst ermittelt, aber nicht veröffentlicht. Dafür wiederum sorgen die Funktionäre.

1,5 Millionen offene Stellen werden nicht besetzt, weil die dafür nötigen qualifizierten Arbeitskräfte fehlen. Weil auch Bildung und Ausbildung bei uns kein »Markt« sind, sondern von Bürokraten gesteuert werden. Ein großer Teil der

Arbeitslosen hat gar keine oder keine ausreichende Ausbildung. 380 bis 600 Milliarden Euro Umsatz macht die Schwarzarbeit – so sehr schwanken die Schätzungen –, das entspricht 3,5 bis 5 Millionen regulären Arbeitsplätzen. Weg mit den schädlichen Vorschriften und freie Fahrt für das Können und Wollen der Menschen! Nur dann wird Deutschland wieder flott!

Wie die ungerechten Tarifsonderrechte der Gewerkschaften muss auch die Funktionärsmitbestimmung weg. Parteipolitiker – und die Vertreter gesellschaftlicher Gruppen – gehören nicht in die Programm- und Verwaltungsräte des öffentlich-rechtlichen Rundfunks und Fernsehens. Gewerkschaftsfunktionäre gehören nicht in Aufsichtsräte der Wirtschaft. Die einen vertreten kein Volk und die anderen keine Arbeitnehmer. Nur sich selbst.

Specken wir den Staat ab. Machen wir ihn schlank und fit! Veräußern wir alle Unternehmen und Unternehmensbeteiligungen des Staates – der Städte, der Gemeinden, der Länder und des Bundes. Stecken wir die Milliardenerlöse in Zukunftsinvestitionen und in den Abbau der Staatsschulden.

Weg auch mit unserem Abgaben- und Steuerdschungel. Ersetzen wir das Steuerchaos durch eine einzige Steuer, am besten eine Verbrauchssteuer, die von den Städten und Gemeinden eingenommen wird. Was sie vom Bund und den Ländern brauchen, bezahlen sie daraus. Für öffentliche Dienste, die von Privaten erbracht werden, zahlt jeder den Marktpreis.

Das können dann auch alle, denn die Lohnnebenkosten jedes Arbeitsplatzes, die jeder Arbeitgeber heute direkt an den Staat und seine Zwangseinrichtungen abführen muss, landen zusätzlich auf den Konten der Arbeitnehmer.

Unzählige Vorschriften hängen der Wirtschaft wie Mühlsteine am Hals. Die meisten, ohne dass wir etwas davon haben. Viele schaden ausgerechnet jenen, die sie beschützen sollten.

Zwingen wir Politik, Verwaltung und Verbände, die Berechtigung jeder einzelnen Vorschrift binnen Jahresfrist durch den Nachweis ihrer Wirkung – nicht ihrer Absicht – zu begründen. Lassen wir sie gleichzeitig von Experten bewerten. Setzen wir alle Vorschriften mit Wirkung zum nächsten 1.1. außer Kraft, damit die übliche Verzögerungstaktik nicht zieht.

Die Mehrheit der Menschen lebt in den vielen Städten und Gemeinden, nicht in der Metropole Berlin, nicht in den Hauptstädten der Bundesländer, nicht in Brüssel. Um die Aufgaben der Städte und Gemeinden aber kümmert sich die »große Politik« zuletzt. Nach der Wiedervereinigung sehen die Straßen in den Städten und Gemeinden des Westens so aus wie einst die in der DDR. Im Osten ist das Straßennetz noch immer nicht ganz ausgebaut, Kindergärten, Büchereien verkommen hier wie dort. Weder im Osten noch im Westen ist das Geld da, um das Nötige zu tun.

Seit 1969 hat der Bundestag keinen Kommunalausschuss mehr. Städte und Gemeinden hängen am Tropf der Bundesländer. Die aber mischen lieber in der Bundespolitik mit, als sich um die »untere« (!) Ebene zu kümmern. In den Bundesführungen aller Parteien haben Kommunalpolitiker nichts zu melden. Sie sind dort so unterrepräsentiert, dass man nicht einmal von einer kleinen Minderheit sprechen kann. Allenfalls auf Bürgermeister großer Städte hört die »große Politik« in den Hauptstädten hin und wieder.

Geben wir den Städten und Gemeinden die Steuerhoheit, damit sie ihren Aufgaben nachkommen können. Führen wir den Stadtbürger ein – unabhängig von der Staatsbürgerschaft. Wer zum Leben in Gemeinde und Stadt beiträgt, soll die gleichen Rechte und Pflichten haben. Die politische Macht gehört in erster Linie dorthin, wo die Menschen tagtäglich ihr Leben meistern. Vom Volk geht alle Macht aus, sagt das Grundgesetz. Machen wir ernst damit! Dann wird aus dem Kreis der Kommunalpolitiker auch wieder der politische Nachwuchs kommen, dessen Qualität wir heute in den Hauptstädten so sehr vermissen.

Jedes Jahr ist Klassenkampf: Die Beschäftigten des öffentlichen Dienstes erpressen die Beschäftigten der Wirtschaft. Wer direkt oder indirekt vom Staat bezahlt wird, lebt vom Geld der Steuerzahler. Ich zweifle nicht am Fleiß der öffentlich Bediensteten und vergesse auch nicht, dass sie ebenfalls Steuern zahlen. Aber funktionieren kann das Ganze nur, solange die Wirtschaft durch die Leistung ihrer Beschäftigten genug erwirtschaftet. Vor allem auch genug, damit die Unternehmen mit regelmäßigen Ausgaben für ihre Modernisierung konkurrenzfähig bleiben.

Wenn unsere Medien berichten, dass Gewerkschaften und Arbeitgeber des öffentlichen Dienstes zu Tarifverhandlungen zusammenkommen, verletzen sie ihre wichtigste Pflicht: Sie klären nicht darüber auf, was da wirklich geschieht, wer da wirklich mit wem um Tariferhöhungen pokert. Sie klären die Menschen nicht auf, dass die Müllabfuhr nicht gegen die »öffentlichen Arbeitgeber«, die Städte und Gemeinden streikt, sondern gegen ihre Mitbürger, gegen die Beschäftigten in den Unternehmen, auch die in ihren eigenen Städten und Gemeinden – also gegen ihre Nachbarn.

Denn die »öffentlichen Arbeitgeber« erwirtschaften kein Geld. Das Geld, das sie in Tarifverträgen ausgeben, haben sie nicht verdient. Der Staat treibt das Geld bei allen Steuerpflichtigen zwangsweise und in der von den Regierungen gewünschten Höhe ein. Diese »öffentlichen Arbeitgeber« sind also Steuernehmer, die eigentlich auf der Gewerkschaftsseite sitzen müssten – denn Politiker werden selbst auch aus dem großen Topf der eingetriebenen Steuern bezahlt. Auf verschlungenen Wegen profitieren Berufspolitiker von jeder Tariferhöhung selbst mit, weil viele ihrer Sonderleistungen und -ausstattungen an das System der öffentlichen Besoldungs- und Kostenregelungen gekoppelt sind. Was aber das Volk erfährt, sind nur die Parlamentsbeschlüsse über den sichtbaren Teil der Politiker-Einkommen – die »Diäten.«

40 Prozent der Abgeordneten des Deutschen Bundestages sind von Beruf Beamte, 30 Prozent sind Angestellte des

öffentlichen Dienstes – und ein Drittel sind Gewerkschaftsmitglieder. Fertig ist der Selbstbedienungsladen. Über Elite dürfen die »politisch Korrekten« hierzulande nicht sprechen, das ist verpönt. Solange das so bleibt, herrscht eine negative Auslese vor, und was das bedeutet, zeigt der Blick auf unsere politische und gesellschaftliche »Elite«. Wer mit den Leuten in den Führungsetagen der deutschen Industrie spricht, hört immer die gleiche Kritik. Der frühere Bundespräsident Herzog hat noch immer Recht: Es muss ein Ruck durch Deutschland gehen.

In Städten wie München kostet allein der öffentliche Dienst jeden Einwohner gut 1000 Euro jährlich. Jede dieser Städte hat mehr öffentliche Bedienstete als die ganze EU-Bürokratie in Brüssel. Obgleich es bei uns über alles und jedes eine Statistik gibt, kenne ich keine, aus der hervorgeht, wie viele Menschen direkt und indirekt aus unseren Steuern bezahlt werden. Berechnungen und Schätzungen gibt es. Sie veranschlagen den Anteil der vom Staat Bezahlten samt Familien und Rentnern auf 25 Prozent der Gesamtbevölkerung.

Unsere kleinen und mittleren Betriebe stellen 70 Prozent aller Arbeitsplätze, bilden 80 Prozent der Lehrlinge aus, entwickeln 75 Prozent der Patente und stehen für fast 50 Prozent der steuerpflichtigen Umsätze.

Ist Ihnen schon aufgefallen, dass Spitzenpolitiker und Spitzenjournalisten von Wirtschaft reden und immer nur die Großindustrie meinen? Dass sie von der Wirtschaft, von ihrem Zusammenspiel und ihren Zusammenhängen mit der Gesellschaft ganz offensichtlich am wenigsten verstehen? Kein Wunder. In den Parlamenten sitzen ja fast ausschließlich frühere Beschäftigte des öffentlichen Dienstes – und ihre Verwandten, die Funktionäre von Verbänden.

Der öffentliche Dienst hält Staat und Politik als Geisel. Die Arbeiterschaft wird als Gruppe immer kleiner, weil die Industrie immer mehr automatisiert wird und in Länder mit günstigeren Produktionsbedingungen, weniger Funktionären und Bürokratie ausweicht. Die Menschen in den kleinen, mittleren und großen Unternehmen, die Freiberufler –

also alle, die nicht mit Steuergeldern bezahlt werden – haben keine Vertretung in den Parlamenten und keine Fürsprecher in den Regierungen.

Die Industriegewerkschaften verlieren schon seit vielen Jahren Stück für Stück den Machtkampf gegen die Gewerkschaften des öffentlichen Dienstes. Erst verlor die IG-Metall gegen die ÖTV. Jetzt reißt Ver.Di, die neue Super-Dienstleistungsgewerkschaft, alle Macht im DGB an sich.

Dem Publizisten Michael Miersch, einem der ganz wenigen in Deutschland, die sich trauen, quer zur üblichen Sicht der Dinge zu reden und schreiben, verdanken wir folgenden Satz: »Mancher Appell von ver.di, in dem es um nichts weiter geht als die Privilegien unkündbarer Gutbetuchter, liest sich, als werde um die Hungerlöhne peruanischer Minenarbeiter gefochten.«

Dem füge ich an: ver.di darf ihre Öffentlichkeitsarbeit natürlich so gestalten, wie sie will. Der Skandal aber ist, dass unsere Medien überwiegend unkritisch mitspielen – und die meisten Politiker auch.

Um jedem Missverständnis vorzubeugen: Ich habe im öffentlichen Dienst erstklassige Beamte und Angestellte mit einer vorbildlichen Arbeitsmoral kennen gelernt, ebenso wie in der Wirtschaft. Und Faulenzer und Nichtskönner gibt es schließlich überall. Ich wende mich aber gegen Funktionäre, die in Wahrheit nur an sich selbst denken, und gegen die Politiker in allen Parteien, die mit ihnen gemeinsame Sache machen, statt ihnen entschieden Einhalt zu gebieten.

Das Schlimme ist: Die Beschäftigten des öffentlichen Dienstes haben gar nichts von ihren jährlichen Tariferhöhungen. Schon seit mehr als 15 Jahren ist ihre Kaufkraft nicht gewachsen. Weil die Lohnsteigerungen von den Preissteigerungen aufgefressen wurden, die sie selbst verursacht haben. Noch schlimmer ist, dass die Wirtschaft auf jede Erhöhung der Steuern und Abgaben mit Automatisierung reagiert, dass also Arbeitsplätze wegfallen.

Das Schlimmste aber ist: Wir alle verspielen in diesem Klassenkampf zwischen den Beschäftigten der Wirtschaft und denen des öffentlichen Dienstes die Zukunft unseres Landes, die Zukunftschancen unserer Kinder und Enkel.

Ich weiß, mit wem ich mich hier anlege. Aber einer muss es ja tun. Machen wir Schluss mit der Übermacht der Funktionäre, befreien wir Deutschland von ihrer Herrschaft!

Wer aus Steuermitteln bezahlt wird, sollte nicht streiken dürfen. Wer in unserer wirklichen Arbeitswelt unkündbar ist, kann gerechterweise nur Lohnerhöhungen erwarten, die weniger hoch sind als die bei den Beschäftigten in der Wirtschaft, auf deren Leistung und Risiko alles ruht.

Und dort – in der Wirtschaft – muss das Tarifprivileg der Gewerkschaften fallen. Nur im einzelnen Unternehmen kann das richtige Maß gefunden werden. Die Belegschaft und das Unternehmen, der Betriebsrat und die Unternehmensleitung wissen, was den Mitarbeitern und dem Unternehmen gut tut. Gewerkschaften sind legitim. Aber sie sollen nur für ihre Mitglieder handeln dürfen, nicht für ganze Belegschaften und Branchen.

Nicht einmal die Katholische Kirche verlangt vom Staat, dass er Andersgläubige zwingt, sich nach ihr zu richten.

Die Wehrpflicht war das angemessene Instrument der Landesverteidigung, weil und solange es eine objektive Bedrohung unserer Freiheit und Sicherheit durch den Warschauer Pakt gab. Der 17. Juni, aber auch der Einmarsch der sowjetischen Truppen in Ungarn, in der Tschechoslowakei und in Afghanistan zeigten die aggressive Ideologie und Strategie der sowjetischen Führung.

Dass die Ost-West-Konfrontation überwunden wurde, war das Ergebnis einer festen Bündnispolitik der NATO, der wirtschaftlichen Schwäche des Kommunismus, vor allem aber auch einer klugen Außenpolitik, an der Walter Scheel und Hans-Dietrich Genscher entscheidende Verdienste haben. Heute, wo Europa von Freunden umgeben ist, kann die militärische Sicherheit mit kleineren, aber modernen Armeen garantiert werden. Das bedeutet, dass auch die Bundeswehr zur Rekrutierung ihrer Soldaten nicht mehr der Wehrpflicht bedarf. Ein freiheitlicher Staat aber darf, jedenfalls nach liberaler Auffassung, seinen Bürgern einen Zwangsdienst nur auferlegen, wenn er dessen Zweck nicht auf freiwilliger Basis erreichen kann.

Noch ein weiteres schwer wiegendes Argument spricht für die Freiwilligen-Armee, die Berufsarmee und für die Aussetzung der Wehrpflicht: Unser qualifizierter Nachwuchs kommt fünf Jahre später ins Berufsleben als der Nachwuchs anderer OECD-Staaten.

Und: Die Bundeswehr hinkt in ihrer Ausrüstung zehn Jahre hinter den US-Streitkräften her. Eine Berufsarmee auf höchstem Standard brauchen wir – und Profis, die bestens ausgebildet und bezahlt werden.

Stellen wir unser Sozial- und Gesundheitssystem auf neue und kräftige Beine. Erfüllen wir unsere Verpflichtungen jenen gegenüber voll und ganz, die in die gesetzlichen Pflichtversicherungen zahlen mussten und ihnen vertraut haben.

Legen wir parallel dazu für die nächsten Generationen ein neues Fundament: Eine Grundrente und eine gute Grundversorgung im Krankheitsfall für alle – aber nur, wenn alle in diese beiden Pflichtversicherungen gleich viel einzahlen. Alle – das bedeutet unabhängig davon, ob sie Unternehmer, Beamte, Manager, öffentliche oder abhängig Beschäftigte, Selbständige, Freiberufler oder leitende Angestellte sind. Gleich viel – das bedeutet, dass die Pflichtbeiträge aller nicht mehr an die Höhe ihres Einkommens gekoppelt werden. Gleiche Krankheiten zu heilen, kostet gleich viel Geld. Kinder sollten wir beitragsfrei stellen, ebenso wie jene, die dauernd oder zeitweise erwerbsunfähig sind. Die Beiträge aller sind so hoch zu veranschlagen, dass sie diese Solidarleistung tragen.

Das eingezahlte Geld müssen die gesetzlichen Pflichtversicherungen so gut anlegen, dass es sich vermehrt und da ist, wenn die Versicherten es brauchen. Wer im hohen Alter oder bei Krankheit über diese beiden Grundsicherungen hinaus abgesichert sein will, muss dafür selbst Vorsorge treffen.

Sobald der Staat uns nicht mehr abzockt, bleibt uns dafür auch das nötige Geld. Vor allem für die, die unvorhergesehen in Not geraten.

Zu Beginn der rot-grünen Bundesregierung im Jahr 1998 verfügte die Krankenversicherung über eine Reserve von einer Milliarde Euro. Daraus sind inzwischen drei Milliarden Euro Schulden geworden. Die Finanzierung der gesetzlichen Krankenversicherung steht vor dem Kollaps. Trotz der Erhöhung der Beiträge Ende 2001 fuhr sie schon im ersten Quartal 2002 einen Verlust von 600 Millionen Euro ein. Der durchschnittliche Beitragssatz ist in den letzten 30 Jahren von rund sieben Prozent auf den Rekord von 14 Prozent gestiegen. So dürfen wir nicht weitermachen.

Wie dann? Durch noch mehr Ämter, Kontrollen und Bürokratie? Nein, das hieße, noch mehr Geld in Taschen mit Löchern zu stecken. Das Gesundheitswesen wird durch den steigenden Anteil älterer Menschen dank der modernen Medizin und höherer Ansprüche mehr Mittel binden – nicht weniger. Solide Schätzungen sagen einen Anstieg von 25 bis 30 Prozent voraus.

Für Liberale ist es selbstverständlich, dass der Gesetzgeber dem Bürger nicht mehr für seinen Krankenversicherungsschutz aus der Tasche ziehen darf, als medizinisch notwendig ist, oder vielleicht nur das, was den Einzelnen im Krankheitsfall finanziell überfordert. Das schüfe Raum für einen gerechten Versicherungsschutz für jeden Einzelnen. Manche Patienten legen Wert auf naturheilkundliche Behandlungsverfahren. Andere wünschen ein umfangreicheres Tagegeld bei langfristiger Krankheit. Das alte System aber verbietet vielen Menschen ihren persönlichen Versicherungsschutz. Das müssen wir ändern. Krankenhäuser und Ärzte müssen wissen, womit sie und ihre Mitarbeiter rechnen können. Als Erstes muss Transparenz her: Alle müssen wissen, wie viel Geld welche Leistung kostet, um wirtschaften und haushalten zu können. Transparenz stärkt die Verantwortung der Versicherten und der Ärzte und fördert zugleich den Wettbewerb der Krankenkassen.

Es muss sich lohnen, auf den Arztrechnungen die Kosten im Einzelnen genau anzuschauen. Das schafft nur die Selbstbeteiligung. Selbstverständlich müssen wir für sozial Schwache die notwendige Behandlung sicherstellen. Aber die meisten Familien und Alleinstehenden können und wollen ihren Geldbeutel auch für den Fall der Krankheit selbst bewirtschaften.

Geben wir ihnen vom großen Brutto viel mehr Netto – ihnen statt den Ämtern.

Was für Patienten gilt, muss für Krankenkassen gelten. Die Zwänge müssen weg: Der Einheitsvertrag für alle Kassen, der Einheitstarif und die einförmige Tarifgestaltung.

In 25 Jahren »Kostendämpfungspolitik« wurde den Kassen Stück für Stück Selbstgestaltung weggenommen. Geben wir sie ihnen wieder. An den Wahlentscheidungen der Versicherten lässt sich dann ablesen, was sich bewährt und was nicht.

Der Gesundheitssektor hat eine große wirtschaftliche Zukunft für alle Heil- und Pflegeberufe. Vier Millionen Beschäftigte und ein Umsatz von 250 Milliarden Euro sind nur der Anfang. Die Gesundheitsbranche bietet darüber hinaus noch sehr vielen Menschen eine lohnende Existenz, sobald sie nicht mehr halb verstaatlicht ist und aufhört, alle Beteiligten mit falschen Anreizen zu schädlichem Verhalten zu ermuntern. Das medizinisch-technische Innovationspotenzial muss hier in Deutschland genutzt werden. Zu viele Politiker, die Sozialdemokraten in allen Parteien, wollen der Gesellschaft und den Menschen vorschreiben, wie viel ihre Gesundheit kosten darf. Das dürfen sie nicht.

Die Wachstumschancen der Gesundheitsbranche können wir für neue Jobs nutzen, ohne alte zu gefährden, indem wir die fatale Gleichung: »Steigende Beitragssätze = höhere Lohnzusatzkosten = mehr Arbeitslosigkeit« durch eine neue Politik ersetzen – durch mehr Netto für alle als Ergebnis einer neuen und mutigen Politik aus einer Hand.

Es ist Zeit umzudenken. Bäche und Flüsse lassen sich nicht einmauern. Immer wieder habe ich in all den Jahren nicht nur ältere Menschen getroffen, die mir sagten, wo Bäume stürben, fehle das Grundwasser, weil wir Bach und Fluss gedankenlos eingedämmt hätten. Wer genau hinschaut, sieht oft noch die Mulden, die auf alte Flussarme und ihre Ausbreitung bei Hochwasser hindeuten.

Sicher, inzwischen sind solche Flächen so bebaut, dass es unrealistisch ist, einfach die Wiederherstellung alter, natürlicher Zustände zu verlangen. Aber es wäre möglich, die Infrastruktur so zu verändern, dass wir den verheerenden Folgen so gewaltiger und schneller Wasserfluten vorbeugen können. Weihnachten 1993 trafen die Hochwasser der Nebenflüsse des Rheins in Koblenz zusammen und erzeugten eine unglaublich hohe und schnelle Flutwelle, die die rheinabwärts gelegenen Siedlungen bis in die Niederlande heimsuchte. Ohne Strom und ohne Heizung saßen die Menschen unter ihren Weihnachtsbäumen. Kaum hatten sie die Schäden beseitigt, fielen sie Anfang 1995 einem neuen Hochwasser zum Opfer. Jetzt, im Winter 2003, ging der Kelch gerade noch so an ihnen vorbei.

Die einzige Hilfe, die die Betroffenen an Rhein und Nebenflüssen erhielten, bestand übrigens darin, dass sie ihre Wiederherstellungs- und Wiederbeschaffungskosten von der Steuer absetzen durften. Das nutzte denen, die das Geld dafür nicht hatten, gar nicht und den anderen herzlich wenig. Es klingt zynisch, ist aber so: Die Leute hatten damals einfach Pech, dass keine Wahl vor der Tür stand. Apropos: Fragen Sie heute doch mal die Opfer des Elbehochwassers im Sommer letzten Jahres, ob, wann und nach welchen bürokratischen Hürdenläufen sie die von der Bundesregierung so pathetisch versprochene Hilfe erhalten haben.

Aber es geht mir nicht um Parteiengezänk, das die Menschen in unserem Volk so gründlich satt haben, dass sie sich mit Politik häufig gar nicht mehr abgeben wollen. Es ist an der Zeit, dass alle Beteiligten zur Kenntnis nehmen, dass die Natur eine Kraft in sich birgt, die mit Technik nicht »beherrscht« werden kann.

Wir würden klüger mit den Kräften der Natur umgehen, wenn wir von ihr lernen, statt sie beherrschen zu wollen. Denn die Evolution der Natur ist ein über Jahrmillionen andauernder Wettbewerb, der zu Lösungen geführt hat, deren Raffiniertheit die höchste Ingenieurskunst übertrifft. Warum sollten wir der Natur nicht einige ihrer Geheimnisse ablauschen?

Wie gesagt: Zu dem, was in Deutschland erneuert werden muss, gehört vor allem auch die Erneuerung unserer Infrastruktur, und zwar unter Einbeziehung des Baus von Ausdehnungsräumen für Bäche und Flüsse. Landwirtschaftliche Flächen dafür gibt es genug. Lange vor dem Ende der Zuschüsse für die auf Dauer nicht finanzierbaren Agrarsubventionen müssen wir das Notwendige mit dem Nützlichen verbinden, eine Anstrengung, für die wir die Ideen der Besten brauchen.

Werden wir außenpolitisch erwachsen, ohne je wieder überheblich zu sein. Erweisen wir uns als zuverlässige Partner und Verbündete, ohne unsere eigenen Interessen zu missachten oder zu verbergen. Je ehrlicher und deutlicher wir sie unseren Partnern und Verbündeten benennen, desto größer wird deren Vertrauen und Bereitschaft sein, unsere und ihre Interessen zu einer tragfähige Zusammenarbeit zu verbinden.

Ohne die Vereinigten Staaten von Amerika wäre Deutschland nach dem Zweiten Weltkrieg nicht so leicht auf die Beine gekommen und in die Völkergemeinschaft aufgenommen worden. Ohne Washingtons Unterstützung wären wir gar nicht oder nicht so schnell zur deutschen Wiedervereinigung gelangt. Das sind mehr als genug Gründe, ein guter Partner und zuverlässiger Verbündeter der USA zu bleiben. Dabei sollten wir uns aber durchaus bewusst sein, dass alle US-Regierungen stets auch in ihrem eigenen Interesse gehandelt haben. Ich bin froh, dass es so war – zu unserem Glück. Richten wir uns darauf ein, dass der einzige Maßstab der US-Außenpolitik auch in Zukunft das Wohl des eigenen Landes sein wird. Und achten wir darauf, wie dieses Ziel heute definiert wird. Dann wissen wir, wohin die Reise geht und womit wir zu rechen haben. Nächstenliebe war meines Wissens noch nie eine außenpolitische Kategorie.

Die rot-grüne Bundesregierung treibt außen- und sicherheitspolitisch im Niemandsland zwischen Verantwortungslosigkeit und Unfug. Doch aus dem, was CDU, CSU und FDP in dieser Hinsicht zu sagen haben, wird die Welt auch nicht viel schlauer. Deutschland ist zurzeit ein außenpolitisches Irrlicht, allenfalls für Hilfsdienste im Hinterhof Europas begrenzt und unter strenger Kontrolle verwendungsfähig.

Im deutlichen Gegensatz dazu hat die amerikanische Regierung selten eine so klare Strategie als Weltmacht verfolgt wie unter Präsident George W. Bush. Sie beruht auf dem klar definierten Interesse, die strategischen Energievorräte und Transportwege in Vorder- und Zentralasien im Griff zu behalten. Bei diesem Vorhaben spielen die geopolitische Bedeutung Israels als westlicher Brückenkopf und die strategische Bedeutung der israelischen Armee eine genau so große Rolle wie die traditionelle, emotional tiefe und weit über die amerikanisch-jüdische Gemeinde hinausreichende Kulturverbundenheit zwischen Amerika und Israel.

Ich wünschte, die deutsche Regierung hätte eine ebenso klar formulierte Strategie. Das wäre den Amerikanern, aber auch den Israelis, den Mitgliedern der EU, der NATO und der internationalen Staatengemeinschaft meiner Ansicht nach weitaus willkommener als der gegenwärtige Schlingerkurs. Auf eine Politik, die ihr Fähnchen in den Wind hängt, ist kein Verlass. Auch wenn der Wind vielleicht einmal aus der gewünschten Richtung weht.

Ändern wir das. Reden wir öffentlich davon. Laut, deutlich, Klartext.